大安定村：黄河下游百年巨变背景下村庄变迁的人类学调查

李学良　姚祯琦　著

山东大学出版社
SHANDONG UNIVERSITY PRESS
·济南·

图书在版编目(CIP)数据

大安定村 ：黄河下游百年巨变背景下村庄变迁的人类学调查 / 李学良，姚祯琦著. -- 济南 ：山东大学出版社，2025. 6. -- ISBN 978-7-5607-8954-5

Ⅰ. K295. 25

中国国家版本馆 CIP 数据核字第 2025HB0803 号

责任编辑　李艳玲
封面设计　杜　婕

大安定村:黄河下游百年巨变背景下村庄变迁的人类学调查
DA ANDING CUN:HUANGHE XIAYOU BAINIAN JUBIAN BEIJING XIA CUNZHUANG BIANQIAN DE RENLEIXUE DIAOCHA

出版发行　山东大学出版社
社　　址　山东省济南市山大南路 20 号
邮政编码　250100
发行热线　(0531)88363008
经　　销　新华书店
印　　刷　济南乾丰云印刷科技有限公司
规　　格　720 毫米×1000 毫米　1/16
　　　　　17 印张　300 千字
版　　次　2025 年 6 月第 1 版
印　　次　2025 年 6 月第 1 次印刷
定　　价　69.00 元

前　言

2021年10月，中共中央、国务院印发《黄河流域生态保护和高质量发展规划纲要》。该纲要旨在深入贯彻习近平总书记关于黄河重大国家战略的重要讲话和指示批示精神，系指导当前和今后一个时期黄河流域生态保护和高质量发展的纲领性文件，是制定实施相关规划方案、政策措施和建设相关工程项目的重要依据。

黄河三角洲地区在黄河重大国家战略中占据独特位置。2021年10月，习近平总书记特意赴黄河入海口考察，随后在山东济南主持召开了以“深入推动黄河流域生态保护和高质量发展”为主题的座谈会。

作为坐落在黄河三角洲地区的两个核心城市之一，滨州是一片古老又年轻的热土。说其古老，商朝时这里建有蒲姑方国；春秋时期兵圣孙武横空出世，其《孙子兵法》名动天下；秦汉之时，邹平人伏生保护传承了《尚书》；此地还涌现了孝子董永、辞赋家东方朔、数学家刘徽……说其年轻，是因这里本属古济水流域（后演变成大清河），直到咸丰五年（1855）黄河于河南铜瓦厢决口漫流改道，河水夺大清河道注入渤海，这里才又与黄河紧密捆绑起来，形成了举世知名的近现代黄河三角洲。

随着黄河重大国家战略的提出，地处黄河三角洲的滨州市迎来了宝贵的发展机遇，同时也面临着多领域的挑战。山东航空学院（原滨州学院）下设的黄河三角洲文化研究院，借此东风，充分立足自身优势，锚定规划中“保护传承弘扬黄河文化”的内容部分，力争在保护黄河文化遗产、传承黄河文化基因、讲好新时代黄河故事、打造具有国际影响力的黄河文化旅游带等规划在滨州地区的落地落实方面作出自己的贡献。

位于黄河北岸的大安定村(古称安平镇),是黄河三角洲腹地一个古老又年轻、传统又现代、普通又不平凡的村落。对于这样一个黄河下游地区典型的村落,经过认真筹划,作者牵头与该村开展校地合作,撰写了本书,述说村庄的“前世今生”,以此作为践行“讲好黄河故事”的切入点。在合作过程中,大安定村的张明华、张训周、王悦策、张训利、张洪杰、刘爱滨、张志成等村“两委”班子成员,以及热情淳朴的广大村民,给予了项目组细致周到的配合与帮助。

在传统黄河故事方面:大安定村的前身,是繁华富庶的安平镇。依托原大清河的漕运功能,安平镇逐渐虹吸周边资源,终以其发达的经济、文化而驰名本地。最盛时期,全镇人口达 1.2 万户,码头忙碌、街道纵横、市井繁华、店铺林立;曾涌现了宋代高道刘卞功等文化名人,拥有龙吉寺、泰山奶奶庙、祖师庙等八大庙(寺)群,为本地区宗教及民间信仰的一处朝圣地。这里民风淳朴,家族观念深厚,崇尚德孝忠义,民俗建筑、民间手艺、民间传说、民间风俗相当丰厚。随着 1855 年黄河夺道大清河入海,在黄灾迫压之下,曾经的安平重镇逐渐凋敝,民国时期降格为安平街,新中国成立前夕又蜕变为大安定村,往日之繁华,终成过眼云烟。

在红色革命故事方面:大安定村有着光荣的红色革命传统。抗日战争期间,日伪军曾三次扫荡大安定村,村民们对侵略者的无耻行径义愤填膺,在中国共产党领导下奋起反抗,积极支前、参军、移风易俗、参与土改,并积极参与到治黄与家园建设中。1947 年,村庄参与了黄河顺利归海的工程,新中国成立后又积极投身加高加固堤防,抗击凌汛洪汛,服务大河安澜等事业中。在火热的社会主义革命和建设时期,通过参与合作社运动、引黄灌溉、治理盐碱化、盐碱地改作稻田、农业机械化等,大安定村为社会主义事业作出了可贵的贡献。

在新时代黄河故事方面:改革开放以后,大安定村积极参与包产到户,开拓畜牧业,发展商业、服务业,进军墙体粉刷等建筑务工行业,村民生活也从温饱提升到比较富足。2012 年,中国特色社会主义进入新时代,在乡村振兴战略的指引下,大安定村的基础设施建设、生活医疗保障、收入水平、文化建设等方面都取得了长足进步。村庄积极探索乡村振兴的有效路径,在乡村养老、传统文化宣讲、文旅开发等多方面探索发力,最终确立起顺应黄河重大国家战略,打造大安定黄河村落品牌的规划。

本书全景式地展现了黄河下游地区一个村落的“前世今生”(尤其是黄河改道 170 年来的历史)。这是一个村庄的写照,也是黄河下游千千万万个村落的缩影。通过对大安定村百年剧烈变迁的考察，窥见黄河下游地区广大农村近代、现代、当代的历史变迁，真切感受广大农民应和着时代脉搏的喜怒哀乐……如书中所言：村庄先辈们给村子起名为大安定，就是在流离失所当中，幻想着有朝一日能够过上安定富足的生活。如今包括大安定村在内的广大乡村，先辈们安定富足的理想已然实现，人们又燃起追求更幸福美好生活的新希望。

本书由高校院所与大安定村联合打造，为校地结合、产教融合的一个较为典型的成果。该书又是大安定村努力探索乡村振兴路径的重要组成部分。作者愿意在高校院所与地方合作、乡村振兴路径探索、黄河村落品牌打造等方面继续作更进一步的探索，为黄河重大国家战略在滨州地区的落地落实，献上更多更好的礼物！

作　者

2025 年 2 月

目录

第一章　大安定村风貌与地景

一、河道变迁的沧海桑田

（一）从济水到清河的演变

在漫长的地质演变过程中，地表环境一直上演着沧海桑田的历史变化。这种变化的时间段常常以数千数万乃至几十几百万年来计，但也有在较短时间段内发生较明显地貌变化的，典型的如现今黄河下游地区地表环境的变迁。在短短的两三千年间（这对于人类来说确实很长，但对地球地质演化来讲，却只是白驹过隙），滨州地区（今黄河下游）的地貌持续发生了巨大变化，我们虽不能全程目睹该地区这数千年的地貌变化，但是借着史书古籍的记载，却能够在一定程度上还原这一地区的地貌变化。

不过，我们首先要从济水说起。之所以如此，是因为现在的黄河下游山东段的大部，其实原本属济水，而非黄河。济水与黄河，最初并不是一回事，二者在相当长一段时期内是并列而行的。

最晚从周代开始，中国古人就有了“四渎”之说，所谓渎，就是有独立源头，直通大海的大型河流，而“四渎”，指的就是黄河、济水、淮河、长江。时至今日，黄河、淮河、长江“三渎”仍然奔流不息，唯独济水不见了踪影，它去哪儿了呢？

济水是今已不存的一条古河流。据说济水发源于河南省济源市王屋山，在济源市境内称沇水，从温县西北始称济水。传说中济水能够“三隐三现”，其行踪神秘莫测，这些我们不必花大精力去查究，只说济水进入山东地区之后，尤其现在滨州地区的情况。济水分成南北济水，南济水进入山东地区，在定陶地区与汶河汇合，往东北汇聚成了巨野泽（又称大野泽，为古九泽之一，是当时华北平原湖泊之一)。现在山东省菏泽市之得名,也与济水等河流汇聚成泽有密切关系。

济水从巨野泽出来后继续往东北行进,进入现在的济南地区,济南与济阳之名就拜济水所赐(古人将山南水北谓之阳,据此可知济阳市自是在济水之北;菏泽地区古代曾名济阴,而济南市在济水之南也自不待言)。现在山东省济宁市的得名,也与济水有一定关系。济宁之名源自济州,济州原址在今聊城市茌平区,到了北周时期迁移到今山东巨野,金朝时黄河决堤淹没了巨野,济州就迁移到了今济宁任城。元朝时升济州为济宁府,寓意是祈求"济水安宁",此后济宁府的治所在任城与巨野间屡次往来变动。元末黄河决口,巨野城再次被淹,济宁府遂最终扎根于今济宁任城。

现在地处黄河三角洲的滨州与东营,在古济水时期,与黄河其实并无太大关系。古济水从济南地区流出,继续往东北行进,经由现在的滨州、东营地区,最终注入渤海。

古代济水在消失以后,其下游河道就成了大清河(也有说今小清河河道才是古济水,大清河河道为古漯水,但无论如何,相关地区都属古济水流域)。秦汉时期,济水流量减少,河道逐渐淤塞。到了唐代,济水只残存了下游河道,名为清河,济水从此消失。但作为它继任者的清河,仍在不停歇地奔流入海。直到 1855 年黄河在河南铜瓦厢发生决口,黄河水在河南、山东地区四处漫流,不断摆动并寻路入海,历经 20 多年最终定型,大清河遂为黄河所夺,成为黄河下游干道。

(二)黄河洪灾及改道历史

黄河是中华民族的母亲河,但她在哺育民众的同时,也常给两岸百姓带来巨大灾害,这是由黄河"善淤、善决、善徙"的天性决定的。这"三善"之间的逻辑关系也很清晰:黄土高原位于黄河中下游,黄土土质疏松,颗粒分明,兼之植被受到破坏,特别容易造成水土流失。黄河流经时,大量黄土因冲刷、侵蚀作用进入黄河,导致河水含沙量极高,有"河水一石,其泥六斗"的说法。河水携带的大量泥沙在水流缓慢之时沉积下来,致使黄河下游河床不断抬高,成为高出两岸地面几米到十几米的"地上悬河",这就是"善淤"。淤堵严重了,再碰上洪水或凌汛,就很容易冲垮黄河大堤,是以"善决"。黄河下游的地上悬河在决口后,大量洪水肆意流淌,往往汇入周边较大的河道,夺取其河道致使黄河改道,是以"善徙"。

据统计,在 1946 年之前的两三千年里,黄河有高达 1593 次的决口泛滥,规模较大的改道就有 26 次,说其“三年两决口,百年一改道”,实在并不为过。

黄河改道一般都是由大的决口所引发。一般认为,《尚书·禹贡》里记载的禹河即黄河,根据记载,大禹“导河积石,至于龙门;南至于华阴,东至于厎柱,又东至于孟津,东过洛汭,至于大伾;北过降水,至于大陆;又北,播为九河,同为逆河,入于海”。传说经过大禹治水,黄河有 1600 多年没有发生大的水患(但可信度存疑)。

事实上,伴随着历史记录更加翔实,关于黄河水患的记录就更加确切了。随着河床的泥沙逐渐淤积,公元前 602 年(周定王五年),黄河出现了第一次大改道。该年黄河在黎阳宿胥口(今河南滑县西南)决口,河水由向北流改为向偏东北流,经今濮阳、大名、冠县、临清、德州、沧州等地于黄骅入渤海。在此后两千多年时间里,或因自然,或由人为,黄河下游河道经历了多次改道摆动,在给沿岸民众带来深重灾难的同时,也在很大程度上改造着流经地的水文地貌。大自然通过黄河这只大手推动着地貌发生沧海桑田的变化。

这其中有两次改道最值得提及:一是黄河夺淮入黄海,二是黄河夺大清河入渤海。黄河原本注入渤海,偶尔也会在决口时有部分河水通过淮河河道进入黄海,但持续时间基本比较短暂,且主流仍在黄河原主河道,所以影响并不甚大。1128 年,宋军为抵抗金军攻势,以水为兵,在李固渡掘开大堤,浩荡的黄河水于是南下往豫东北、鲁西南,由泗水进入淮河并最终汇入黄海。1194 年,黄河在阳武故堤决口,洪水南下侵占了淮阳以下的淮河河道入黄海。自此之后,黄河下游河道一般都在南方摆动。

黄河夺淮河河道入黄海,极大改变了淮河中下游的水文地貌。由于河水泥沙的淤塞,淮河下游地区洪水排泄不畅,洪水肆虐。淤积的河道也使得山东南部南流的沂、沭等河流无法入淮河。苏北淮阴以下的淮河入海河道因淤塞变成平地,于是淮河从洪泽湖南决入江,无数支流和湖泊淤积荒废,淮河水系近乎完全破坏。黄河夺淮入海,是世界河道史上一次罕见的河道剧烈变化。江苏黄海沿岸因多淤泥质海岸而缺乏深水良港,究其原因,除了长江每年携带大量泥沙入黄海外,黄河在由宋朝至清朝 700 多年间夺取淮河河道汇入黄海,也带来了大量泥沙,为黄海多淤泥质海岸这一自然地貌的形成推波助澜。

(三)黄河夺大清河道入海

第二次黄河大改道,发生在 1855 年(清咸丰五年)8 月 1 日,当时黄河在河南兰阳(今兰考)铜瓦厢的北岸大堤发生决口,洪水漫流于河南、山东地区,不断摆动寻找入海通道,并最终从大清河(济水)河道注入渤海。面对黄河决口改道,清政府力不从心,决定“暂行缓堵”。在经历了朝廷内部改道派与复道派的激烈争论后,清政府决定沿黄河夺取的新河道修筑两岸黄河大堤,至1884年终于修成了黄河堤防,奠定了如今黄河下游堤防的雏形,此后黄河下游的河道基本稳定,至2023年已有139年。从这个意义上讲,现在的黄河下游河道乃至近现代黄河三角洲,其实是相对年轻的,称其为百年黄河(下游)并不为过,包括本书主角大安定村在内的黄河下游沿河村庄,与黄河产生的恩怨纠葛,也仅仅是从100多年以前开始。

值得一提的是,这期间还发生过一次变道插曲。1938年,国民党政府为阻止日军进攻,又一次以水为兵,在河南花园口掘开黄河大堤制造洪水以阻挡日军。此次人为决口使得黄河重又改向南流,经由淮河注入黄海。这次人为决口造成洪水漫流,饿殍遍野,给黄泛区民众带来深重灾难。这次改道延续了近10年时间,直到1947年,花园口大堤决口处大堤被人为合龙,黄河重又回归北道,经由山东垦利注入渤海。

总之,现在黄河三角洲地区(滨州、东营地区)的河道成为黄河河道,其历史只有短短100多年。但该河道作为古济水与清河河道,却又是历史悠远。大自然的如椽巨笔在随意挥洒间,就把黄河(下游)与济水(大清河)捏合在了一起,使这里荣膺为近现代的黄河三角洲,进而在这片土地上书写下无数可歌可泣的故事。

二、黄河下游的自然风貌

(一)位置、气候、资源、生态

在地理位置方面,滨州地区地处黄河下游,是黄河三角洲的重要组成部分。滨州市北临渤海;东接黄河入海口城市东营;西接德州市,西北的无棣县接河北省;西南接济南市,南接淄博市。总面积9660平方千米,下辖2个区(滨城区、沾化区),4个县(惠民县、阳信县、无棣县、博兴县),代管1个县级市(邹平市)。

在气候方面,黄河三角洲地区属典型的温带大陆性季风气候。该地区一年四季分明:春季天气干燥,干旱少雨多风沙;夏季多偏南风,高温多雨;秋季天气清爽,冷热适中;冬季多偏北风,寒冷干燥。

在地理资源方面，黄河三角洲地区蕴藏着较丰富的石油资源。本地区的地层为海相、湖相、冲积相碎屑的互层沉积，其中含有大量有机物，非常有利于石油的生成。地处黄河入海口东营市及其周边的胜利油田，是全国知名的大油田。滨州地区的石油储量虽远不及东营地区，但在其市区及周边，也常能看到油井"磕头机"(抽油机)一起一伏采油的身影。这些由胜利油田统一管理的油井大都有 40 年以上的历史。当初，滨州市规划建设主干道渤海十八路时，需要经过这片油区，为保证石油的正常生产，就对这些油井予以保留。如今，渤海十八路的中间及两旁的绿化带内，都能看到"磕头机"的存在，其附近还有 30 多处类似的油井，多为散落分布，未形成较大规模。这些油井以其强烈的视觉冲击力成为滨州市区渤海十八路上的一道别致风景，引得很多外来游客驻足流连，毕竟在大多数人的印象中，"磕头机"应该矗立在油田荒野中，而不是在城区大道上。

采油对当地的生态环境造成了一定影响。大安定村一村民讲，他在附近赵桐村承包了一块场地来放置建筑材料，只要把地表土壤翻开，就会露出油黑色的土壤，而这种被石油污染的土地，难以种植作物。至于滨州北部的沿渤海地区，一大特色是宽广的滩涂。滩涂平均跨度 10 千米，面积共计 937 平方千米，多系黄河冲积而成。海岸多为典型的泥沙质，所以徒有沿海之称，却较难形成天然良港。但失之东隅，收之桑榆，滨州沿渤海地区有产盐的天然优势。春秋时期，这一带就是支撑齐国掌握"鱼盐之利"的重要基地。沾化的杨家遗址、无棣的邢山子遗址等盐业遗址星罗棋布，且颇具规模。当然，沿海滩涂地面积大，也意味着土地盐碱化比较严重，并不利于农业生产。

社会人群在地域等认知方面有个很有意思也很常见的心理学现象：往往进行不自觉的简化，选择某个标志性的意象来支撑起对某个对象的整体认知。现在网上流行的各地"偏见"地图，其实就是这种现象的戏谑性表达。我们不止一次地碰到外地人对滨州的印象(评价)就是盐碱地。滨州地区固然有不少盐碱化的地区，但也只是局部，远不能以盐碱来概括整体。当地有一个修车师傅听到外地人评价滨州是盐碱地，很是来气，他随手指着身旁合抱粗的白杨说："看看，要是盐碱地，能长这么粗的树吗？"可见将某个标志物扩展为对某地区的整体认知，是以偏概全，远不能够真实反映该地区的全貌。

(二)平原地貌与居民性格

滨州市北临渤海，东接黄河入海口城市东营，总体地势是西南高，东北低，但是起伏很不明显。大部分属于华北平原的东部地区,偶有低岗、缓坡、浅洼,所谓“大平小不平”,总体呈现为典型的平原地貌,只有西南方向的邹平有长白山脉,地势较高。

滨州地区的平原为冲积或洪积平原,处于华北新生代沉降区的济阳坳陷中。济阳坳陷为沉降地带,一方面地壳在下陷,另一方面又有包括黄河在内的诸多河流泥沙的冲积,泥沙沉积速度高于地壳沉降速度,遂逐渐形成广袤的冲积平原。其中以今小清河与黄河之间的沉积地层最厚,最高可达 400 米。

中国人信奉“一方水土养一方人”,讲的是地理风貌对本地文化及居民性格会产生相当影响,这种认知自有其科学道理。法国学者丹纳就在《英国文论史·序言》里点出自然环境对居民性格的巨大影响:“有的住在寒冷潮湿的地带,深入崎岖卑湿的森林或濒临惊涛骇浪的海岸,为忧郁或过激的感觉所缠绕……其他的却住在可爱的风景区……倾向于社会的事务,固定的国家组织,以及属于感情和气质方面的……”[①]我们可以用心理学的“内摄”一词来阐释人居环境对当事人人格所产生的影响。“内摄”是把当事人接触的外部信息纳入内部心理(包括感受、情绪、观念)的一种无意识的心理过程,也就是说,人在所处环境中看到、听到、触摸的信息及其性质,会进入人的潜意识当中,并在无意识中实现对其原有心理结构的覆盖或改造。总之,自然环境深切影响到居民的性格心理,是毫无疑问的。

具体到滨州平原地区的地理风貌,其对本土居民的性格影响也是潜移默化而深远的。滨州大部分地区属平原地带,方圆上百千米看不到一座山峰,整体地貌平整而单调,身处平原之间,极目远望,一片平坦的苍茫大地。这种单调而缺少变化的地理地貌,经由常年的视觉观察,内摄入本土居民的潜意识并发生作用,就会造成相对比较安静、平稳、少起伏的心理结构。这种情况在滨州地区与淄博地区的对比中更为明显。滨州南边毗邻的淄博市,地处山区到平原的延伸地带,其间有山有水有平原,居民眼中所见地貌,比起滨州地区居民所见地貌,明显要丰富多变。这种多变景象内摄入淄博居民的潜意识中,就容易造就相对活跃而多变的人格。可能不少人会有同感,行走在淄博市区,明显能感受到整个城市的氛围比较活跃而嘈杂;而行走在滨州市区,感受更多的则是平稳与安静。虽然“一样米养百样人”,即便同一地区,也会有形形色色各不相同的人物性格,但从宏观上来讲,黄河三角洲地区的居民在性格上大致有偏安静平稳的倾向。

---

① 转引自伍蠡甫等编:《西方文论选》下卷,上海译文出版社 1988 年版,第 227—228 页。

(三)水文情况及本地影响

在水文方面,滨州地区以黄河河道为分界线,其南部为小清河流域,其北部为海河流域。小清河水系有小清河、孝妇河、杏花河、支脉河4条主要河流;海河水系有徒骇河、德惠新河、马颊河、漳卫新河、秦口河、潮河6条主要河流。至于处在中间的黄河,因为是地上悬河,本地河流无法汇入,所以黄河里流淌的,都是来自黄河上中游的“客水”。

黄河在滨州境内的河段大致流向为从西南往东北,总长94千米。黄河两岸分别有南北大堤夹送,南北大堤之间除了主河道外,尚有大片的黄河滩区,大约158平方千米。黄河滩区面积大,土质松厚,又便于灌溉,故特别有利于耕种。但有时黄河发洪水,水位上涨,农作物就容易被淹,造成歉收。在黄河大道(大堤)上行进时能看到,大堤里面的大片滩区,大部分已开垦成农田,其中有不少是塑料大棚,据说这里已经是滨州乃至周边地区重要的蔬菜供应基地之一。

黄河两岸的村庄地名常与黄河密切相关。从滨州惠民县李庄镇河段起往下游看:河套邢村之名源于其地处黄河一处河套内;内赵村、外赵村、堤上牛村、堤上刘村、堤下邵村、堤外周村则提示村庄与黄河大堤的位置关系;至于刘口村、齐家口村、姚家口村、东董口村、赵口村等带口字的村名,则提示该村先前可能有黄河渡口的存在;码头村则提示该地以前曾有码头;至于太平魏村、小安定村、大安定村,村名都有祈望水患得到治理、民生安宁之意。比较有意思的是名不副实的堤东赵村,因为其确乎是在黄河大堤以西。听该村某村民讲,堤东赵村早先确实是在大堤东边,但后来黄河决口改道,堤东赵村的相对位置就由河东变成了河西,但村名却因为这种或那种原因没有随之改过来。至于再往下游的打渔张村,显然与村民多业渔有关……每个村名的背后,都隐藏着无数故事,故此村名也成为传统文化的重要传承载体之一。滨州市民政局区划地名科的苏章田,对滨州地区包括大安定村在内的黄河沿岸地名颇有研究。2022年5月,新修订的《地名管理条例》施行,为传统地名的保护与研究提供了更好的保障。可以预见,黄河地名文化即将得到更好的发掘、保护与传承。

(四)大安定村的地理风貌

大安定村隶属滨州市杜店街道办事处滨河社区,村西北为长深高速滨州1号出口,村南不远就是黄河北大堤,村东北不远是南海水库。大安定村是黄河下游沿岸一个颇具代表性的村落,具有黄河三角洲地区的典型自然风貌。

大安定村周边水塘较多且面积较大。村庄西北方向有两处面积较大的水塘,分列于高速公路出口的南北,水塘周边的自然绿化很好,塘中多芦苇(芦苇具有较强的抗盐碱能力),有鱼虾,常有垂钓爱好者慕名而来。

在村庄正南方向的水塘面积要更大一些,铺满了荷叶。据村民回忆,村庄东南部的住宅区原来也是一片湾塘,后因人口增长,湾塘被人工填土垫起来,成为宅基地。

大安定村周边的水塘,最大最著名的要数"南海"水库。渤海十八路由北而南从南海水库穿越而过,将水库分成东西两部分。南海水库绿化很好,风光优美,是滨州的风景区之一,但因南海水库已成为滨州市重要饮用水源地,所以水库范围内并未充分发展旅游业。

该村湾塘众多的重要原因除了地势低洼外,也跟黄河有一定关系。1855 年之后黄河下游多次决溢成灾,洪水在平地上造成了大片洼地,非常容易聚水成塘。再一个,南海水库的位置在大安定村的东北,堤东赵村西面,所以现在南海水库的水域,推测起来大概率即当年的黄河(大清河)故道,后来黄河决口改道,河道往东南迁移,从而使得原来地处黄河以东的堤东赵村、小街村的相对位置变成了黄河以西。从卫星地图上可以清晰看到,南海水库往东北方向延伸,还有一长片水域,推测起来当也是古河道遗存。千百年来河道变迁的沧海桑田,在黄河下游地区被具象化了。另据村民讲,大安定村邻近的马张村的前边以前曾有黄河在此决口形成的一个大湾,大湾常年不干,深不可测。新中国成立后组织人力用大泵才抽干了湾里的水,当时逮到的鱼装了整整九地排子车,一般大小的也有三四斤,大的有八九斤。黄河对沿河两岸地形改造于此可见一斑。类似情形在《山东黄河志》中也有提及:"黄河在历史上常常决口泛滥,每次决口在口门处遗留下一个大潭坑,较大的有数十处,其面积有 2500 余亩。潭中水深有的达十米以上,严重威胁着堤防安全。"①

大安定村的土壤土质也与黄河密切相关。每次黄河泛滥决口,河水中饱含的泥沙都在黄泛区沉积下来,形成比较肥厚的土地。大安定村老一辈村民里流传有"发一次洪水,十年不用施肥"的说法,虽然有点夸张,却也侧面反映了本地土壤常来自黄河泥沙沉积的事实。不过黄河的泥沙也是一把双刃剑,作为地上悬河的黄河,很容易给沿岸地区带来盐碱灾害,进而严重影响农业收成。尤其黄河涨水时,带动黄河沿岸的地下水位抬升,地下水把溶解的土层深处的盐碱成分带到土壤表层,导致土壤盐碱化。村民们回忆说当年盐碱严重的时候,地

---

① 黄河水利委员会山东河务局编:《山东黄河志》,内部资料,1988 年,第454 页。

面的盐碱能有两指厚，站上去就像踩在雪地里一样。这也决定了村民们与盐碱的抗争成为村庄历史记忆的重要内容。即便现在，盐碱地的危害也仍肉眼可见。据村民讲，本村已流转出去的土地上种的树并不易生长成材，多是黄荆与红荆，耐盐碱但经济价值较低。调研组也看到，大安定村东北方有较大一片树林，但是树径多不甚粗，当与盐碱土质或地势过于低洼而易积水有关。

三、黄河下游的典型民居

（一）村庄布局的整体规划

在北方平原地区，村镇的布局一般为面南背北，整齐划一，井井有条。这种街道东西南北平直走向、纵横交错的布局，在滨州的市区建设规划中体现得淋漓尽致。滨州市区的街道规划，几乎可以用“横平竖直”来概括。中心城区的东西向道路统一命名为黄河路（从黄河一路到黄河二十路），南北向的道路统一命名为渤海路（从渤海一路到渤海三十路）。而外围地区的东西向道路则命名为长江路（从黄河一路以南开始），南北向的道路命名为东海路（从渤海一路以东开始）、西海路（从渤海三十路以西开始）。之所以采用黄河、渤海命名东西、南北道路，当然是因为滨州与黄河、渤海密切关联。滨州城区南边为黄河，北则接近渤海。黄河在此大致呈东西流向，故以黄河命名东西向的道路。渤海在北，故以渤海命名南北向的道路。滨州的整个城市布局就像一张标准的棋盘，各建筑的坐标显示非常清晰，特别容易定位。之所以能够规划得如此整齐，一是得益于滨州市建市比较晚，在城市规划上有着后发优势；二是广袤的平原地带也特别适合规划东西南北向整齐纵横的道路。这种道路规划给本地居民的地址定位带来极大便利，很大程度上消除了“路盲”的可能。本地居民在描述某个地点具体位置的时候，张口就是“在黄河几路、渤海几路那边”，描述定位完全没有难度。

具体到大安定村的布局，一方面继承了平原地区街道房屋按照南北、东西方向布局的传统；另一方面，新中国成立后审批宅基地盖房，也是力争整齐划一。所以整个大安定村的布局，也是如棋盘一样横平竖直，一目了然。据说大安定村现在的街道，整体沿袭了古安平镇被淹之前的布局。大安定村的主干街道平直明晰，其南北向有东街、西街两条主干街道，在村中央则有一条东西向的主干街道,民居就分布于三条主干街道的两侧。这三条平直清晰的主干道的框架搭建起来,纲举目张,整个村子的宅院布局就容易做到整齐划一了。整齐划一还有一个好处,外人进村里找人,全村的布局一目了然,村民为其指路的时候也很容易描述,不容易找错门口。

村里房子的地基,很多垫得比较高,有些甚至超出村中主干街道路面一米多。垫高地基当然还是基于多年的居住经验。考虑到本村在黄河岸边,地势相对低洼,下大雨时院落很容易进水积水,垫高地基可在一定程度上防止水淹。据说解放前有一年黄河发大水,整个大安定的民宅都被水淹了,村民们跑到地基较高的村北龙吉寺避难,算是熬过了水灾。黄河下游两岸垫高房宅地基的普遍做法,应该是有过多次类似惨痛经历而催生的一种民俗。由于大安定村处在黄河大堤之外,其垫高房宅地基的习俗其实还不算特别极端。处在大堤以内的黄河滩区村庄,这种"台式民居"传统则体现得极为鲜明。"在村落选址上……效仿古人择高而居,选择滩区内地势比较高,离堤坝距离近,河流拐弯处的内侧滩地作为村落的首要选址。从房屋建筑形式上看……为了防止房屋被洪水冲毁,民众在盖房之前先耗费巨大精力和财力垫起梯形高土台,然后再在高台之上建房造屋……黄河三角洲一带俗称'房台'。"①由于以前滩区内村庄往往各家各自筑高台,所以在村子里称呼某户房宅的时候,常有诸如张家台子、李家台子等叫法。

20 世纪 90 年代以前的大安定村内道路主要还是土路,所谓"晴天三尺土,雨天一街泥"。坑坑洼洼行走不便不说,一旦晴天刮大风,就会尘土飞扬;而每到下大雨的时候,街道上污水横流,雨后的土路也是泥泞难行。2000 年村里进行了道路硬化;到 2012 年,又对道路进行了重修。现在村内道路变得干净、整洁,行车、停车都变得方便。主干街道两侧统一规划有排水沟,排水沟上以水泥预制板覆盖,既遮盖了污水的臭味,也能防止村民尤其是小孩子不小心踩空。

现在村庄主干街道的电线杆上已安装有监控,村民们生活有了更强的安全感。调研组在村里走访时发现,只要有人在家,其院落的大门往往敞开,村民的戒备心比较轻,这固然与本村民风淳朴有关,但街道上安装了监控也是一个重要原因。

沿街一面的墙上往往绘有墙画或写有政策宣传标语。墙画留下了不同年代的烙印。如"少生快富奔小康,共建和谐新农村"的标语与一家三口其乐融融的墙画,从内容和装饰风格看,当是 20 世纪 90 年代的产物。前些年,村里在沿

① 姜志刚:《黄河下游滩区的高台民居》,《寻根》2015 年第 4 期,第 100 页。

街院墙上手绘了宣传孝德之风的故事墙画，现已略显斑驳。有的墙壁上还有看上去比较新的宣传画，如“讲究卫生，举手之劳”，署名为杜店街道办事处宣，显然是这几年才上墙的。还有各种各样的新的老的标语：不忘初心　牢记使命；讲文明树新风，扬正气促和谐；永远与人民同呼吸共命运；网格全覆盖，服务零距离……还设置有村务公开栏，如社会救助公开栏等。多年以前，村大队下通知多通过村里电线杆上的大喇叭，这是很多农村人的共同记忆。现在大安定村街道电线杆上仍有喇叭的遗存（有部分喇叭已换成了新款式）。

（二）房屋材质的时代演变

新中国成立前，大安定村居民的住房条件普遍较差，绝大多数村民的房子仅能遮风挡雨。据村里老人回忆，当时有大门的仅有三户，其他宅院基本都大敞四亮，因为都穷得配不起门。现在，村里只有五保户吴瑞光家没盖院墙、装大门，只是在出入口装了扇木棍钉成的栅栏门，聊作大门一用，完全挡不住视线，只能起到提示此处有人居住的作用。

新中国成立后，人们的住宿条件逐渐好了起来，不过直到20世纪70年代，村民居所还是那种老式土坯房占据绝对主流。现在村里的老土坯房已然不多，主要集中在村西那一块。该村在导航软件里的卫星照片，虽然不甚清晰，但还是能大致看出村庄西面有一片显得郁郁葱葱，村庄的其他方位则要光秃许多。这是因为老宅院里多有长期生长的树木，荒废后又多遍布野草灌木，在卫星照片里自然就显得苍翠，而后来新建的砖瓦房很少有种植大树，并且院子地面多是铺砖或水泥地，植被覆盖远远比不过老式的宅院土坯房，故在卫星照片里显得相对光秃。

老式土坯房多是用泥土和碎麦秸加水混合搅拌起来打成墙体，并常用青砖作为辅助。从村里现存的土坯房来看，其常以土砖或红砖垒起基座，在垒起的墙外面再抹一层泥巴作为外墙皮。业已发黑的房梁和檩条为木质，屋笆多是秫秸编织而成，房顶则很少有以前的那种麦秸顶了，多已覆盖着20世纪80—90年代时兴的红瓦。屋外的土坯墙面往往分布着很多窟窿眼，颇为斑驳。

土坯房的门窗多是那种老样式。木制窗棂早已发黑，上下竖条，中间横条，古色古香，极具年代感。也有一些土坯房把门窗换成了实木玻璃窗。很多土坯房门框上已被钉上“危旧房屋”警示牌[①]。这些土坯危房已相当破败，屋里的石灰墙皮早已斑驳不堪，有的还能从墙上看到20世纪80—90年代风格的年画。

---

① 如户主×××，危旧房屋，禁止使用，严禁居住，杜店街道办事处，2020年6月。

土坯危房里常堆满了废弃的家具、农具以及柴火杂物等,如老式木质栅栏门和床、木头钉的床、(两轮)地排子车、风箱等。有的土坯危房里还有红砖垒起的灶台,排烟的通道(烟囱)是在墙壁里面预留好的。在屋外偶尔还能看到一些年代久远的青砖,以及上面凿着凹槽、已不知确切用途的青条石或圆石。虽说民俗博物馆的老物件往往是香饽饽,但那里的老物件经过精挑细选,是完好整洁、能让游客赏心悦目的;而村里老土坯房里尚存的老物件不但早已失去用途,而且破烂不堪,完全激不起人们欣赏、爱惜、保护的欲望,所以老物件在农村的消失注定是必然。目前在大安定村,年代久远的老物件已经很少看到了。

调研组在村里转了良久,仅发现一处土坯房及院落保存比较好,收拾得很是干净利索,尚有人居住。据土坯房的女主人王玉枝(音)讲,该房大约为 20 世纪 70 年代她嫁到村里时所建,当时在村里来讲盖得还算是比较好的。该土坯房的内墙皮用石灰粉刷过,家具与墙画仍然是 20 世纪 80 年代的风格。房子的东里屋是锅屋(厨房),虽已通了燃气,但原来的灶台大铁锅仍有保留,且仍在使用。该土坯房的院落东西狭长,面积很小,因为院落前面是给孩子盖的砖瓦房,极大挤占了老房子的院落地盘。村里此类土坯房往往分为前后两院,前院是新盖的砖瓦房,后院则是破败的土坯房。前后院的主人常常不一,多是兄弟关系或父子、母子关系(分家前,全家共同居住在一个院子;分家后,在院子里各自建房)。因为不再有修缮住人的必要,现存的破败土坯房院落往往已没有大门乃至院墙。土坯房的优点是可以就地取材,建设成本低,墙体厚,有助于保温,但缺点也很明显:怕积水浸泡,屋顶常有漏雨,透光性不好,屋子里比较黑。调研组调研期间住在张明华家在村北的小院里,村"两委"也常在这里吃饭集会。该处宅院也是老式的土坯房,但是经过粉刷与装修,外观看起来比较新。曾有外村拆迁户想要租房的过来看过,嫌弃土坯房的底子不够结实,住着也不如纯砖瓦房舒服,于是没有租。可见随着生活水平的提高,土坯房被居住体验更舒适的砖瓦房淘汰也是必然的。

目前大安定村的绝对主流是砖瓦平房。此类砖瓦房多建于 20 世纪 80—90 年代,往往比较宽敞,南北宽度一般可达 8 米。屋内多有顶棚(吊顶),不像很多老土坯房那样直接露出屋笆。砖瓦房的房檐多有前出厦,并常常以铝合金玻璃门窗包裹起来,类似于在前出厦那里装了个简易大棚。这里是屋内与屋外进行空气流通的中介,在一定程度上使得屋里温度不至像屋外一样波动太大。从街上观察,堂屋的侧面近屋脊处,很多留有通气孔,并多以五角星等各类图案作装饰。大门一般开在院落的东南边或临街一面,或者考虑习俗,或者考虑方便。

有不少砖瓦房在建设时，在墙壁上标识了建筑年份，以志纪念。较早年份的建筑多直接标识在墙壁上，较晚年份的建筑则用一块牌子镶嵌在外墙上。砖瓦房的大门多豪华气派，能够进出汽车，装有红色双扇大铁门，一侧大门中间又开有一扇小门，以方便单人出入。大门上方基本都有门匾，以“家和万事兴”所占比例最大，这也侧面反映出村民浓重的传统家庭意识，其次则是“财源瑞气”之类。

千百年来的农耕文明，让中国人形成了见缝插针种菜种粮的传统，这在老一辈身上尤为明显。大安定村的很多宅院里，都开辟有一片菜园子，种植着各种当季蔬菜瓜果，做饭时可以现摘，既省钱，又保证了新鲜健康，还有收获的乐趣。调研组所住的小院里，种满了花生、豆荚、西红柿、黄瓜、茄子、小葱之类，随手可以摘取，颇得田园之乐。村子周边的荒地空地，也会被住户开垦种上蔬菜庄稼。在沿街的院墙外面(相当于绿化带)，村民们也常见缝插针地种植上一些实用性的树木，如香椿、花椒、无花果、产槐米的国槐等，尤以春日美味的香椿最为多见。

村里还有几座别致的二层小楼，基本为近年所建。我们进到其中一家庭院里，院子地面做了水泥硬化，错落有致地种植着几株竹子、石榴等观赏类的绿色植物，可见房主一家是讲究人。院子里靠墙搭有一片遮阳的彩钢瓦顶，当是作停放汽车之用。至于房间里的装修装饰，有瓷砖地板、入室木门，阳面有大窗户与窗帘，房间里宽敞明亮，居住体验与现代住宅楼房相差不多。农村没有暖气进户，没有地暖，只能自己供暖，靠墙安装有暖气片。

随着生活水平的提高，农村里这种类似别墅的二层小楼变得流行起来，很多农村人对其趋之若鹜(被问及村里是否允许自盖二层小楼时，回答是似乎村里不大同意)。这种二层小楼外观别致，居住体验也好，既有现代住宅楼宽敞、干净、明亮、舒适的特点(这是村里老式土坯房乃至后来占据主流的砖瓦平房所不具备的)，同时还有个院子，能接地气(这又是现代住宅楼难以享受到的)，如此兼具了现代性与田园性，算是一种比较理想的住宅。这种住宅在寸土寸金的城区当然很难普及开来，但在郊区住宅用地比较多的农村则颇受追捧，毕竟人们追求更好居住体验的脚步不会停歇。

(三)北方庭院的典型布局

房子与院落一般都是大致南北方向，而且宅院的外形总体比较方正，这是中国北方平原院落的典型特征。一座典型的北方宅院，一般的布局是进了大门正对一堵影壁墙，从影壁墙拐过去，才算真正进到院子里。堂屋在宅院的北边，面南背北的坐向,夏日照进屋的阳光比较少,冬日阳光则更容易照射进屋。宅院东边的房子叫东屋,常做厨房之用;宅院西边的房屋叫西屋,常做杂物间使用。厕所一般在宅院西南位置,入户大门一般开在宅院东南方。但上述模式也只是大概,并不一定完全符合,实际建设中还是以方便为准,例如村庄主干街道路东的宅院,院子大门自然以向西开(临街)更为合适,这样厕所就得放在宅院东南边了。

中国农村建设宅院的很多习惯都融入了中华文明的传统信仰。例如中国的传统宅院多讲究方正,这就源于中华文化里天圆地方的传统信仰。再如农村的院墙多为不透光的实心墙,而少有西方或现代小区的那种从外边看进去一览无余的栅栏围墙,这与中国文化倾向于内敛、不张扬的特质相吻合。农村的庭院如果是栅栏式的院墙,会让住户产生一种被外界窥视的不适感。古人又信奉直则无情,曲则有情,所以传统宅院一进门,当面就要设计一堵影壁墙,目的是消除直来直去,以制造曲折有情的格局,这也是典型的中式美学思维。

村民里已鲜有信风水的,但在村庄里也常会发现一些古老的风水习俗印迹,只是当事人未意识到而已。例如在北方农村广布的"泰山石敢当"(在路冲的对面墙上,嵌入"泰山石敢当"的石碑)民俗,在村子里仍有遗存。调研组就看到村里一处民宅墙上嵌有"泰山石敢当"的石碑,不过用法似乎不太合规(并非正对路冲)。村里还有一种较常见的建筑讲究也是来自风水习俗:假如大门外面正对着空旷湿洼之地,住户多会在正对着大门口的外面立一堵墙,以挡住迎面袭来的旷荡之气。调研组在一户村民家里看到门框上挂着风水里常用的"五帝钱",寓意是化煞、镇宅、旺财、祈福之类。问起做建筑包工头的宅主是不是找风水师看过,主人回答说没有,只是自己从网上学到一些风水知识,买了五帝钱挂上去。在大安定村,燕子还是比较常见。民间传统观念认为,燕子选择居住的宅院是吉祥之地,加之燕子又是益鸟,所以村民们也乐意与燕子和谐相处。调研组在村里两处宅子都看到了燕子窝,其中一处燕子窝里甚至有小燕子探出头来,煞是可爱,老燕子则盘旋于燕窝旁,给它们喂食。

虽然宅院布局的总体原则差不多,但具体到各家各户建筑宅院,则多是因地制宜,或根据个人喜好来设计。所以宅院与宅院之间往往各不相同,整体上也不是那么整齐划一,不像现代住宅楼小区或一些统一规划的新村那样如同一个模子里刻出来。村民游传忠的小院在众多宅院中别具风格,其院墙外面爬满了凌霄花,有一棵大槐树遮蔽了大半个院落,绿荫掩映,院子里异常凉爽。院子地面铺设的红砖多已长满青苔,看不出原来的面目。整个院落虽然简单朴素又陈旧，但自有一股与众不同的超然在其间。

四、大安定村的特色建筑

以前大安定村（安平镇或安定街）的特色标志性建筑无疑是多座寺庙，但今早已不存。大安定村现有的特色标志性建筑并不多，除了前述的老旧土坯房外，就是村南新建的寺庙以及村北新建的村委大院了。

（一）村南荒弃的天成观

大安定村的村南为荷塘，紧挨着荷塘南边则是建成时间不久的天成观，天成观东边过了公路是张茂家村。天成观于 2005 年开工建设，2007 年 10 月竣工，由园林和庙宇两部分构成。天成观是三进院式的古典建筑群落，其中有钟鼓楼、禹王阁、碧霞祠、高尚观、琉璃井、井亭和长廊等 30 多组仿古建筑，共 6 个院落，60 多间房屋。建筑群落分成两大部分，东边为庙宇式建筑，西边为园林民居式建筑。古建筑群里比较有名气的是古井琉璃，是古代“滨州八景”之一。该古井琉璃为异地重建，井口呈八角形，用琉璃砖砌成，井壁光滑润泽，绿光耀目。八角琉璃亭则笼罩于琉璃井上，建筑相当精美。

天成观为国有资产，据说当初投资了 1000 多万元，目前归某事业单位所有。当初天成观的建设也是由政府部门统一规划，就连大安定村东首的紫璇超市，其建筑样式风格也是古色古香。超市经营者说，当时上级部门要求建成这种仿古风格，以与村南的寺庙风格相配套，利于旅游开发。

不过天成观的旅游未能发展起来，目前寺庙已荒废有数年之久，大门紧锁，不对外开放。导航地图上显示该处建筑名为天成观，据说后又改成清玄观，说明其兴建之初定位为道教活动场所。到 2014 年清玄观又被佛教徒接手改为佛寺，但改为佛寺后也没见什么起色，终于还是关门。目前寺庙已经荒废，门匾撤掉，调研组从山门门缝往里瞅，正对门的桌案上有一尊弥勒佛像，可知其关闭之前为佛寺之事不虚。寺庙西邻还有一个院子，门匾上书“南海书院”，内有人留居看守，其自称为惠民县人，似乎并不乐意外人来访。

天成观只是近年来各地景区“仿古建筑热”的一个缩影。中华大地上各处都曾散布大大小小的古迹，但随着时光流转以及一些人为因素，有很多古迹被毁坏乃至消失。近年来伴随着大力发展旅游的热潮兴起，各地开始大力发掘古迹古文化等旅游资源,建设仿古建筑。小到亭台楼阁、道观庙宇的建设,一条(古)街的建设,大到兴建古城,数量颇多。

此类新建的仿古建筑的特点有二:一是外观往往高大宏伟。古时没有现在先进的建筑机械,稍具规模的建筑就是相当耗费民力的大工程。现代人拥有了强大的建筑施工能力,要建起一座宏伟的庙宇,一个施工队就能在短期内完成。所以现在的仿古建筑,比起真正的古建筑来,一般都要高大宏伟好多倍。二是仿古建筑所包含的古元素很少,往往虚有外壳。现代仿古建筑内里往往是钢筋混凝土,在外面刷上色漆,是在外形上与古代建筑相仿而已。另外,虽然这些仿古建筑是对某个真实存在古迹的重建,但基本上是重新设计,与古迹原貌关系不大。就以琉璃古井为例,据说真正的琉璃古井所在并不是现在的天成观,但由于规划需要,选在此处新建,可以说除了名字,其与原来的琉璃古井并无关系。

综观仿古建筑的多个旅游项目,有成有败,不可一概而论。目前看来,天成观并没能成功运营起来。建设仿古建筑能否成功,从某种程度上讲,内涵设计可能比硬件设施更重要一些。如何尽可能地发掘扩展仿古建筑的各方面内涵,并将其转化为旅游吸引力,是仿古建筑旅游开发所要考虑的重中之重。值得一提的是,在 2022 年 12 月滨州市文化和旅游局颁布的新发现 70 处不可移动文物名录中,杜店街道大安定村的“高尚观(天成观)寺庙群遗址(宋元)”赫然位列第一,这是对高尚观遗址进行保护与文化开发的又一次重要努力,也让大安定村村民对高尚观寺庙群开发重新燃起了希望。

(二)村北新建的村委大院

2007 年,大安定村投资在村北建设了村委大院。新建的村委大院在长深高速滨南出口大道的路北。院墙是白墙黑瓦,院墙上排列有一个个镂空花窗,古色古香,有点皖派建筑的意味。院内绿树掩映,环境宜人。大门是遥控式推拉门,门口有传达室,平时无人值守。院西是放置出土石碑、碑冠的展览室,透过有机玻璃望进去,展列文物一览无余。院东北角是厕所。院西北角是器材室,内放各类建筑材料及村庄器材杂物。院北正中是村委办公的两层小楼,略具欧式风格,配以红瓦灰墙贴砖以及铝合金门窗,又是多种风格的融合。

现在乡镇很多建筑都是各种建筑风格的融合体,传统地域风格已然不再。这也从侧面反映出,即便是一个普通村落,在当前文化交融的大环境下,其建筑风格乃至生活方式已经不再纯粹,而成为杂糅的存在。

各种知名的建筑,都需要经历上百年的积淀才能形成固定风格。国外的哥特式、巴洛克式建筑风格，国内的徽派建筑、苏州园林建筑、北京四合院建筑等都是如此。改革开放后的几十年间，社会变化发展太快，建筑风格来不及沉淀稳定，各种建筑元素轮番上场，过几年就更换一种流行风格。这也决定了乡镇建筑在风格上只能匆忙地把各种元素、各种风格一起纳入，导致建筑风格杂糅。有作家曾说过，从审美上讲，农村的老旧土坯房虽然落后，但是拥有统一的乡土风格，还是比较耐看。大都市的高楼大厦因其近似的现代风格，也自有其美感。只有城乡接合部，因为处在一个变动的时代，建筑也在不停地转轨，抛弃了原来的乡土气息，却又一时难与现代建筑接轨，所以建筑风格上就显得混杂。这是与时代的快速发展变化相适应的，随着转轨逐渐完成，乡村建筑中的各元素会逐渐固定并最终积淀下来，形成稳定的独特风格。

（三）高速公路与人居环境

在卫星地图上能清晰看到大安定村的西面紧挨着长深高速（滨博高速段），高速公路的滨南出口大道又横亘村北，可以说村子有一半是被高速公路环抱着，交通可谓便利。而且，2000年前后建高速公路征用土地拨付的补偿款，也确实极大缓解了大安定村的财务窘迫状况。毗邻高速公路也给村民带来一些经济上的实惠，例如村里多肉植物园常有高速公路职员前来光顾，但从人居环境角度看，高速公路对于村庄有一些不好的影响，表现最突出的，是高速公路的噪声。

大安定村西北方的池塘水域较大，遍布芦苇，自然景色优美。美中不足的是，高速上飞驰而过的汽车传来的噪声很大，让人极不适应。调研组就此询问过村西北角的住户，她说当年高速公路刚开通时，晚上因噪声过大而睡不好觉，过了好久才慢慢适应。在大安定村的西南角噪声也是非常明显，大货车制造的噪声尤其厉害，让人心烦意乱。调研组在天成观门前广场逗留的时候，可清晰听到高速公路上的噪声。

现代人的物质生活条件比以前好太多了，但是比比皆是的噪声污染、灯光污染、垃圾污染等，似乎又在一定程度上拉低了生活质量。那静谧的原野，群星闪烁的夜空，即便是身处农村，对我们来讲似乎也已遥不可及了。一旦缺少什么，什么就会被赋予价值，这也是现在很多人喜欢往山里跑的原因。再回到高速公路噪声扰民上来，似乎应该在高速公路靠近村庄的一面安装隔音屏，进行隔音降噪处理。大安定村计划于这几年拆迁，所以隔音降噪倒也不是特别必要了。不过在选址建设村民安置小区的时候，未雨绸缪地考虑到噪声、灯光、空气、绿化等人居环境问题，却是非常有必要的。

第二章　大安定村的悠远记忆

一、安平镇从辉煌到黯淡

（一）漕运与安平镇兴起

从唐代起，济水之名就被“清河”取代，又称“北清河”“大清河”。清河河道一定程度上是黄河水不断决堤注入济水后逐渐形成的，所以虽然清河（古济水）与古黄河并不是一回事，但它们在历史上确实有着剪不断理还乱的联系。

清河的今滨州段、东营段近渤海，附近有丰富的盐业资源，这是该地经济得以兴起的资源优势。滨州地区北临渤海，有大量滩涂和地下卤水资源，得天独厚的盐业条件，使此地早在商周时期就成为重要的产盐基地。考古研究者在滨州地区发现了大量商周时期的盐业生产与聚落遗址。滨州沾化区的杨家遗址、滨州无棣县邢山子遗址等产盐遗址中出土的大量盔形器（用于煮盐）及其他证据，明示这里有极悠久且发达的制盐传统。其中杨家盐业遗址群东西长 650 米，南北宽 240 米，总面积约 15.6 万平方米，共计 12 处周代制盐遗址。遗址出土了大量的盔形器、滤器、灰陶簋口沿、灰陶豆等盐业生产用具。该遗址也跻身国家文物局《大遗址保护利用“十四五”专项规划》里的 145 处大遗址之列。汉代滨州一带已设有管辖盐业的盐官。在唐代，盐业是这一地区的主要经济支柱。五代在滨州地区设置了榷盐务。北宋时期，滨州地区更成为北方最重要的盐业生产基地。历史上滨州地区盐业的兴盛一直持续到清朝末年。黄河夺清河河道入海，使得本地盐场屡遭水灾，本地盐业逐渐衰败，新中国成立后才又逐渐焕发生机。

大量的盐产品需要外运，自然带动了大清河漕运的兴旺。五代时期，“疏汴水入五丈河，自是齐鲁舟楫皆达于大梁(今河南开封)”。据说北宋初年，于棣州(今滨州阳信、惠民一带)的清河沿岸设立店铺，把食盐、粮草等经由大清河漕运运输到开封，大清河漕运正是当时盐业运输的重要一环，沿河两岸也因此而逐渐形成了一系列繁华的码头集镇。例如消失已久的齐东县(今滨州邹平台子镇附近)的繁荣就得益于大清河的漕运。“财物繁兴，凭大清河之顺利”“水陆相通，财连银汉……盐艘联帆而东来，路通海运；粮船逆流而西上，货输汴京……埠头招客，此北关下河，亦东省小商埠也。”[①]大清河的漕运直接促成了齐东县的经济繁荣，当时甚至有“小济南”之称。其他依附于大清河漕运而兴起的沿岸码头市镇的情况，也与齐东类似。

安平镇的兴起自然也得益于大清河发达的漕运。大清河漕运滋养了沿岸一众码头集镇，诸如利津县的铁门关，蒲台县的滨镇，滨州的安平镇，惠民的魏集镇、清河镇，齐东县的赵岩口镇等。这种依靠漕运(水运)便利而发达兴盛的例子当然不止发生在大清河沿岸，在全国都是屡见不鲜，其中最典型的当属香港。1949 年后，当时新中国面临西方国家的联合封锁，只能依靠香港与西方国家进行贸易互通有无，香港真正成为转口贸易枢纽。大量转口贸易促进了香港经济飞速发展，使其成为亚洲重要的金融、航运、服务中心。无论是借着漕运发展起来的大清河沿岸繁华的码头集镇，还是借转口贸易发展起来的香港，都是借势于贸易中转运输的巨大推力，所谓“运来天地皆同力”。

(二)安平镇的虹吸效应

作为大清河沿岸码头重要集镇之一，借着大清河漕运的兴盛，在元明清一段相当长的历史时期内(这段时期的大清河水流平稳，漕运发达)，安平镇都极尽辉煌。安平镇坐落在大清河下游北岸，《黄河古镇：从安平镇到大安定村》(姚吉成)一书给我们勾勒了安平镇繁盛期的概貌。

当时的安平镇，其街道布局为三纵三横。南北街有三条，中间的中轴主街道称为青龙街，东西两边分别为东街和西街。满街林立的商铺是一个集镇兴旺的最直观表现。沿着安平镇的中心街道青龙街自南往北走，各样的店铺分布两侧，有很多售卖香火用品的铺子，以及版画店、古玩店、当铺等，这算是文化类用品的专营店铺。隔街则有服装店、布店、副食品店、旅店、饭店、油坊、杂货店等，这是生活类用品的专营店铺。那个年代的商铺内部布局，与现在的商铺并无本

---

① 齐东县县志委员会编：《齐东县志·艺文志·吊旧城文》，(台北)成文出版社有限公司 2009 年版，第 418 页。

质不同,多是前为门头店面,后面则为商品的加工作坊。

安平镇兴盛的时候,据说人口达到 1.2 万户。安平镇的繁华必然吸引着十里八乡有一技之长的人才(诸如手艺人、读书人等)来此讨生活。大安定村的游传忠老人,祖上从事版画行业,经常带版画产品到安平镇来售卖,其制作的春节木版年画(与被列入国家级非物质文化遗产名录的潍坊杨家埠木版年画类似)在当地市场颇受欢迎。因为住所距离安平镇这一商品流通中心较远,来回赶路麻烦,为了方便做版画买卖,到乾隆年间,他家祖上干脆在安平镇购置了房子,从原籍前游家村搬迁到安平镇定居。

游家由原籍前游家村移民到繁华的安平镇一例,典型地体现了商业集镇的"虹吸效应"。"虹吸效应"这一现代术语多用来描述大城市或工商业中心对周边广大地区资源的巨大吸纳现象。由于本身具有某种核心优势,会吸引着周边地区的相关资源逐渐汇聚于此,该地区遂逐渐发展繁荣起来,而这又进一步吸引了周边劣势地区的各种资源源源不断汇聚过来,助力该地区进一步发展壮大。虹吸效应对中心地区的发展兴旺极为有利,对周边被吸取资源的劣势地区的发展则是不利的,会导致"富的越富,穷的越穷",正所谓"大树底下不长草"。安平镇的兴起也是典型的虹吸效应,其依托漕运周转枢纽这一核心优势,逐渐吸引了周边地区各种资源的汇聚,因而繁荣兴旺。

安平镇的经济兴旺也必然催生文化的繁荣。安平镇的乡学(相当于现在的乡镇学校)坐落在玉皇庙的北面。据说乡学建筑的原主人姓苏,其财帛充裕,房屋众多,但是人丁单薄、后继无人,于是把家里房屋地产捐出来给安平镇做了学校,十里八乡的求学者多慕名前来就学。安平镇文化上的"高光"时刻是在宋代出了一位高道刘卞功。"刘卞功,字子民,滨州安定人。弱不好弄,六岁误触瓮碎,家人更谯之,神色自若。曰:'俟钉校者来,当全之。'复谯其妄。曰:'人破尚可修,矧瓮邪!'语未绝,钉校者至,相与料理,顷之如新……徽庙闻其名,数敕郡县津致,间驰近侍召之。对曰:'吾有严愿,不出此门。'上知不可夺,赐号'高尚先生'……尝问以修行之术,书云:'非道亦非律,又非虚空禅。独守一亩宅,惟耕己心田。'又云:'以手扪胸,欲心清净;以手上下,欲气升降。'每云:'常人以嗜欲杀身,以货财杀子孙,以政事杀民,以学校杀天下后世。吾无是四者,岂不快哉!'靖康之亦(变),不知所终。"[①]因被宋徽宗赐名号"高尚先生",后世弟子将刘卞功修道处加以整修,名为"高尚观"。观刘卞功言行,其修行途径当以修心、炼气、导引为主,秉承了老子《道德经》清静无为、纯任自然的宗旨。安平镇能够滋

① 吴枫、刘乾先主编:《中华野史大博览》(上),中国友谊出版公司 1992 年版,第 452—453 页。

养出如此成就且有影响的高道，由漕运带来的长期经济繁荣及由此产生的历史文化积淀自然是功不可没。

安平镇上有医药铺，位于乡学之北。据说药铺主人姓张，他坐馆开药，医术高明，医泽广布，滨州知府曾赐其一幅写有“功德”的匾额以示表彰，为其招揽了更多病人。古时的药铺一般会选择开在经济繁荣、人烟稠密之所，至少应该是在集镇。在一些孝子故事里，常有因父母生了重病，孝顺儿子几十里迢迢地远赴药铺请郎中、抓药的感人事迹，其实多是无奈之举，如果住在市镇，附近有药铺，就能够省去不少麻烦。所以药铺提供的良好医疗条件，也是城镇能够对周边产生虹吸效应的核心因素之一。

中心地区的虹吸效应当然不仅仅是吸取周边的资源，其也给前来投靠的百姓创造了更多的谋生机会。例如看管仓库，农村里一般没有这个行当的，因为农村的少量产品不足以支撑起对仓库的需求。但对于繁华的漕运集镇安平镇来说就不一样了，其作为盐料、粮食、各种商品的中转集散地，数量巨大的商品必然催生对仓库保管的需求，自然也就给居民提供了仓库保管这一新兴的谋生行当。

安平镇配备有仓库，据说当时看守仓库的人家姓李。现位于大安定村西北约 1.5 公里的库李村的李姓居民，就是其后代。因祖辈看守仓库，是以村子获名为库李村。不过这里需要稍微纠正一点的是，安平镇的仓库，推测起来，大概率是由李姓所创业开办，其身份当是仓库老板，而非仓库看守或管理员。当然后来在选择仓库管理看守员的时候，会优先在本家子弟中选择，久而久之就自降了身份，造成了李姓只是仓库看守的误解。与库李村类似的还有村民口中提到的周家园子(疑为现大安定村东北约 1 公里的小周家村)，一鲸落万物生，据说那里是安平镇曾经的菜园子，安平镇裂变后，就跟库李村一样，也独立成村了。

总之，资源汇聚到的地区，会产生更多的社会分工，提供更多的从业机会，从而吸引周边更多的百姓奔赴而来。上述安平镇仓库这一新行当的出现，正是典型一例。古今皆如是。现代社会的城镇化更加集中，大城市除了能够提供工业、商业等传统就业机会外，还能够催生诸多在偏远农村或郊区很难存在的新的谋生行当，诸如房产中介、室内装修、健身会馆、宠物养护、外卖配送等。

由上可见，无论城市还是有一定规模的集镇，归根结底都是虹吸效应的产物。其最早一般是依托某种核心资源而崛起，在此期间虹吸周边的各种资源逐渐发展壮大。在规模壮大的同时，又衍生出更多的新兴行当需求，这些新行当又吸引着周边人才与资源趋之若骛。人们从散落于四处而逐渐汇集到城市或集镇,就是看中了这里有更多的资源,更多的谋生机会,并且能享受更便利、更丰富多彩的生活。安平镇的逐渐兴起壮大,正是虹吸效应的典型过程。当今时代,人口净流入与净流出已成为全国各省市都关注的重要指标,国内无论大、中、小城市都在忙着"抢人",并发布大同小异的人才新政优惠政策,以吸引人口的流入。其实质也是要通过吸引人口资源的流入,人为地造就虹吸效应,促进本地区的发展壮大。

(三)庙会承担经济职能

市镇的繁荣也会体现在多样的宗教场所方面。那时候安平镇以青龙街为中心,散布有很多闻名周边的宗教场所。泰山行宫(始建于明朝,后改为碧霞元君祠)地处青龙街的西南方向,供奉主神为碧霞元君,也就是人们俗称的"泰山奶奶",主管生育送子。康王庙在"(滨)州南五十里安平镇西",有说是供奉康王真君康保裔的,又有说是供奉南宋高宗赵构的,此处暂且存疑。高尚观、三仙庙在青龙街的东南方向,供奉的是道教神仙或道门弟子。玉皇庙坐落在青龙街偏南,供奉的是玉皇大帝(很多人认为其就是大家常说的"老天爷")。祖师庙位置还要偏东一些,此间供奉的是各类手工匠人的鼻祖。青龙街北面不远,是一处规模较大的寺庙,称龙吉寺,为佛门宗教场所,据说寺庙有 150 亩的庙田,僧众除自己耕种外,也雇佣佃农耕种,本质就是地主,但是挂着寺庙的招牌,也算是集体经济。另有规模不大的姑子庙、关帝庙、土地庙等。

安平镇多样的宗教场所,作用不仅仅是为居民提供精神信仰的寄托,其更在默默地履行着相当的经济职能。宗教场所与经济发展一直有极密切的关系,只是这种关系隐藏得比较深。宗教与经济之间的关系,最典型的体现就是"庙会"这种宗教与商业兼具的形式。庙会是指旧时设在寺庙里或附近的集市,在节日或规定的日子定期举行。庙会的核心特点是以宗教信仰的号召力来组织召集商业经济活动,其在古代社会承担着重要的经济职能。

安平镇规模最大的庙会当属碧霞元君祠(泰山奶奶庙)庙会了。那时规定了每年农历四月十五至二十五会有持续 10 天的庙会。每年四月十五开庙门,庙门前面唱大戏,各路商贾就开始忙着抢地盘、扎棚子、摆摊子,摊子、棚子从安平镇西街一直扎到了泰山奶奶庙门前。庙会从四月十八正式开始[①],其间人山人海,车水马龙,吆喝买卖声、讨价还价声、唱戏的锣鼓喧天声喧嚣不已,非常热闹,一直持续到四月二十五关庙门庙会结束。安平镇大集或庙会的盛况在大安

---

① 传说四月十八是泰山奶奶的诞辰日,故在此日正式开始庙会。

定村一直口口相传：每次庙会（或逢集），少说也有上百辆马车来此聚集，镇子甚至给马车设立了专门的停放场地，有专人负责看管喂养马匹，当然是要收费的，据说一辆马车收一个铜板。

庙会的主要内容有三。一是各地各行业商贾的商品交易活动。庙会是古代商品交易的最重要场所之一，每逢庙会，周边地区的买卖人都会远路迢迢地赶来售卖商品。对他们而言，庙会就类似于现在的销售黄金周，其售卖金额能达到平时很多倍，当然绝不能错过。而民众也能在庙会上买到平时不容易接触的商品，所以无论商家还是民众，对庙会都是趋之若鹜。二是庙会上有各色各样的娱乐活动。有唱戏的，玩杂耍的，热闹非凡。每逢庙会，来往的商船往往也会在此逗留，船员们购物玩耍看热闹，也会产生可观的消费额。囿于封建礼教而平时难得见面的青年男女，对于庙会更是眼巴巴企盼了好久，想着趁此机会能够大饱眼福。三是进香拜神，许愿、还愿活动。传言泰山奶奶庙灵异非常，有求必应，尤其古人以传宗接代为头等大事，所以众多善男信女都会赶在庙会期间，前来给泰山奶奶烧香，祈求保佑。庙里单靠香火钱也能赚得盘满钵满，何况还能收取其他场地租用费之类。有村民讲：泰山奶奶庙的地皮其实归大安定村西南方的码头村所有，但因为大安定村有几个能人，所以庙会（逢集）的钱是由大安定村的人来收。

总之，由于庙会能给各方带来巨大的经济效益，主事者才会不辞劳苦甚至投入大本钱去组织举办庙会，所谓“天下熙熙皆为利来，天下攘攘皆为利往”。即便后来因为黄河夺大清河道，泰山奶奶庙被毁，黄河决堤又埋没了庙址，泰山奶奶庙久已无迹可寻，但庙会传统仍然延续下来，并逐渐过渡成为农村大集，亦即本地老百姓口中的“堤庙（大集）”。

（四）黄灾与安平镇裂变

安平镇的繁华由来已久。唐代之前的情况因史料缺乏已难考证，但可以肯定的是，至少自宋代直到元明清，安平镇维持了相当长一段时间的繁荣。繁荣原因前文已述，长期承担大清河上运送食盐与粮食的漕运职能，是其能够长期繁荣的最核心支撑。安平镇本质上来说是以漕运与商业立镇的，至于最基础的农业生产，只能维持最基本的温饱，断难催生出集镇的繁荣来。

其兴也勃焉，其亡也忽焉。安平镇的繁荣不能说“勃焉”，因为这是一个缓慢兴起的长期过程，但安平镇归于黯淡却非常符合“其亡也忽焉”的描述。似乎就在一夜之间，那繁盛似锦的安平镇就走向了落寞。安平镇的衰落，根本原因是1855年黄河决溢。

其实安平镇在大清河时期也不时会发生水灾。如史书记载,“至和二年,六塔河决溢于州,民多溺死”“至正二十六年八月,棣州大清河决滨,沿河居民漂溺殆尽”等,都或大或小地有损安平镇的繁荣。但总体来说,大清河水灾与黄河水灾不可相提并论,水灾过后,一切又会逐渐恢复如常,大清河道的通航功能仍然保持,不愁没法东山再起。但1855年的黄河决溢情况完全不同。经历了约20年的摆动,黄河固定从大清河道入海,大清河就此消失,而摇身变成黄河的下游河道。这次决溢与改道的影响甚巨,其结束了黄河由淮入海700年的历史,黄河重新注入渤海。此次决溢与改道造成的灾害非常之大且深远,甚至导致滨州地区曾有的两座县城(齐东县和蒲台县)逐渐消失,规模颇大的县城尚且如此,介于两座县城之间且规模更小的安平镇,自然更是难以保全。

黄河决溢与最终夺大清河道入海也让当地地貌发生了重大变化。首当其冲的是,安平镇小安定村的原址消失在了河道当中,小安定村村民搬迁到黄河南岸,后又有部分村民搬回黄河北岸,小安定村也从此被分为互不隶属、隔河相望的两部分。安平镇东北方向不远处的河道也因决溢而变动,1900年的那次洪凌灾害导致这段黄河河道南移,原在河道以东的堤东赵村、小街村等,相对位置变成了黄河西,真应了那句“三十年河东,三十年河西”的俗话。与黄河夺取河道相伴生的,是黄河泥沙的淤积。原来的大清河以河水清澈而得名,泥沙淤积并不严重,但被黄河夺道后,黄河水携带的大量泥沙迅速沉积,河道渐淤升高,迅速由地下河变为地上悬河,以至“无年不决”。

黄河决溢与夺道大清河对安平镇的最大打击,是摧毁了大清河的航运功能。首先,滨州地区的很多盐场被冲毁淹没,盐产量急剧下降。以利津县的永阜盐场为例,其原有产盐滩地480副,盐产量高居山东省之冠,但到了1894年,仅剩60副,“以致滩池节年被淹,堤坝冲决,且复顶托纳潮,卤气不升”。盐产量直线下降,盐运需求自然也“水落船低”。其次,已成为黄河河道的大清河,其航运能力遭到巨大破坏,“昔日盐运通津不复存在,大清河变成了滔滔黄水。由于河道不固定,河水流速过快,一般船只不能航行,盐场不能顺利运出食盐,盐运也就戛然而止。占据经济主导地位的盐业生产逐渐萎缩,严重影响了当地的经济发展”[①]。最后,1855年后的黄河决溢与改道又造成了当地人口的大量流失,仅1895年到1897年的三次大决口,在黄河三角洲地区的致死人数就不下二十万。人口的减少与流离失所,自然也无法再支撑起市镇的繁荣。基于上述三个

① 阎海青:《1855年黄河改道对黄河三角洲的影响》,《文史知识》2009年第4期,第17页。

原因，依靠漕运（盐与粮）与商业集散起家的码头集镇安平镇，就此被釜底抽薪，其走向黯淡乃至裂变也就自不待言了。

市镇从繁华走向衰落乃至消亡，在历史上一再上演，安平镇不过其中之一。得天时地利人和，所以能够万丈高楼平地起，但有时一个问题出现了，就能让其走向衰落。安平镇的居民们似乎从没想到安平镇会有衰落的一天，但突然间漕运功能的丧失，一下子让安平镇衰落下来。瘦死的骆驼比马大，得益于多年的丰厚积累，安平镇靠吃老本还能够维持一段时间。但终归是今非昔比，安平镇也落得了与原大清河岸边诸多繁华富庶的码头集镇同样的命运。到了民国，安平镇的当年辉煌早已难觅。整个安平镇分崩离析，裂变为现在的码头村、大安定村、小安定村、库李村、小周家村等，这些村名无声诉说着那段令人唏嘘的历史。中国人讲究居安思危，所谓"人无远虑，必有近忧"，天长地久毕竟有时尽，深谋远虑，提前做好准备与规划，是繁荣得以长久延续的前提。

二、庙宇林立与民间信仰

（一）大安定村的九座庙

从大安定村上年纪的老人那里，调研组了解到安平镇（及周边）曾有不下九座庙，包括碧霞元君祠（泰山奶奶庙）、高尚观、三仙庙、玉皇庙、祖师庙、姑子庙（其中有仙姑、尼姑或道姑）、龙吉寺（又称大寺）、关帝庙、康王庙等。可见当时安平镇及周边居民宗教信仰之普遍与深厚。现在这些庙宇早已荡然无存，究其消亡原因，有天灾的因素，更是人为的结果。

2016 年 4 月 13 日，村民们在大安定村北面田地里挖掘排水沟时，偶然发现了几块断裂庙碑及一些砖瓦碎片。这些出土古物主要包括两块碑冠、两通刻有碑文的碑身、两通碑座，另有须弥座、瓦片、屋脊石兽等零散古物。

两块碑冠完好无损，其一镌有"重修龙吉寺"，其二镌有"万古流芳"的字样。两通有字的石碑都已断裂。其中一通所刻碑文保存得还算完整，详述重修龙吉寺的缘起与经过，并透露出关于安平镇不少久已遗失的信息：

> 重修安平镇龙吉寺碑记……我滨邑迤南四十里有安平镇者……其东有玉观则高尚观……至于镇北，前有玄武……弘治己酉，增其旧制。为殿五楹，左伽蓝，右祖师，乃山门钟楼靡不备举……为风雨所摧残……非复昔

日之壮丽……普济堂、城隍庙、乡之镇武殿、三元宫,以及镇之玉皇阁、三清殿、关帝庙、祖师堂……募一邑之缙绅耆老,叩十方之信女善男……而目已瞑矣……此寺之落成……是为记。丁酉科举人……丁巳科进士候选知县郡人杜薾,善人……龙飞 乾隆七年岁次壬戌荔月吉旦。

这段碑文透露给我们的重要信息如下。安平镇距滨城中心为四十里(村里老人曾讲,大安定村距离滨县衙门有四十里地)。安平镇史上有高尚观等宗教圣地。明朝弘治年间经过七年营建,龙吉寺的建筑格局已经非常完备。安平镇外的乡里,有普济堂(当时供奉医神之场所)、城隍庙、镇武殿、三元宫等宗教场所。而安平镇内则有玉皇阁、三清殿、关帝庙、祖师堂等宗教场所。因龙吉寺年久失修,由住持四处募修龙吉寺,尚未修成却已亡故。滨县地区很多名流与善人参与了龙吉寺的募修,比较著名的是杜受田(咸丰皇帝的老师)的曾祖父杜薾。龙吉寺重修工程竣工于乾隆七年(1742)。

另一通石碑则因为两端断掉,只能依稀看出中间部分的碑文,也是关于重修的记录(寺庙里的石碑或功德碑,一般都是记录捐款修庙的人与事),透露出的有价值信息并不太多。

当时出土的碑冠、碑身、碑座,现保存在大安定村村委大院里。碑冠、碑身与碑座均相当硕大厚实,从中可以依稀想见龙吉寺昔日建筑的恢宏壮观(老辈村民又习惯称龙吉寺为大寺,也侧面反映出其规模之大)。

大安定村中亲眼见过龙吉寺原貌的人已经不多,由于记忆偏差,他们对龙吉寺的描述大体相似,细节则可能有所不同。村民张洪滨(大约 1932 年生)小时亲眼见过龙吉寺,他说龙吉寺有三进大厅,前厅是八大金刚的塑像,中厅是如来佛祖以及另外几尊泥塑,后厅则是雷公电母等木雕塑像。他还记得塑像特别高大,他十来岁的时候爬到如来佛像的膝盖上,抬起头来才勉强能看到塑像头部。张洪滨还能说出大寺中厅的大致位置所在,虽然那里早已成为荒地。村民游传忠(大约 1933 年生人)对龙吉寺的情况记忆犹新。据他回忆,龙吉寺占地面积得有十多亩,有庙门和前、中、后三个院落,前大殿、中大殿、门房、厢房、廊房、读经房、僧侣的寝室等一应俱全。庙门口有哼哈二将和四大金刚(疑为四大天王)把守。进入前庭,两侧有几棵古树,还有几十块石碑组成的碑林(其中有一块叫透灵碑,能照出人之光影,尤为知名)。前大殿供奉的是如来佛祖,佛身布满铜钱,金光闪闪,是以称为“金佛”。据说早年间佛像为泥塑,后来弘治年间寺僧善智募修龙吉寺时化缘所入颇丰,于是在泥身佛像上镶嵌了一层铜钱织成的金衣。如来佛祖的两侧分列老百姓熟知的文殊菩萨(主管文化、学业)和观音菩萨(主管救苦救难、祛病消灾)。进入中庭,中大殿里供奉有一尊端坐的木质佛像,寺中僧人们平时聚集于此殿做早晚课诵经修行。传说木质佛像是本地一木匠花了一年时间用老榆木雕刻而成,若用力压下木佛端坐的膝盖,木佛就能站起身来,可谓工艺精巧。对于群众来讲,这无疑非常神奇,很多香客慕名而来烧香敬佛,招徕了不少香火。后院则是寺僧的寝室与习武活动的地方。

龙吉寺的消亡在安平镇衰落的时候就开始了,但最终消亡则是由于 1947 年的“黄河归故”事件。早在民国时期,龙吉寺的部分房子就被镇上征用作了学校[①],且由于战乱与失修,龙吉寺的房舍也倒塌了不少,寺内僧人逐渐流失殆尽,最后只剩了一名叫宏泰的佛家师父。但龙吉寺建筑的底子毕竟还在,而“黄河归故”事件则基本上摧毁了龙吉寺。1938 年 6 月,国民党政府为阻止占领徐州的日军西进,在河南郑州北郊十七公里处,扒开了黄河南岸的花园口大堤,河水倾泻南下。已经夺道大清河入渤海近百年的黄河,在人为干预下,重又南下夺淮入黄海。此次花园口决堤事件在迟滞了日军进犯的同时,亦造成了黄泛区(主要是河南、安徽、江苏)89 万民众的死亡。1947 年,国民党当局武断地将久已溃坏的黄河花园口大坝合龙[②],放黄河水归黄河故道,造成了黄河下游冀鲁豫解放区大量村庄与耕地被淹。解放区为保护沿岸民众的生命财产,出动 30 万民工紧急固堤,因固堤急需大量土石方,包括大安定村北龙吉寺在内的黄河下游两岸大量古建筑被拆毁,很多宏伟壮观的、千百年来承载着民众精神寄托的宗教建筑,就此消失在历史长河中。不过据村民回忆,龙吉寺的遗迹到“文化大革命”时期还能够看出碎片烂瓦的土堆子,高度能达二层楼,东西、南北各有三四十米。当时在上面还曾挖出制钱(即外圆内方的铜钱)以及烧香的用具(当是香炉)之类,在上面开荒种地的有好几家村民,随着时日迁延,后来连废墟也荡然无存了。

---

① 此即“庙产兴学”,指的是征用各地的寺庙、道观等宗教建筑、土地及财产,用于学校教育的政府行为。“庙产兴学”以民国期间最为典型。1927 年,南京中央大学教授邰爽秋提出了“打倒僧阀、解放僧众、划拨寺产、振兴教育”的口号,并向国民政府提出推行“庙产兴学”的建议。这一提议在社会上引发强烈争议,国民政府对“庙产兴学”虽然未置可否,但此后各地教育部门多有征用本地庙产用于教育的行为。此举在一定程度上有利于教育发展,但对宗教文化遗产也造成巨大破坏。“庙产兴学”确实也加速了安平镇龙吉寺的破败。

② 据山东省阳谷县沙河崖村刘邓大军强渡黄河战役纪念馆的图片资料描述,1947 年 3 月,国民党军队由全面进攻改为重点进攻陕北与山东解放区,在二者之间的中央地带国民党兵力较为薄弱。为弥补这一缺陷,蒋介石下令在花园口堵口合龙放水,引黄河水归北行故道,企图利用滔滔黄河水阻挡解放军由此南进。这就是蒋介石所谓的“黄河战略”。但 1947 年 6 月,刘邓大军开始强渡黄河,千里挺进大别山,配合经略中原,粉碎了国民党的计划,强渡黄河正是解放军由战略防守到战略进攻的转折点。

碧霞元君祠(泰山奶奶庙)据说毁在1855年的黄河决溢及此后的洪水中,后来兴建黄河大堤,原来的庙址就被大堤给埋住了,也有村民说是压在现在高速公路下面,总之原址到现在已找不到一丁点儿痕迹。也有村民称呼泰山奶奶庙为"堤庙",当是因其近大堤之故。

对于玉皇庙,村民仍存留有部分记忆。老辈传说,古代闹水患,从上游冲下来两口钟,一铜一铁,铜钟冲到了流钟口(疑为现沾化界流钟乡一带),铁钟冲到了安平镇,这就是玉皇庙这口钟的来历。这口钟相当神奇,这里敲钟,京城那边都能听得到。玉皇庙破败后,铁钟被埋于土中,只露出一角。1958年,铁钟被砸了炼钢铁,殊为可惜。村民王悦策的宅基地据说就坐落在玉皇庙的原址上,他家宅院附近还曾有过大块的石碑,上面刻着古文字,但村民们多不知其内容与价值,也就任由石碑躺在那里。后来不知何时,石碑不知所踪了,是被文物贩子偷偷运走,还是被村民拿来当了垒墙的条石不得而知,却也引发了大家的无尽遐想。

玉皇庙的铜钟传说平平无奇,刚开始并未引起调研组的充分注意。直到后来,调研组偶然接触到另一个外地传说。在济南市柳埠镇窝铺西村,有一座真武大帝庙。真武庙紧邻一条小河,庙院里有一口大铁钟。有次河水大涨,大铁钟借助水势漂走失踪,几天后才在五里外的岱密庵里被找到并抬回来。后来铁钟又屡次失踪,每次都是在岱密庵里找到。原来岱密庵里也有一口钟,村民们认为此两口钟为一雄一雌,"雄钟赶来与雌钟相会"云云。1958年,该铁钟亦难逃被毁坏的命运。济南柳埠镇与滨州安平镇相距数百里,却流传着明显类同的大钟传说,究竟是什么造成了这种"不约而同"?在此暂不作探究解析,算是给读者留下一个有意思的谜题吧。

三仙庙的损毁相对比较晚。三仙庙在大安定村东南方,据村民游庆泽讲,庙址就在他现在所住院落的西边,可能还有点痕迹:"以前那里还有石碑、碑座子,碑座子有这么一掬(抱)大,方形的。后来在那里挖土,也不知道现在哪去了。"1949年前后出生的村民,还都记得小时候这里有高高的土台(庙宇的高大地基)以及石碑,他们童年记忆里的重要一景,就是在石碑上来来回回地爬上滑下,玩得昏天黑地、忘乎所以。

至于其他如高尚观、祖师庙、关帝庙、康王庙的具体遗迹,就更加缥缈如云烟,难以探寻踪迹了。

(二)民间信仰与庙宇神灵

一处不大的地面就挤下了不下九处庙宇,古安平镇民间信仰的兴旺由此可见一斑。民间信仰是指民众自发产生的对超自然能力的精神体(神灵)的信奉,其表面形式是对神灵的信仰,本质上则体现了民众各色各样的人生诉求。可以说,每一座庙宇里供奉的每一个神灵,都承载着民众们内心的某种情感期待。下面我们对九座庙宇所对应的民间信仰作分类阐述。

安平镇碧霞元君祠(泰山奶奶庙)承载的是广大民众对生命延续的情感期待与寄托。碧霞元君在中国北方地区被广泛信奉,据说其道场位于山东泰安东岳泰山之巅的"碧霞祠"。传说中,碧霞元君神通广大无所不能,能够让"贫者愿富,疾者愿安,耕者愿岁,贾者愿息,祈生者愿年,未子者愿嗣,子为亲愿,弟为兄愿,亲戚交厚,靡不相交愿,而神亦靡诚弗应"。但老百姓习惯于化繁为简,由于东岳泰山五行属木主生,泰山碧霞元君又是年长的女性形象,所以约定俗成地将"元君主生思想与妇女问题联系在一起,人们便认为元君主宰生儿育女"[①],并称其为"泰山奶奶"以示亲近。四面八方蜂拥而来登泰山者,相当部分都是冲着到"碧霞祠"去求子或还愿,可知在民众心里,碧霞元君乃是道教的生育之神,主管送子延嗣。"泰山奶奶"主管生育的信仰遍播各地,而祈求生子延嗣的民众多数并没有条件赶赴泰山祈福求子,于是各地的碧霞元君祠(泰山奶奶庙)犹如雨后春笋般涌现,以迎合广大民众多子多福的强烈企盼。

民众对生育、传宗接代的极端重视,归根结底源于一种"生命延续"的精神诉求,我们可以从生与死两个方面来分别理解。从生的方面讲,在古代人口就是劳动力,人口越多财富产出也就越多,并且家族人丁多了也更容易抱团一致对外,从而在资源争夺中不落下风。总之在古代,人丁兴旺意味着能够获得更多的生存机会。从死的方面讲,民众认为人死后变成鬼,而鬼也像人一样需要食物(但吃的不是粮食而是香火气味)。就如阳间老人需要子女赡养一般,在阴间也需要孝子贤孙的香火祭祀供养,如果没有后代祭拜,就会沦落为食不果腹的"饿鬼"。正是基于此种认知,古代民众一定要传宗接代,说是"不要断了香火"。所以说到底,生儿育女、传宗接代的传统观念来源于民众千百年来对"生存之艰难"的普遍而深切的恐惧,而尽可能多生育子孙后代的行为,确实能在一定程度上缓解这种心理恐惧。于是自然滋生了诸如多子多福、传宗接代、"不孝有三,无后为大"等一系列价值观念。这种生育崇拜的价值观念,需要有一个鲜明具体的形象来承载,碧霞元君(泰山奶奶)正好以其亲和的母亲形象,被民众选择成为主管生育送子的神灵。这种生育崇拜的广泛化,也决定了各乡各地多有泰山奶奶庙的分布。

---

① 范恩君:《论碧霞元君信仰》,《中国道教》1995 年第 2 期,第 24 页。

安平镇祖师庙承载的则是民众对获取谋生“一技之长”的精神诉求。这意味着安平镇的祖师庙是被各行从业人士用来供奉其所从事谋生行业的始祖。大安定村的老人讲:安平镇的祖师庙供奉有58位祖师的牌位,几乎涵盖了各行各业,包括煮盐的始祖夙沙氏,木工的祖师爷鲁班,农耕稼穑的祖师爷后稷,纺织业的祖师黄道婆,桑蚕业的祖师嫘祖等,俨然一个拥有诸多专业的古代“职业技术学院”。类似供奉多位行业祖师的庙宇,在全国其他地方并不鲜见,如辽宁营口西市区的祖师庙,“供奉神位达364位……传说中的木瓦匠的祖师鲁班;鞋匠的祖师孙膑;裁缝染坊的祖师梅阁;理发、修脚、厨师的祖师罗祖;戏曲行当的祖师李隆基;铁匠祖师太上老君等诸位神像”[①]。

三教九流中处于社会中下层的手工艺人,是祖师庙的主要“目标客户群”。中国古人在谋生手段(职业分类)上讲究“三教九流”,又有所谓上九流、中九流、下九流之说,说法各不相同,其中一种,中九流是一流举子二流医,三流风鉴四流批,五流丹青六流相,七僧八道九琴棋;下九流则是一流门皂二流巫,三流牙行四流尼,五流花婆六杂用,七窝八贼九娼妇。生活在社会中下层的中下九流,其谋生行当各不相同,但终归得靠手艺挣得一口饭吃,这是他们的谋生之本。一方面,他们希望自己能够更加精通此门技艺;另一方面,他们也希望自己能有运气获得更多的工作机会。他们当然祈望神灵能够保佑自己的行当业务,但是那些综合性的神灵(如玉皇大帝、如来佛祖、观音菩萨等)似乎高高在上,离这些手艺人的专业技能颇为遥远,于是他们把求助的目光投向了自己所处行当的祖师爷。所谓“祖师爷赏饭吃”,来自祖师爷的保佑可谓更加专业对口,更具有针对性。比如木匠当然要供奉能工巧匠的代言人鲁班;酿酒买酒的要供奉酒圣杜康;很多戏子供奉祖师爷李隆基,因李隆基爱看戏,极大促进了戏曲发展;就连下九流里的娼妓,都会供奉自己的祖师爷管仲,因春秋时期管仲开了官妓的先河……总之,祖师庙里各位行业祖师神灵所承载的,正是三教九流里的手艺人,对自己赖以谋生行当的深厚感情,以及希望借着供奉祖师而获得更多收益的期待。

留心观察的话,不难发现祖师庙一般都设在经济繁荣之地。以农耕为主的农村里是绝少见到有祖师庙的。之所以如此,是因为只有经济的繁荣催生了各色各样的谋生行当,进而产生供奉多种行业祖师的需求。换言之,能够当得起建立祖师庙的地方,必定经济发达,能够提供多行业的市场需求。安平镇拥有祖师庙,也从一个侧面再次证明了当年安平镇的繁华,及其由此催生的多种多

---

① 西市区档案局、西市区档案馆编:《人文胜迹》,营口西市区档案馆内部资料,第30页。

样的就业机会。

安平镇关帝庙承载的是民众对主持公正、除恶扬善的精神诉求。关圣帝君的原型是三国时期的关羽，关羽是中国封神文化中的最典型案例。关羽在三国时期的地位远没有后世那么高，在当时只是一员猛将。进入隋代，关羽被佛教封为"护法神"。到了宋代，关羽被崇尚道教的宋徽宗封为"崇宁真君"。此后关羽的地位有升无降，在明代荣膺为关圣帝君、武圣人（与文圣人孔子平起平坐）、三界伏魔大帝，成为城乡居民广泛供奉的重要神灵。明清时有"县县有文庙（供奉孔子文圣人之庙），村村有武庙（关圣帝君庙）"之说。据统计，清代全国各地的关帝庙，共计有三十万座……安平镇的关帝庙，也正是全国的关圣帝君崇拜在本地的具体呈现。

民众为何要崇信关圣帝君？正所谓这世上没有无缘无故的爱或恨，在中国人的集体潜意识里，关圣帝君象征着忠义、公正、严肃。老百姓看重的，正是关圣帝君形象所代表的那种主持公正、祛除邪恶的特质。在古代，生活在社会中下层的老百姓在日常生活中免不了遭遇各种各样的不公、欺凌与压迫，但由于自身力量弱小，不仅无力反抗，还常常申诉无门。这样一来，民众心底会油然而生对于公平正义的强烈需求：既然在阳世间申诉无门，那就只好去阴界神灵那里诉说委屈。关圣帝君在阴间担任要职，其形象又是公正无畏，为一切邪恶势力所恐惧，饱受委屈的公众自然就选择了关圣帝君作为其倾诉对象，并寄希望于其能够神眼明察、主持公正。

所以我们常常能够读到在阳世间申诉无门，到阴界的关圣帝君那里申冤告状，经由神灵裁决最终善恶有报的民间故事。老百姓中还有祈请关圣帝君驱鬼逐邪的习俗，另外，民间还有在关帝庙前赌咒发誓的习俗，这一般是闹矛盾的双方各持己见，互不相让，于是相约到附近关帝庙前赌咒发誓，请关圣帝君予以裁决。这时不占理的一方（虽然嘴上很硬）心里就会发虚打鼓，害怕公正严明的关圣帝君真的明察秋毫、降下罪来，于是往往主动打退堂鼓，停止霸凌。可见对关圣帝君的民间信仰，其实质是借助神灵而维系社会秩序，在某种程度上确实能够起到匡扶民风的作用。

总之，关帝庙的存在，是因为现实中有着太多不公，老百姓对此无能为力，需要有一个地方释放缓解愤懑情绪。关帝庙承载的是民众对主持公正、祛除邪恶的精神诉求。当底层民众内心的不平越多，关帝庙的香火就会愈加旺盛。老百姓向关圣帝君倾诉时，能够获得安慰与开解，从此意义上讲，关帝庙是古代中下层民众的一处心灵疗愈场所。

安平镇玉皇庙则承载了民众对皇权制度播福利民的殷切期待。玉皇庙供奉的是玉皇大帝,很多人认为玉皇大帝就是老百姓口中常提到的"老天爷"。玉皇大帝字眼里包含"皇""帝"二字,已明显透露出玉皇信仰其实是古代的人间皇权制度在天上神灵界的"投影"。玉皇大帝相当于天上的最高统治者,在人间与之相对应的,自然就是皇帝了。纵观历代兴衰大事,国家社会的兴旺与否,老百姓安居乐业与否,与作为最高统治者的皇帝是否英明神武密切相关。所以老百姓期待着生于明君盛世,这种期待,在宗教信仰方面就体现为对天上最高统治者玉皇大帝的崇拜。老百姓认为自己的人生祸福,多来自老天爷(玉皇大帝)的操控,民间供奉的一家之主灶王爷,也是老天爷派驻到家中的神灵,过年的时候要回到天上给老天爷汇报所在人家的表现,从而确定来年所降的祸福。所以老百姓碰到什么事情,总是张口闭口"老天爷"(类似于西方人口中的上帝),祈望来自上天皇权的护佑。

关于大安定村的玉皇庙有一个传说:玉皇庙的大钟敲起来的时候,京城里都能听得到。这当然是神化之言,我们已无从考察这是否为当年守庙人所有意杜撰。但京城是人间皇权所在,传说中村里玉皇庙的大钟敲响,能够被遥远的京城听到,正好与上达天听对应起来。这又从侧面证明,对玉皇大帝的信仰,乃是人间皇权信仰在神灵界的投射。

安平镇的高尚观与三仙庙所体现的,则是民众对"仙"的认知与期待。虽说神与仙往往并称,但在中国的文化传统里,二者却有着本质区别。简单来说,"神"是专门承担某项职责的,相当于天界或阴界的公务人员,是高高在上的没有肉身的精神体;而"仙"则是由人修道而成,能够"宇宙在乎手,万化生乎身",尤其是能够保有肉身。从"仙"这一会意字的构成也能看出,人到山中修行就成了"仙"。所以比起虚无缥缈的神灵来,肉身修成的"仙"天生与人们的关系更加亲近一些。

老百姓从来不吝于对那些有一定修为之人冠以"仙"之名号。被宋徽宗赐号为"高尚先生"的刘卞功,在当地民众心目中俨然是名副其实的"仙人",他的修行居所后来也被整修并命名为"高尚观"。安平镇的"三仙庙"供奉着刘先生、薛先生、牛先生三位仙人。关于这三位仙人的来历已难查考,有说其是刘卞功的三位弟子,又有说是明朝的三名道士,刚开始时还四处化缘,后来就不食人间烟火而修行成仙。但可以确定的是,这三人肯定曾实有其人,且是修行之人。民众后来将其当成仙人,设三仙庙来专门供奉之。

老百姓把修行之人冠以"仙"之名号,其实是有所求的。他们希望这些看得见摸得着、真实存在的仙人，能够给自己指点迷津、消灾解难。事实上在农村地区，本地一般都会有几个人被民众称作“半仙”，民众有了什么灾病，就会趋之若鹜地赶往“半仙”门庭求助。在民众看来，半仙是真实存在的人，其能够亲口传授或亲自操作消灾解难之法，这比起求助虚无缥缈的神灵（民众祈求神灵时，并不会获得神灵的直接应答）来自然要“靠谱”很多。

具体到大安定村的“三仙庙”，虽说三位仙人早已不在，但庙祝（寺庙中主管香火的人）还是在的，他就承担着代替三仙给民众消灾解难的职责。在村中老人的记忆里，从前还曾有黄河南岸的人过来三仙庙还愿（在神仙跟前许愿，等愿望达成后，再回到神仙跟前供奉回报，谓之“还愿”），在庙前竖起了两个旗杆，高有三丈，上置方斗（旗杆上端官帽造型的旗杆斗，类似于古代量粮食的“升斗”），相当严肃而隆重。这一记忆反映出民众向三仙庙里的“仙人”祈福解厄的传统，因为仙人“灵验”而解决了他们的实际问题，故来此烧香、竖旗还愿。至于是否真的是仙人显灵解决了问题，那就未必了。就以求医问药为例，其实生病了即便不吃药，也有不小的概率能够康复（因人体本身就有自愈力）。倘若在病好之前到“半仙”那里求助过，病好后就很容易将病愈归因于半仙的灵验（也有炫耀自己遇仙的意思）。于是口耳相传，吸引了更多的求助者云集于此。

村里人还记得周边有人前往三仙庙“跪药”（求药）的盛况（也有说是在泰山奶奶庙附近跪药）。据说信众们在仙人面前祈求赐药，往往就能够获取到少量的药末之类（从科学角度来看，所获之药当为香灰），这就是仙人所赐的妙药了。据说吃了仙人赐给的这些药①，不会肚子疼，牙疼也能好……这种“求药”场景，在20世纪80—90年代的气功大潮中，是一种很常见的群体迷信行为。由于容易聚众而引发社会事件，三仙庙的“跪药”行为后来被相关部门制止了。

至于安平镇上规模最大的龙吉寺，似乎更倾向于承担一种社会经济组织的职能。简单点说，龙吉寺更类似于一个运营中的“企事业单位”。首先从僧众组织上来讲，龙吉寺承袭的是佛教丛林制度②，寺中以住持为核心，负责寺庙的运营，寺庙里有很多僧众，他们遵守寺庙里的各种规矩，每日念经修行或者劳作，整个龙吉寺俨然一个等级森严、规矩详明、管理严格的社会组织。其次从庙产上来讲，龙吉寺有150亩庙田，可谓家大业大。庙田除了僧众自己耕种之外，必

---

① 类似于神剩，山东淄博地区民间称神灵供桌上撤下来的贡品为神剩，也有称神灵面前香炉里的香灰为神剩的，民众认为贡品或香灰与神灵有紧密联系，所以吃下就能得到神灵的治疗，这是弗雷泽《金枝》里所言巫术逻辑之“接触律”的一种典型体现。

② 源自禅宗的僧团制度，但是明、清以后，泛指所有汉传佛教的寺院制度。

然要出租给佃农耕种从而获取租金。从这个意义上讲,龙吉寺在经济运作方面与地主阶级的本质相同,只是挂上了“宗教组织”的招牌,以至于掩盖了部分真相。再次,从社会影响力上来讲,从出土石碑上的《重修安平镇龙吉寺碑记》能够看出,龙吉寺住持等人在当地的影响还是比较大的,所以在募修的时候颇有号召力,能够吸引滨邑一众官方人物与众多有钱的善人参与捐修。最后,寺庙供奉的佛教神灵也吸引着十里八乡的善男信女前来进香拜佛许愿还愿,在对周边施展宗教文化影响的同时,也能够获得一定的香火收入。综上,龙吉寺的社会经济组织功能比较庞大而全面,类似于大型企事业单位,而前述的泰山奶奶庙、关帝庙、玉皇庙、三仙庙等与规模宏大的龙吉寺比起来,更像是小打小闹的“个体户”了。

至于“姑子庙”的具体资料已难查考,村里老人只是依稀记得曾有这么一座庙,具体细节却是一问三不知。推测起来,其应该是有仙姑、道姑或尼姑修行的小规模的宗教建筑。游庆泽说那里曾有个“何仙姑”[①],仙姑是民间对于给人预测看事的神婆的称谓,可知庙里未必是尼姑、道姑。仙姑的收入一般是来自善人香火,更多是来自给周边民众看事解忧的报酬。

另外,古时几乎村村设有土地庙,一般都是盖在村外的小小庙宇,有的直接拿几块砖头垒起来替代。土地庙供奉土地爷,古人认为,城隍相当于阴间的县长,土地爷则相当于阴间的村长了。古人还认为,但凡村里阴间的事情,就由土地爷来掌管。所谓县官不如现管,土地爷是本村居民在阴间的顶头上司,所以村民们对土地爷相当敬重。山东地区有“送汤”传统,原因是古时候人们认为人死后会先去本村土地爷那里报到并待上几天,再往城隍那里去报到。这期间孝子贤孙就要送汤到本村土地庙来让先人吃饱喝足好上路,同时也讨好土地爷,希望他能照顾亡故的先人乃至能给美言几句。由于土地庙的规模实在太小,也无人驻守,又各村皆有极为常见,本书并未将其纳入大安定村周边九座庙宇之列。

前面分类列举分析了古时候安平镇几座庙的基本情况及其各自承载的民间信仰或社会功能。在此基础上,我们最后再臆解一下“康王庙之谜”,也即康王庙里供奉的,到底是被奉为“康王真君”的元帅康保裔,还是曾被封为“康王”的南宋开国皇帝赵构。由于年代久远或者当年就未曾留意,大安定村的老人也

---

① 仙姑是民间对给人预测看事的巫婆的一种尊称(南方地区有尊称其为仙女的),村民说这里有何仙姑应该是受了八仙传说里何仙姑的影响,其实村里姑子庙里的仙姑大概率不姓何,或者有可能是自称何仙姑下凡。

仅知康王庙里供奉的是康王，至于康王到底是哪一位，他们也说不清楚。但我们根据民间信仰重实用性、功利性的特点，倒是可以作出一番推断。

康保裔，河南洛阳人，五代及宋初人士，武艺高强，屡立战功，后在率领宋军抵抗契丹军队的战斗中阵亡。宋真宗闻之震惊哀痛，给予其较高的死后哀荣。后来民间就开始立庙崇奉康保裔，其又被崇奉者冠以康皇、康公、康元帅、康真君等名号，对康保裔康王真君的崇拜逐渐扩大，慢慢流布于全国各地。而康王赵构，就是北宋末代皇帝宋徽宗之子，宋钦宗之弟。北宋灭亡，徽钦二帝被金军俘虏，康王赵构在南京应天府(今河南商丘南)宣布即位，改年号为“建炎”，就此开创了南宋，是为宋高宗。民间流传有“泥马渡康王”的神奇故事，说是康王赵构曾经被金军扣押，有一天金太子邀请赵构一起狩猎，过程中赵构箭法精准，金人认为宋代皇帝及其后人皆无能之辈，如此武艺高强之人定是冒充康王无疑。于是赵构得以脱身金营并彻夜逃离。后来金人得知其为真康王，派兵追赶，赵构在奔逃之际被一条大河阻住去路惶然无计，这时旁边庙门前的一匹泥马突然变为骏马，驮上赵构跃过大河助其脱险，然后又变回了泥马，可知康王赵构“福人自有天相，天自佑之”云云。但康王(宋高宗)赵构的历史口碑并不好，虽说他开创了南宋王朝，但其曾被金兵追得仓皇奔逃不说，更是南宋的投降求和派，对于抗金名将岳飞被冤杀又有着不可推卸的责任，故多为后人所轻。

民间信仰极具功利色彩，也就是说，民众供奉的神灵对象，必须能给信众提供某些直接的好处(虽然这种好处往往停留在理论或口头承诺上)。前文已述，安平镇的几座知名庙宇，都在某种程度上能够迎合信众的某种功利需求，故能在当地站稳脚跟。对比一下康保裔与康王赵构，民众更容易供奉哪一个其实已经一目了然。康王赵构的历史名声很不好，“泥马渡康王”的传说也不过说明他福气大，运气好，与普通民众并无关系，所以谈不上能给信众带来好处，无法提供民间信仰所必须具备的功利性因素。康保裔则不然，其是保家卫国的将领，更重要的是“康保裔”的名字很讨喜，解释起来，康意味着健康，保裔则意为保护家人后裔，康保裔之名无疑迎合了广大民众对康居乐业、保家护族的强烈期盼，自然容易被广大民众接受而受到广泛崇奉。

类似因名字讨喜而备受崇奉的例子现实中有不少。《聊斋志异》里“金世成篇”的主人公——邹平县的金世成，虽是个疯疯癫癫的和尚，但因其自号为佛，名“金世成佛”(与“今世成佛”谐音)，老百姓喜欢听吉祥话，为讨个好彩头，就争相崇奉癫僧金世成，上演了一场非常典型的民间“造神”运动。再如霍去病与卫青墓在待遇上的巨大差别。近年来新闻爆出，陕西咸阳的茂陵景区，霍去病墓与卫青墓仅一墙之隔,历史上卫青的功绩绝不下于霍去病,但现在霍去病墓受万人敬仰,香火鼎盛,卫青墓却是一片荒草萋萋,少人问津。不少人为卫青墓受冷落而抱打不平,殊不知广大游客(民众)看中的是霍去病名字里的“去病”二字,具有健康无病的寓意(尽管霍去病 24 岁就病逝了,但大部分游客并不知晓也不关心),他们看中的就是“去病”这个讨喜而吉利的名字,所以争相祭拜,以讨个“无病”的吉祥。相比之下,“卫青”的名字对有着功利需求的老百姓产生不了什么吸引力。康保裔,金世成佛,霍去病,都因其名字吉祥寓意而满足了民众内心深处的企盼,这也是民间信仰的核心支撑。所以对于安平镇康王庙里供奉的到底是康保裔还是康王赵构,也就能够大致作出推断了。

在此作一个总结。古代社会,民间信仰的承载体是宗教庙宇里供奉的各路神灵。这些庙宇的神灵以其各自的特有属性,有针对性地满足广大民众内心的不同祈求,从而获得了旺盛的香火并得以长期存在。前述安平镇里几座庙宇供奉的神灵及其对民众内心功利性需求的满足(多是心理满足),正好可以作为研究民间信仰功利性质的一个典型案例。

(三)人事原型与民间想象

大安定村还流传有一些本地的古老传说,具有民俗学、文化学的价值,颇值得玩味,在此列举几例。

第一个故事是雍正皇帝镇压安平镇龙气的传说。据说以前的安平镇并不是镇,而是叫“安平乡”,安平乡的中心街道青龙街极负盛名。雍正(也有说乾隆的)皇帝听说了这个青龙街,知道此地风水好,龙气旺盛(前述玉皇庙的大钟敲响,在京城都能听到,也隐含有此地风水好、地气旺的意思),怕此地会滋养出真龙天子威胁清朝统治,所以把武定州升格为武定府[①],并将安平乡改为安平镇,目的是要镇住这里的“龙气”(其实就是对“镇”字牵强附会的曲解)。而安平镇上的几座庙宇,也是为镇压此地的风水龙气而设。

这个传说很神奇,但却并非独此一家。如果在全国各地浩如烟海的民间传说里展开搜索,就会发现此类镇压龙气(或者破坏风水)的民间传说套路屡见不

---

① 宣德元年(1426),明朝平定了欲在棣州起兵谋反的汉王朱高煦,第二年将惠民地区改为武定州(寓意以武力平定谋反),属济南府管辖。雍正十二年(1734),将武定州升格为武定府,总领惠民地区的九县一州,直到清末。

鲜。其故事模式往往是,某地有很好的风水(常有神奇现象显现[①]),被皇帝派来的国师发现(在北方地区则多传说是被精通风水的南方地师发现),国师怕出真龙天子影响皇权统治(或者地师妒忌此地风水好),因而视此地为眼中钉,采用各种办法破除掉此处的地气,使得此地再无神奇之处显现。安平镇流传的皇帝镇压此地风水的说法,也大致符合上述的故事套路。在全国各地、大江南北都流传着类似的故事模式,如此,其背后的群体心理就值得作深一步的探究了。

第二个是关于本地琉璃井的传说。琉璃井为古代"滨州八景"[②]之一,据咸丰《滨州志》记载,"井尽琉璃砖瓷。传谓一云水道人,投火井中,因炼成一片莹滑无隙、绿光耀目,其水冬温,较他井差别噫嘻异矣"。大安定村的张训民老人讲:老辈相传这口琉璃井是"龙眼",通往东海龙宫,所以井水经年旺盛,即便大旱年间也是取之不竭。以前每到庙会的时候,蜂拥而至的赶会者及其牲畜,都会饮用这口井里的水,其水质清澈甘甜,饮之可延年益寿。至于以琉璃井为龙眼或海眼,称其通往大海龙宫的传说,也非仅此一家,而是各地多有。"何谓'海眼',就是在陆地的一个地方开口、出水,水深莫测,便被民俗描绘成在地底下与大海相通,是大海的一部分……'海眼'堪称别致一景,分布很广,其中最出名的有泰山、五台山、北京潭柘寺、潍坊青云山和山海关孟姜女庙等地的海眼。"[③]滨州本地也不止琉璃井一地有海眼传说,距大安定村 30 公里远的滨州市秦皇台风景区里的秦台下,有明成化十九年(1483)挖掘建造的八角龙井,据说井内三泉并涌,刮东北风时水咸,刮西南风时水甜润,冬夏不枯,遇干旱祈雨比较灵验,也被当地人称为"海眼"。为何包括安平镇在内的全国各地都流传有类似的井泉为海眼、远通大海的传说,这又是一个值得深究的话题。

第三个是关于寿材(棺材)做板凳的传说。村民游庆泽说他们游家院子里祖传下来的八个木板凳有点来历,并讲述了本家老人传下来的一个故事:古时旁边张茂村里有个木工骑着驴,走到附近一个坟地后迷路了,在里面转圈,就是走不出来。后来看到一个妇女在那边哭,木匠也是胆大,就上去问她是什么事。后来就跟妇女说,上来吧,我背着你,于是就背着妇女走了。等到鸡叫天放亮

① 传说,以前安平镇青龙街有一个奇特的现象,每次庙会大集,上百辆马车经过青龙街留下深浅不一的车辙印,但到第二天早上,街道地面会全部平复,不留一点车痕。该传说的本意是想通过此种神奇现象来侧面说明安平镇青龙街的风水好,龙气足。

② 古滨州八景包括榆林晚照、渤海望潮、莲池夜月、砂亭雨霁、兔岭伏波、秦台晓雾、清河横带、古井琉璃。其中清河横带为大清河(今大安定村南附近黄河河道)的景象,而古井琉璃(现已无存,目前的古井琉璃为 21 世纪初所建)原址就在大安定村西南方向泰山奶奶庙的不远处。

③ 周海霞编著:《自然奇观在地理》,吉林出版集团有限责任公司 2014 年版,第 81 页。

了,木工发现背着的是个寿材盖(棺材盖)。木匠在寿材盖上面放墨,画了几道线,然后把寿材盖锯开后做成八个凳子让人坐着,寿材盖成的精就永远翻不了身了。游庆泽家仓库里还保存着八个木板凳中的一个,非常厚实。这是一个很典型的民间恐怖传说,故事内容匪夷所思,引人遐想,更重要的是还有实物遗存,从而增强了其真实性。但仍然能看出此民间故事的内在模式:一个是典型的半夜碰上"鬼打墙"(迷路)[①]的传说,另一个是典型的匠人施法收服或封镇精怪的传说。各地流传的民间故事里,不乏此类传说。

上述三个流传于大安定村的民间故事,属于非常典型的民间传说,在全国各地也都流传有类似模式的民间故事,可谓大同小异。民间传说之得以形成的核心有二:一是往往有着真实的人事原型,二是在此基础上加以民间想象而构思成为故事。

先看安平乡的风水被镇压的传说构成。一来,里面的部分内容是有着真实人事原型的。例如安平镇以前确实是叫安平乡,并且也确实在雍正年间武定州升级成了武定府,而安平乡可能就是那个时候成了安平镇。这是上述传说的人事原型,足见民间传说往往并非空穴来风。二来,里面的另一部分内容则是在真实人事原型的基础上加以民间想象附会而成。安平乡更名为安平镇这一真实事件,肯定会成为当时人们街谈巷议的话题谈资。在闲谈的时候,居民们出于对本土的热爱之情,会不自觉地对本土加以美化。在古代的文化氛围里,赞美一个地方的最好词语是人杰地灵(也就是风水好),所以居民们就会夸赞本地的风水好(在传说里就是此地颇有龙气)。然而,安平镇虽然繁华,但毕竟跟大城市甚至大县城还是没法比,所以又得解释为何其没能发展成大都会(在传说里就是此地的龙气被镇压了,因而发达程度有限)。可见民间故事里即便是民间想象,也是要尽量能够贴近并解释现实,以使传说更具有"可信性"。

再看琉璃井为海眼的传说构成。琉璃井的井水常年旺盛,庙会时无论人畜皆饮用此井之水,其水质清澈甘甜等情况都是可信的,可谓有着真实的人事原型。要对琉璃井里井水即便大旱之年都不干枯这一"神奇"现象作出解释,而在古代文化认知里,一般将井泉不枯与有源头活水(往往是大海龙宫)联系起来。

---

① 所谓"鬼打墙",指夜间在郊外行走时,分不清方向,走来走去一直在原地转圈。古人认为这是被鬼迷糊住了,各地都流传有"鬼打墙"的传说,但从科学角度来看就是夜晚心慌,兼之黑暗或路不熟而导致的迷路。

基于此，本地居民就在民间想象中引入了“海眼”这一“原型意象”[①]来给水井不枯竭的现象作出解释。这又是在真实原型基础上作的一次民间想象。

而木匠遭遇“鬼打墙”并用法术镇压古物成精的传说构成，游家保存下来的用棺材盖做成的八个凳子确是真实存在，木匠曾在郊外坟地间迷路(所谓的“鬼打墙”)应该也有相当真实性，这些都是此民间故事的真实人事原型。甚至木匠所碰到的女人，其实都对应着那块寿材来自一处女性墓地。最贴近真实的情况可能是，木匠看到该女性墓地的寿材比较厚实，觉得可惜而起了贪念，于是将寿材盖背回家锯开，并做成八个木凳，后来卖给游家并被世代传承下来。这种盗寿材之事显然不能实话实说，所以在叙述板凳(能够看出是寿材打造)来历时，包括后人流传时，就要添油加醋一些内容(例如碰到了鬼打墙，寿材盖成精变成了女人，用木匠的绳墨法术镇压寿材精怪等)，从而掩盖住偷盗寿材的真实事件，而且整个故事又以其新奇性与恐怖性对听众产生了更大吸引力。鬼神精怪当然不存在，但这个寿材板凳的神奇故事促使我们去探讨，在现实生活中真实普通的人事原型，是如何在民间想象中被附会而形成了荒诞离奇情节并一代代流传下来的。

总之，通过大安定村流传的上述几个典型民间故事，可明显看出民间传说一般都是在真实的人事原型基础上，充分发挥了民间想象，而形成的荒诞神奇却又引人入胜、代代相传的民间故事。

三、知古老人与乡村意象

(一)“知古老人”的乡村意象

总体来说，关于大安定村的久远历史记忆，在村民心中已经逐渐淡去。虽然调研组颇为努力地搜集到一些关于安平镇的历史材料，但总是感到这些材料不够翔实，不够准确，仍存在着许多缺憾。这种缺憾感，使我们对于“知古老人”这一意象，格外感兴趣起来。

---

① “原型(意象)”是荣格提出的概念，他认为人类的集体潜意识是从祖先那里传承下来的，由不同于意识范围内的思想和形象构成，其主要内容是本能和原型。举例而言，在中国传统文化的氛围下，提到忠义，人们就会不自觉想到“关羽”意象，提到奸诈就会想到“曹操”意象……这些约定俗成的形象，就是集体潜意识里传承下来的“原型(意象)”。同样，在中国人集体潜意识中，提到泉水源源不绝，就会不自觉地调用“海眼”这一原型(意象)来描述之，从而生成了遍布全国的某处井泉为“海眼”的传说。

“知古老人”指的是在以前的农耕时代,几乎每个村都有那么一两位颇有些传统文化素养,但并没有走出去,而是一辈子住在村里,极为熟稔本村以及附近周边的历史掌故、奇闻逸事,并津津乐道于向村民讲述的老人。大安定村公认的知古老人是游传孔。调研组常常假设,如果知古老人健在,我们开展起来工作就会轻松很多,就能收获更多更翔实准确的关于安平镇的原始材料。可事实是,游传孔老人早已于 1985 年去世,距 2023 年将近 40 年。我们只能从村民回忆中了解到他的部分信息。

村民张洪滨说,游传孔还有个兄弟,叫游传孟。游传孟很有本事,1949 年以前是从安定街走出去的能人,给当时安定街人办过不少好事,曾经为了安定街人的利益跟人拿枪拍过桌子。后来游传孟跟伙伴到了青岛,伙伴回来后说游传孟去了台湾。但此一去也就再无音信,即便 20 世纪 80 年代后涌起台胞探亲潮,也没见游传孟回来过,想必是早已作古。因为没有音信,其去向乃至生死都存疑,这层所谓的海外关系,对游传孔倒也没有太大影响。相比于游传孟,游传孔满腹才学,但混社会的能力比较低。

据说游传孔上知天文,下知地理。他对龙吉寺(大寺)非常熟悉,能够讲出龙吉寺的很多故事,甚至能够背诵出龙吉寺碑林里诸多石碑上刻的文字,可惜当时少人重视,没人记录下来。游传孔还常给村民说书,他说的《罗成算卦》等故事脍炙人口。有首歌叫《父老乡亲》,里面一句“胡子里长满故事”,简直就是为游传孔这类知古老人量身定制。游传孔喜欢给村民讲述本村及周边的各种历史典故和奇闻逸事。据说生产队时期,每当傍晚吃过饭,大家都来到街上一边消食一边闲聊,这时就有很多人围住游传孔,听他说安平镇,说大安定与周边村庄,说书,说寺庙,说天南海北各色各样的事情,讲者与听者都是乐在其中,久久而不散。相信这一幕也是很多中老年人所熟悉的旧时场景。

对广大村民来说,“知古老人”这一意象,是村民们联结村庄文化传统的一个象征。农耕时代的几乎大多数村子,都会出那么一两个“知古老人”式的人物,这可谓一种比较普泛的存在。但凡从那个时代走过来的农村人,应该都存留有类似人物的记忆。陈忠实的《白鹿原》塑造了一个朱先生的形象,其是白鹿原上的大儒,德行深厚、博古通今、神机妙算,是农村人极为尊敬的对象,是农耕社会里传统文化人的代表形象(但有些过于神化)。文学里的典型人物往往源于现实中的人物,知古老人游传孔跟《白鹿原》里朱先生的形象就颇有些类似,当然游传孔没有朱先生那么神机妙算,但他们都是农村传统文化的代表,都是农耕时代农民所需的一类可作为精神象征的人物。

从心理学角度讲,人都有渴望回到母体的本能倾向。“‘母子一体性’指的是婴儿在出生之后脐带被剪断,从此失去了和母亲的直接联系……在人的潜意识中,他们努力想要回到母体封闭、充满安全感的空间中。”[①]也就是说,在现实世界中的不适应与不安全感,推动人们寻找并回归到一个类似于母亲怀抱的安全港湾。农耕时代的农民,会自发地将生养自己的村庄当成类似母亲的象征,希望能够与村庄一直保持联结沟通,从而获得安全感。知古老人因对村庄各方各面都耳熟能详,就能够发挥将村庄传统与村民联结起来的作用,类似于将婴儿与母亲联结起来的脐带作用。当有一天这条脐带断裂了,婴儿就会陷入无所适从的不安全感当中。确实,当知古老人游传孔还健在,可以跟村民谈古论今的时候,村民们还没有什么特别的感觉,但 1985 年游传孔去世以后,很多村民突然一下子感觉心里空荡荡的。因为知古老人的逝去,意味着村民与村庄传统之间联结脐带的断裂,那种不安全感与不适感也就一下子袭来。

生养自己的村庄和父母的作用是类似的。“父母在,人生尚有来处;父母去,人生只剩归途”,这句现时颇为流行的名言,从心理学角度看,也是在讲安全感。当父母在时,人们将父母视为港湾,从而获得安全感;父母不在了,就得自己直面大海的惊涛骇浪。俗话“家有一老,如有一宝”,其实表达的也是这个意思。同样,当生养自己的村庄传统与自己之间的联结被截断,村民必然也会因丧失了生命中的一处安全港而感觉不适应。

随着农耕时代的远去,现代传播手段逐渐取代了以往的口口相传,农村里的知古老人这一独特群体也必然落寞,逐渐消失于历史长河中。从非物质文化遗产保存的角度讲,知古老人这一群体的逝去,也是宝贵乡村记忆不可挽回的损失。“一位通晓掌故的老人的去世,就等于焚毁了一座民族文化的图书馆。建立一个口头资料库,就是在建一座本土文化的图书馆。利在当代,功在千秋。”[②]毫无疑问,知古老人意象在村落久远历史的传承中,在祖祖辈辈的精神家园中,具有独特的地位与意义,是村庄历史的一种象征与标志,值得进一步发掘与展开探究。

对知古老人自己来讲,他积极主动地承载并义务宣讲本村本土的文化传统,是因为老家村落是他生命或情感能量灌注的地方,是他赖以栖居的精神家园。从功利角度看,知古老人的一些行为是没有收益的。游传孔能背下龙吉寺碑林里众多石碑上大段大段的碑文,调研组一直疑惑,背诵这些东西费力不说,

---

① 金圣荣编著:《荣格心理术》,武汉大学出版社 2013 年版,第 189 页。

② 万群华、李小强主编:《新环境下图书馆建设与发展》上册,武汉出版社 2007 年版,第 278 页。

背诵下来又能有什么好处呢？他记下那么多本村及周边的掌故常识，背下《罗成算卦》等话本故事，再义务地讲给村民们听，对他又能有什么实际好处呢？人毕竟是逐利的，他又能从这些行为里获得什么利益，满足什么需求呢？

人本主义心理学家马斯洛关于人的需求层次理论可以帮助我们理解知古老人的特殊行为。马斯洛将人的需求分成五个层次。第一层是生理需求，包括食色等原始欲望；第二层是对安全的需求；第三层是交际需求（归属感与爱的需求）；第四层是被尊重的需求；第五层是自我实现的需求。对知古老人来说，他自觉承继并义务宣讲村庄传统的行为，肯定超越了生理和安全感需求的层次，有一定交际需求的因素（因为要对村民宣讲交流），也有被尊重的需求因素（因为村民对知古老人比较尊重），但最主要的可能还是自我实现的需求。

知古老人群体的文化水平在本村同辈人中间往往是出类拔萃的，其志向往往很远大。在“万般皆下品，唯有读书高”的古代社会，他们是最有可能以文化为跳板，走出农村而出人头地的。但可能是命运不济，他们最终并没有如想象中那样飞黄腾达，而是一生不曾闻达，终老于乡间。村民张洪滨对游传孔的评价是这个人有才，但一辈子没成事。

建功立业的理想与一地鸡毛的现实间的巨大落差，迫使知古老人调整自己的关注方向。既然在社会上呼风唤雨、建功立业的理想无法实现，这个落魄的文化人群体就只能转移目标，把目光投向生于斯长于斯的农村老家，在对本地文化的浸淫与传承中觅得些许慰藉，以在不同于建功立业的另一种维度上实现自我。就如心比天高的蒲松龄一生科举无门，但转而在《聊斋志异》的鬼狐世界里实现了自我。无独有偶，鲁迅当年也有过类似经历。青年时期满怀豪情立志文化救国的鲁迅，在实践中步履维艰，终于发现并承认自己并非“振臂一呼、应者云集”的英雄，这种苦闷让鲁迅“用了种种法，来麻醉自己的灵魂，使我沉入于国民中，使我回到古代去”，其中的一个方法就是抄古碑来消磨时光①。鲁迅当然也知道抄古碑并没什么实际用处，然而仍然浸淫其间乐此不疲。我们再联系到游传孔为何花大力气背诵龙吉寺碑林里并没有什么用处的碑文，会发现这与当年鲁迅抄碑文的行为何其类似。最初的人生抱负无法施展，就会转而寻找另一个相对容易把握的领域来施展抱负，寻找一个新的精神能量投注的对象，新的精神依托处。人与人之间的遭际及其行为选择，常常是相通的。

---

① 鲁迅抄古碑的前因后果在其《呐喊·自序》中有详细记录。

（二）老槐树、守村人及村落意象

大安定村现在并没有老槐树存在。可能曾经有过后来没有了，也可能本地水土就不适合老槐树的生长。但这些并不重要，对一个村落来讲，没有老槐树，也会有其类似的替代物，对大安定村来说，村东口的文化广场，或者村庄街道上人群聚集的地方，就起到了替代老槐树的作用。

老槐树是传统村落的一种代表性意象，是一种文化原型。一提到农村的老槐树，很多人脑海里立马浮现出一幅典型的乡村画面：每日的傍晚，村口的老槐树下，吃过晚饭的村民聚集在一起，有拉东家长西家短的，有听说书讲故事的，有下棋打牌的，孩童们欢笑着四处奔跑追逐……每到了村里有大事的时候，老槐树底下又成为村民集合一起议事的地方。可以说，老槐树是代表着传统农村生活的最典型意象之一，山西省洪洞县的大槐树甚至成为全国各地移民心中共同的祖先来源地，共同的老家。

老槐树能够成为传统乡村生活的重要象征，一方面是因为其岁月悠久。槐树的生命周期长，全国各地几百年高龄的槐树比比皆是，上千年高龄的也有。所以很多农村里的老槐树，往往见证了村庄几百年间的风霜雪雨，陪伴了庄户人的祖祖辈辈，因此被村民视为村庄的长辈。另一方面是老槐树下往往成为村民们歇凉、闲聊、议事的约定俗成的场所，它又成为几百年来村民生活的重要见证。因而老槐树往往成为一个村庄所应该具备的标志性象征。

大安定村等村庄并没有老槐树，但一定有对于老槐树意象的需求，村民必然会寻找某个地点作为老槐树意象的代偿。大安定村东口的文化广场就在一定程度上替代了老槐树的功能。不说娱乐方式欠缺的以前，即便现在电视网络等娱乐方式已很多了，很多年轻人更愿意窝在家里，但每到傍晚，大安定村很多村民仍会三三两两地赶到村口文化广场，开始这一天的夜生活：打扑克的，闲聊的，跳广场舞的，看热闹的……从中依稀可以想见多年以前乡村夜生活的盛况。至于白天，村民们去文化广场的就少一些，他们更习惯于拿着小板凳坐在门前街边，三三两两地聊起东家长西家短，每个行人路过，都能引起他们的一番议论……

几乎每个村落里都能见到“守村人”，这是另外一种乡村意象。所谓“守村人”，说的是很多村庄都有那么一个一辈子留守在村里，精神状态有点不正常的村民，称其为“守村人”其实是一种委婉的叫法。韩杰导演、王宝强主演的《Hello！树先生》真实地塑造了一个守村人的形象，并且引起了广泛热议。守村人之所以能产生这么高的热度,主要是因其点亮了农村出身的社会人群记忆深处关于守村人意象的乡村记忆。

在大安定村走街串户时,调研组最常看到的,正是村里守村人的身影。因其每天无所事事,只能在村里四处闲逛。守村人不高,有点胖,一眼就能看出和普通人不一样。守村人话不多,见到什么人事,喜欢凑过去,静静站在一边看着,也极少说话。见面时常和善地和对方笑一笑,算是打过招呼了。守村人一般看不出真实年龄来,似乎从一开始就一直是那样的形象,但有中年村民说,守村人年纪应该比自己还要大,这样推测起来守村人也得50岁上下了。据村民讲,守村人可能是小时候生病导致精神有点"不正常",家里还有兄弟,兄弟是个好人(正常人)。

村民对于守村人的态度一般是同情而尊重,但又多敬而远之。守村人一般心地善良,待人和善,不争名利,碰上村里有红白喜事之类,有能力的守村人会热心地帮忙,没能力的也会在旁边凑热闹。调研组在街上碰到守村人,因为难以交流,只能尴尬地走过去,而守村人也会友善地一笑,算是打过了招呼。据村民讲,守村人的父亲为人很好,乐于助人,平时借工具什么的都挺热情,现在由于身体缘故,不大出门交际了。

守村人一辈子留守在村里,村庄就是他唯一的天地,就如井底之蛙一般。目前全国范围内城镇化的浪潮仍在继续推进,大多数农村青壮年都走出村庄,或者在城镇里买房生活,或者到城里打工挣钱,唯独守村人作为村庄永远的留守者,一辈子不变。民众同情守村人,称其为村庄的守护者,甚至有美其名曰"地仙"的,这在作为一种心理安慰的同时,也从一个侧面反映出,守村人把他的全部精神能量,都灌注在了生他养他的这个村庄,这里就是他的全部精神家园,他是最忠于这个村庄的人。调研过程中村里有饱经风霜的老人甚至表达过对守村人的某种羡慕,说守村人"心里不存事,一辈子不用操心",这对于整天焦头烂额、焦虑"内卷"的人来说,是不是一种永远无法企及的生活状态呢?

知古老人、老槐树、守村人,这些都是传统农村里的典型意象。但传统农村的意象又岂止这几种?村外破落的老庙,滋养了多少辈村民的老井,儿时曾钻过的秫秸垛,杂草灌木丛生的荒废土院,白雪覆盖的村庄街道,老墙根下的那盘石碾磨,突突冒着炊烟的锅屋,乃至耕地里散落的圆坟……这些意象五花八门,却又如此和谐地统一在一起,成为传统村落的象征,承载着我们对传统农村的悠远记忆。

第三章 家族血脉的传承变迁

一、家谱的守望或者失落

(一)典型的多姓氏移民村落

1.多姓氏的村庄聚落

大安定村是一个多姓氏的村庄聚落。从姓氏构成上来看,村庄一般可分为单姓村(只有单一姓氏)、主姓村(在多姓氏中有一两个主导姓氏)、杂姓村(有多个姓氏,且没有主导姓氏)。大安定村姓氏众多,目前总计有八大姓氏,分别是张、王、吴、游、周、刘、李、任。且其中的张姓又分成四支,并非出自同一支,而是有着不同来源。据村里老人讲,大安定村很久以前还有林、丁两姓,但后来林、丁两姓或绝嗣或外迁,都已消失不见。

中国传统村落的命名,一般首先考虑的是根据村中占据主导的居民姓氏来定。如大安定村附近的库李村、堤东赵村、南任家村、林家村、马张村等皆是以村中主导姓氏来命名,且村里的主导姓氏往往出自同支,源于同一个(家)祖先,村民之间的(父系)血脉纽带较强。但大安定村姓氏众多,且没有姓氏在人口数量上占据主导,所以无法以姓氏命名村庄。村庄居民间的(父系)血脉纽带相对要弱一些。

这里就涉及凝聚力的问题。综观历史,如何能够以统一的而非四分五裂的形式延续下去,对于一个民族、国家或者一个村庄而言,都是一个关乎自身存亡的问题。多元素能够统一与维系在一起,当然是因为整体具有某种凝聚力、联结纽带。如果没有强大的联结纽带,那群体就只能是松散的、不堪一击的乌合之众。

第一种联结纽带当然是血缘。这种血缘纽带对于姓氏比较单一的村庄来说最为典型与常用。村庄里的居民因为有着共同的父系血脉,就在无形中把众多村民联结在一起,村民之间可能也存在纷争,但在遭遇外部压力的时候,一般都能够暂时摒弃前嫌,一致对外,其目的也是为村庄(居民)争取更多的生存与发展资源。

第二种联结纽带是经济。像大安定村这样的多姓氏村庄,虽然村民内部在同姓之间存在着血脉纽带,但这种纽带显然无力实现对不同姓氏村民的联结,这时候经济利益就是一种效果极佳的联结纽带。大安定村的前身安平镇,正是靠着经济繁荣把诸多不同姓氏的人凝聚到一起并平稳运行的。虽然后来安平镇繁华不再,但新中国成立后的大安定村又成为一个以农业为主的经济组织,村民们仍然在经济纽带的紧密联结下协同合作。再推而广之,现代社会里的企业单位、事业单位中诸多职员、同事之间的关系,说到底也是没有血缘关系的人为了经济利益(工资收入)而聚到一起形成的集体,他们在各自的岗位上为集体尽心竭力。

第三种联结纽带是文化。这里的文化包括了语言、习俗、价值观、意识认同等方面的内容,有了统一的文化认同,自然也就有了强力的联结纽带。大安定村村民有着关于繁华安平镇(商业、街道、庙宇、集会)的共同记忆,这种共同记忆把不同姓氏的居民联结在一起。至于近些年村里组织编写村志,拍摄村庄纪录片,无疑也是通过营造这种文化上的共同感,增强了村庄的文化联结纽带,加强了村民们对于村庄的认同。小到村庄如此,大到国家、民族,何尝不是如此?中华民族经历了多次民族大融合,能够历经五千多年的风风雨雨而屹立不倒,正是由于在民族融合的过程中先进的中华文化融合同化了新融入的文化,实现了文化上的多元统一性。西方《圣经》的巴别塔传说里讲,上帝乱了人们的语言,让人们之间无法沟通,于是众人就只能各自为战、分崩离析。这其实反映的就是没有统一的文化导致了联结纽带的丧失。而在东方,中华民族很幸运地实现了文化的一统,这种民族文化共同意识就成为联结维系中华民族的强大纽带,所以虽屡经波折,中华民族仍然能够得以延续乃至实现复兴。

2.“移民村庄”如何产生

这里所说的“移民村庄”包括两个含义,只要符合其一就算移民:一是指居民先祖因战乱、灾害、政策等,从比较遥远的外省市迁徙到本村;二是本村周边不远处的居民因故迁居到本村。

根据上述定义,大安定村是一个典型的移民村庄。大安定村的姓氏众多,也从侧面反映出其是移民组成的村庄聚落。至于村里八大姓氏的先祖们移民到安平镇(大安定村)的原因,不外乎如下两个。

第一,多数移民来到安平镇是为了最基本的生存需要。大安定村里的王氏先祖,以务农为生,那时候见大安定村一带因为河水退成滩,大量的泥沙缓缓淤积成为肥沃土地,就举家迁移于此。村民张洪来讲,其祖先是因祖籍地发生了灾荒,于是迁至安平镇的码头村。张训民讲,当年枣强发大水,其先祖在逃生途中路过安平镇,见此地繁华,于是定居于此。

第二,还有部分居民到安平镇是谋求更高层次的发展。村民游传忠讲,其先祖原籍为滨州本土的前游家村,从事版画行当,需要经常到安平镇售卖。为了方便生意,就举家迁到了安平镇。这里繁华富庶,人来人往,商业发达,寺庙众多(对神像版画有着较大需求,而游家也制作神像版画),文化底蕴丰厚,比在原籍的农业聚落,无疑在事业上给游家提供了更好的发展机会。村民任常德讲,其祖上原籍为大安定村东北方向的南任村,本是做生意经商的。在商言商,商人当然喜欢人气旺盛、机会众多的地方,所以就迁居了过来。由于安平镇能够提供诸多就业机会,所以任家后来又弃商从工,改行做起了木匠。另外,张训民述其先祖虽是逃难而来,但也是被安平镇的繁华富庶吸引而定居下来。大安定村的这部分移民来源,更进一步证明了本书第二章所述的安平镇对周边地区的虹吸效应。

所以"移民行为"的背后,归根结底还是求生存、求发展两个原因,古今中外,概莫能外。往远了说,《诗经》里就有记录部族迁徙的史诗。《诗经·大雅·绵》记录了古公亶父迁岐的历史,究其迁徙原因,是受到戎狄的侵扰,可算是为躲避战乱而迁徙。《诗经·大雅·公刘》记录了公刘的迁徙,其原因也是为了拓展生存空间。每次迁徙都是一项浩大工程,都很不容易,都是事关生死存亡的大冒险。至于后世历朝历代,由于战乱频仍、水旱灾害、政府政策、事业发展等各种各样的原因而发生的移民行为更不可胜数,以至于移民史成为历史学专门史方向的一个重要研究内容。可以确定,在中国五千多年的历史长河中,移民行为是绝对的,而定居则是相对的。

移民从来都是双向的,有流入,也会有流出。大安定村是移民汇聚而成的村落,在汇聚外来人口的同时,也不免会向外输出人口。村庄里的原住户林家和丁家,如果外迁,就是流出人口。在民国以及新中国成立后初期的困难年代,村里也多有人去外地(鲁中山区或东北三省)讨生活。进入现代社会,移民行为似乎更加频繁了,升学、就业、创业、方便生活等原因导致离开原籍的村民比比皆是。时代变化了,移民行为更常见了,但其背后讨生活、谋发展的本质动机仍然没有变化。

3."枣强移民"的集体记忆

"枣强移民"是探讨大安定村移民来源一个绕不过去的话题。大安定村几大姓氏里自称"枣强移民"的比例非常高。该村居民提供的多本族谱(世谱)中,《张氏族谱》记载,"我始祖原籍枣强人也,洪武八年迁居滨州马头庄之地,迄今已五百余载矣";《吴氏世谱》记载,"一世祖节推公,由枣强迁滨州";《李氏族谱》记载,"旧谱自前明洪武四年,我始祖讳恒昌公偕弟永昌公自枣强三徙至滨之东南乡"。另据村中王氏所述,其先祖也是来自河北省枣强县。村民刘范华讲,其祖先由河北枣强迁入安平镇。村民周洪顺讲,其祖先来自河北枣强,他们这一支脉已在大安定村居住了将近500年……当然,大安定村有很多居民是先迁移到附近村庄长期居住,而后慢慢迁居到大安定村的。例如张姓有来自附近码头村的,也有来自附近马张村的,李姓来自稍远一些的东南乡……总之,大安定村的几大姓氏,普遍存在着"枣强移民"的集体记忆。

大安定村关于枣强移民的记忆并非个例,这在鲁西北、鲁北是一种普遍存在的现象。据学者统计,"惠民县共有1254个自然村落,枣强移民村落1056个,占村落总数的84.21%。阳信县共有879个自然村落,其中'武邑枣强'移民建置的村落有436个,占村落总数的49.6%。滨县(今滨州市滨城区)共有672个自然村落,其中枣强移民村443个,占村落总数的65.92%。博兴县有自然村落442个,枣强移民村落272个,占村落总数的61.54%"①。可见滨州地区的大部分自然村落,都号称来自"枣强移民",而大安定村不过是枣强移民所形成的众多村落里的一例。

作为移民源头的枣强县,对"枣强移民"也有材料整理。"明朝洪武(1368—1398)、永乐(1403—1424)年间,从枣强曾大量移民山东,仅在洪武年间,山东接受……枣强移民35万人。所谓枣强移民,包括三种情况:一是枣强原住民奉朝廷之令,迁往山东;二是枣强周边州县的居民,奉旨外迁,先集中在枣强,然后分发赴山东;三是原从外地如山西等地迁来,生活一段时间后,或遇自然灾害或战乱,又改迁山东。"②这也从源头地再一次印证了滨州地区枣强移民集体记忆的真实性。

"移民文化"在千百年间,也逐渐形成了几个有代表性的品牌。山东地区居

---

① 刘德增:《山东移民史》,山东人民出版社2011年版,第342—343页。

② 枣强县地方志办公室编:《故乡记:枣强县史志资料选编》,河北人民出版社2015年版,第25页。

民的移民记忆里，影响最大的有“山西洪洞大槐树移民”“云南乌撒(沙)卫移民”“枣强移民”等，其都在中国移民史上留下了浓墨重彩的一笔。这其中以“洪洞大槐树”的移民记忆最为脍炙人口。据说洪洞县大槐树移民在明朝洪武、永乐年间最多，这次迁徙在中国历史上规模最大、范围最广，并且是由官方组织计划的一次全国性的移民活动。据说通过洪洞县共计移民 18 次，移民遍及 18 个省市的 500 多个县，由山西洪洞县迁往全国各地的移民后裔迄今已达数亿。在移民后裔里也流传着关于洪洞“大槐树移民”的集体记忆，“问我祖先在何处，山西洪洞大槐树。祖先故居叫什么，大槐树下老鹳窝”的民谣在全国各地广为播散。大槐树移民无疑是全国最具代表性的移民文化品牌，现在山西省的“洪洞大槐树寻根祭祖园旅游景区”是全国以“寻根”“祭祖”为旅游主题的旅游胜地，并荣膺全国 5A 级景区，每年都吸引全国各地游客乃至世界各地的华人慕名而来，之所以如此，就是因为“大槐树”这一意象勾起了深藏在中国人意识深处的“移民记忆”或“祖先记忆”。枣强移民虽在规模上无法跟大槐树相提并论，但对于河北、山东地区的影响也是非常深远，尤其又与黄河下游地区有着密不可分的联系，所以完全有潜力被培养成一个区域性的移民文化品牌。

事实上枣强移民的集体记忆也正在努力升级为一个文化品牌。河北省枣强县现有一座“枣强移民文化园”，文化园由归乡坊、原乡会馆、忆乡祠、金雀广场、根照壁等主题景观组成，其以大量文字资料、图片材料等载体，向游客们讲述以枣强为中心的绵延 600 多年的移民文化。文化园中一块石头上刻有“问我祖先在何处？山西洪洞大槐树。要问祖上在哪边？直隶省的枣强县”(当为今人所作)，明显是向大槐树的移民文化品牌看齐。或许有一天，山东地区的广大枣强移民后裔，也会成群结队地到河北枣强怀旧祭祖，去追寻先辈的足迹。

4.枣强移民的记忆偏差

但是关于枣强移民的集体记忆很可能存在着“记忆偏差”，而非完全如实。这种记忆偏差主要表现在迁移时间和移民原籍两方面。

第一，从迁移时间上来看，大部分枣强移民后裔都称其先祖于明初洪武年间移民而来，但这个说法可能存在误差。学者张金奎认为，“金元之际，因为战乱、水患等原因，大批冀州及附近地区百姓向东迁徙到了山东境内。但在明初的大规模移民过程中……东迁齐鲁的规模应该很小。枣强乃至冀州地区出现较多的东向移民更多的应该是发生在明代中后期。但由于规避返乡、族群归属等因素的存在，大批移民后裔自称为来自明初，并认定枣强为祖籍……通过口耳相传变为不可置疑……并通过……谱牒逐渐凝固于文字和历史当中”[①]。也就是说，河北居民移民山东，在金元时期比较多；但在明朝初年，其实是以山东迁往河北居多（而不是枣强移民后裔所认为的明朝初期从河北枣强迁往山东）。在明代的官方史籍当中，似乎并没有枣强移民迁居山东的记录。至于此后河北居民大规模迁入山东，当是在明朝的中后期。但是为什么先辈们会谎称自己是明朝初年从河北迁来呢？原因可能是在明朝中后期他们从河北往山东迁徙谋生的时候，面临着被政府“强制遣返”的危险，于是他们不约而同地“撒谎”，说自己是明初来自枣强移民的后裔，为自己能够留居山东寻找一个借口。据学者统计，自称明初迁自枣强的族谱，多修撰于清代的中后期，这也侧面提示后人将先辈们“明初”迁移的“谎言”当真了。

第二，从移民原籍来看，枣强往往并非移民的真正原籍，而更像是一个中转地或标志地。首先，枣强主要是作为移民的中转地。正如洪洞大槐树移民的原籍并非山西洪洞县，而是因为当时官府在洪洞县广济寺门前大槐树下为汇集到这里的民众办理移民手续，所以称“大槐树移民”，但这些移民原籍大多不是洪洞县，甚至不是山西省。有学者认为，山东地区枣强移民一部分是由官府组织的山西移民经由枣强中转后迁移到山东，另一部分是由河北地区的外来移民受各种因素影响自发由枣强转迁而来，其原籍不确定。[②] 其次，所谓来自枣强，其实是选择枣强作为河北地区的一个标志物。“清朝中后期枣强地区发展很快，有‘金枣强，银南宫’之说，‘枣强，直隶第一美任也’。以枣强为原籍……可获得心理上的满足。”[③]枣强隶属河北，而祖先又迁移自河北，所以就不约而同地把枣强作为河北的代表标志了。

枣强移民身份的普遍认同，也给移民提供了心理上的安全感。背井离乡迁徙到新地区的移民，肯定面临着很大的生存压力。原有的社会关系已经丧失，在这个人生地不熟的地方要面对本地强大的土著势力及各方面的挑战，他们内心的惶恐与不安全感可想而知。这时，共同的枣强移民身份能够成为诸多外来移民之间的联结纽带（新的社会关系），有彼此联络感情抱团取暖的功能，用这种集体感来对抗生存焦虑，从而获得一定的安全感。

总之，山东地区各村落居民关于枣强移民的说法，既有其真实的原型（他们

---

① 张金奎：《明代山东地区枣强裔移民考》，《古代文明》2011 年第 4 期，第 102 页。

② 参见李靖莉、孙远方、宋平：《黄河三角洲枣强移民考源》，《聊城师范学院学报》（哲学社会科学版）2001 年第 4 期，第 50 页。

③ 张金奎：《明代山东地区枣强裔移民考》，《古代文明》2011 年第 4 期，第 101 页。

确实是移民,确实是从河北地区迁移而来),又有一些虚构的成分(移民其实多不是明朝初年迁来,而且大部分人的原籍也并非枣强)。但这种"谎言",说到底都是为了生存,为了被接纳,为了求得安全感,也算是一种"善意的谎言"。

中国人讲究故土难离,又说"树挪死,人挪活",但是二者并不矛盾。当风调雨顺、国泰民安的时候,中国人愿意安稳地待在家乡。但当遇到战乱、水旱灾难袭来,很多人却又只能背井离乡讨生活。但即便迁移到别处,他们仍然怀着对故土、对宗族的深厚感情,他们知道自己这辈子大概率无法回到故土,但叶落归根的渴望始终挥之不去,而族谱的编修(对家族的追根溯源),在一定程度上给了其心理慰藉。

(二)大安定村八大姓家谱

大安定村八大姓氏几乎都有(或曾经有)各自的家谱(世谱、族谱)。《黄河古镇:从安平镇到大安定村》一书对村中《游氏世谱》《张氏族谱》《吴氏世谱》《李氏族谱》等作了搜集与部分内容的摘录展示,从中可以一窥家谱的典型面貌。各姓家谱的具体内容虽各不相同,但总体框架却大同小异,现分别阐述于下。

其一,家谱一般都要叙述先祖之由来。先祖的由来又分两部分:一是追溯本姓氏最早的始祖源头(因为实在太过遥远,所以这一部分并非必备,在个别家谱里会予以省略);二是追溯本支血脉的源流(这是每部家谱必备的内容)。

村里的《吴氏世谱》先是阐述了吴姓的最早由来:"言吴氏者,自泰伯出……居勾吴是为始祖……四代已居吴,武王因而封焉。"接着又阐述了本支的由来:"一世祖节推公,由枣强迁滨州,累功积德,佑启后人……"《游氏世谱》从游氏居于滨开始,叙述本支血脉的源流:"我游氏居滨之始祖起于元季至正年间,以战功历升侯爵,卒,蒙谕赐葬祭,迄今墓记石迹岿然犹存……"这是溯源自本支有迹可查的元代。村里的《张氏族谱》记录本支是"始祖原籍河北枣强人也,洪武八年迁居滨州马头庄之地,迄今已五百余载矣"。《李氏族谱》里阐述了本支的由来:"自前明洪武四年,我始祖讳恒昌公偕弟永昌公,自枣强三徙至滨之东南乡,遂家焉……恒昌公者为东族子姓……永昌公者为西族……"

其二,家谱一般都要述其编修的缘起及经过。家谱一般每隔一段时间就要续修,所谓的"谨按续谱之例,三十年一小修,六十年一大修",每次续修完毕,都要做序言叙述其续修缘起经过。《游氏世谱》里,游百川叙其"游氏宗支图谱是我先世本有谱也……谱牒遗失,无复可征。同治初元岁壬戌,百川始通籍合族,敦亲亲之谊以修谱……"这是1862年游氏家谱的重修缘起。后来在1887年二修,1922 年三修,1949 年四修,2011 年五修,每次续修都会各自叙其续修缘起。再如《李氏族谱》分别于 1809 年重修,1846 年、1891 年、1922 年、2013 年续修,也分别叙述了重修、续修的缘起。村里其他各姓家谱也多与前述类似。

在叙述缘起之时,常提到族谱遭遇亡佚的原因。《游氏世谱》里讲是因为年代久远而亡失,“元季至今历数百年,代隔有明而谱牒遗失”;《张氏族谱》里讲是因为战火而亡失,“明季兵燹,屡遭大灾,图书遗稿,率皆毁于战火,故我谱牒亦无存耳”;《李氏族谱》记载因黄水灾害而亡失,“嘉庆八年黄河氾滥于济水,漂没滨邑四十余庄而吾村更甚,而吾谱遂亡”。家谱里这些对各类灾害、历史事件的记录,具有一定的史料价值。各姓家谱普遍有过损毁、散佚的遭遇。家谱的保存与传承之艰难可见一斑。然而各姓家谱仍然能够不绝如缕,屡次散佚而屡次重修,肯定是有一股隐秘力量在默默维系着民众对家谱的执念。

其三是本姓家族成员的位置次序排列。这里又包括两个内容:一是要厘清宗族的分支,二是要准确排列每个成员的位置次序。理解族谱里的家族成员位置次序,需要先对“祖”与“宗”两个概念作一下辨析。虽然习惯上往往“祖宗”同称,但是“祖”代表着有直接的血缘,而“宗”则指具有一定血缘关系的旁支。举例而言,父亲、祖父、曾祖父,这种直系血缘的是“祖”,而叔伯、祖父的兄弟、曾祖父的兄弟,这种属于旁支血缘,为“宗”。

在厘清宗族分支方面,某姓家族在长期繁衍生息的过程中,肯定会不断有家族成员徙居到别处别村,另起炉灶开枝散叶,这就是家族的分支了。由于与原籍往往无法做到密切联系,搞不清楚分支源流,就会造成其后代成员在身份位置认同上的错乱,如《张氏族谱》里所忧虑的“至于孙触祖讳,侄冒叔名,或以同族而睽若路人,或以同姓而结为亲眷”。所以在家谱里,厘清宗族的分支是必须之举且要非常严谨的。

在准确排列每个成员的位置次序方面,是严格按照辈分的标准来进行。一般每一辈的成员,都会被冠以“多少世孙”的身份来排列其在家族中的位置次序。此外,字辈也是确定位置次序非常重要的标志。所谓“字辈”,是指家族成员的名字中,用于表示家族辈分的字。字辈一般是取在名字的中间,如大安定村里的张明广、张明华等,属于“明”字辈;但偶尔也有比较讲究的不放在中间而放在后面的,村里的吴姓就是如此,例如吴文光、吴瑞光等,其都是“光”字辈,其下一辈是恩字辈,起名为吴某恩。一般都是由祖辈提前将后世十几代乃至几十代的字辈定好,如村中《李氏族谱》里记载“后经杜公建廷得字:广、宁、子、文、书、政、依、宸,后代起名因循有章,此可补我湮追亲之意,亦可彰我承先祖之懿德”。在确定字辈方面,当然倾向于选择寓意吉祥安康、发达如意的字,以表示对后世子孙的殷切期待。村里吴家后人讲,他们上面有四兄弟的字起得特别好,叫“福禄祯祥”,四兄弟分别叫吴某福、吴某禄、吴某祯、吴某祥,其字辈寓意显而易见。经由“多少世孙”和每一世的“字辈”以及精心绘制的“支门系统图”排列,整个家族即便已经发展到几百数千人(如五修《游氏世谱》,入谱者达二千五百余众),家族成员之间的次第仍然能够井然有序,尊卑分明,做到“昭穆有序”①。

其四,族谱里常记录家族历代成员的生卒及大事,对于本家族的杰出人物则更是浓墨重彩。2013 年第六次修的《李氏族谱》里提到,“凡男娶女适,功显事迹,生而亡时,坟向墓址,无不尽量搜集……完善了个人简史”。不过,族谱中最不惜笔墨的,还是本家族里涌现的有一定功绩的人物。村里《吴氏世谱》中,就对吴氏历史上的重要人物有专门的生平事迹记载,例如唐代晋阳尉、在文学上以“富吴体”而闻名的吴少微的生平事迹,宋代进士、官太学录的吴俯……在家谱的成员表里,但凡有些功业的家族成员都会得到特别标注。

本家族有功业或有身份地位之人,也往往热衷于编修族谱。重修《游氏世谱》的发起与主持人是游百川。游百川为滨州地区历史名人,老家在距大安定村十多里远的中游村,其为同治元年进士,选庶吉士,授编修。后迁御史,巡西城。其曾以刚直敢谏而名动朝野,又曾出任湖南衡永、郴桂兵备道,四川按察使,顺天府尹,总督仓场侍郎等。游百川在晚年受命督办治河工程与赈务,为黄河下游水患治理作出贡献。如此有功业之人,积极发起重修家谱,其间隐约也有衣锦还乡、光宗耀祖之用意。《李氏族谱》(1846 年三修)里提到“堂侄观瀛、观汉,于收租之余,毅然有修谱之举”,既然发起人收租,则其身份当为地主或富户,也算是家族里的成功人士,其想通过续修家谱来传名后世,也是人之常情。《李氏族谱》(1922 年五修)的序作者李庆云侃侃而谈东西方文化之别,又自称书于轩下,可见其当为有一定身份的文化人,自然也会热衷于族谱的编修。就如当年项羽所言“富贵而不还乡,如锦衣夜行耳”,同理,富贵而不入族谱,富贵的成色也就弱了许多。所以但凡富贵有成者,往往乐于编修族谱。他们在家族中既有号召力,又有财力(2001 年的五修《游氏世谱》里记载,十六世公广泰公身处困境带头捐资,十九世湘恩公携全家慷慨献巨资),自然成为家谱编修行为的主导者。

---

① 昭穆就是宗庙、祠堂里的辈次排序,以血缘辈分的标准排布,示尊卑有序。

(三)编修家谱的动机

所谓“存在即合理”,撰修家谱的传统能够在民间承袭千百年而不绝,肯定有其原因。换言之,家谱文化必定有其独特作用,才能为民众所广泛认可与接受。大安定村的各姓氏多有自己的家谱,我们的关注点在于,遍布大江南北的族谱(行为),是基于一种怎样的人生考量或心理动机。现对家谱文化的作用分析如下。

其一,家谱在古代宗法社会,是维持秩序的一种核心手段。在漫长的古代社会,由于乡村长期以来一直聚族而居的特点,统治者必然会利用国家机器的力量干预家族管理,使其服务于乡村社会的秩序维系。“作为家族传统浓厚的国家,中国历代王朝借助家庭伦理、家族制度作为维持传统村庄秩序的社会基础力量。”[①]“乡里制度的领导权也被宗族势力操纵和掌握。一般来说,乡里贫苦百姓较难充当乡里组织领袖,而作为一族之长的族长最有可能……成为乡里社会权力的核心人物。”[②]事实上政府也往往为其颁发族正之类的证书,“择族中有品望者一人立为族正,该族良莠责令查举”(《清会典事例·户部·保甲》)。其本质显然是把政府的地方权力下放授权给族长,任命其作为官方的代表对村庄进行管理。

政府选择了族长,显然是看中了其拥有管理村庄的实力,而这种管理能力的来源,正是宗法传统所赋予族长的。族长是在家族成员中推举选出(推举出来之后还要到政府备案),其多是由本家族的嫡长者或者最有威信之人担当,具有较强的服众力。服众力可以有多个来源,或者来自嫡传身份或较高的辈分,或者来自较高的文化水平、较雄厚的财力,或者有较高的品德威望与良好的族群关系……即便成为族长,也要想方设法不断增强自身的权威性,其中一个重要的办法,就是强化家族意识,通过修整祠堂、组织祭祖、编修家谱、置办族产、兴办村学等手段,强化自己的宗族权威。家谱作为家庭伦理、家族制度的核心构成部分之一,在强化宗族权威方面不可或缺。小说《白鹿原》里,发了财的族长白嘉轩,不辞劳苦地重修祠堂,给村里办学堂,其用意也正是想让自己的名字与祠堂、学堂一样不朽,借此提升自己在村民里的声望,强化族长身份的权威性。

作为整体的宗族,一般会制定“族规家法”(这些族规家法有时也会写入族

---

① 陈文胜:《大国村庄的进路》,湖南师范大学出版社 2020 年版,第 45 页。

② 赵秀玲:《中国乡里制度》,社会科学文献出版社 2002 年版,第 179 页。

谱)，全家族都认可并且严格遵守，由族长负责监督实施。这样，族长就通过掌握家族权力以及政府的认可，比较牢靠地掌握了村庄的治理权力。族长的主要工作包括祭祀祖先、编修族谱、训导族人、调节族内纠纷、管理宗族公产等。基本上村里的大部分事情都可在族内解决，甚至族员发生严重犯罪行为，族长都可以不通过官府而仅通过族规对其进行严厉惩戒。“宗族组织试图以修族谱、建宗祠、定族范、维世系、立祭规……将封建宗法与对宗族成员的控制有效地结合起来 ……达到提升宗族成员对国家的忠诚服从之作用……是我国封建国家存在几千年的社会根基。”[①]总之，乡村的宗法治理方式，在绵延上千年的封建社会一直延续下来，对于村庄的稳定运行起到了重要作用。

其二，修撰家谱有利于联络、拓展家族成员的社会关系。古代农村社会是熟人关系社会，在村内如此，在村外也是“有熟人好办事”。所以，如何尽可能地拓展社会关系，诸如攀同乡、同学、同年(科举时代称同一年考中者为同年)，就成为很多人关心的话题。而在这诸多手段中，编修家谱是联络、拓展熟人关系网的一个重要手段。在其他村子，常会有从本家族分出去的分支，这无疑是拓展社会关系的重要资源。大安定村《张氏族谱》里提到“或以同族而睽若路人，或以同姓而结为亲眷”，也是为同宗族的血缘关系没有得以充分联系而惋惜。通过家谱作为纽带，也确实重新激活了一些久已失掉联系的社会关系，如五修《游氏世谱》里提及：“居滨州的十五个村庄外，包括北京、天津、济南、哈尔滨等地也都赶来认宗归谱，加之蔡家族人的归谱……特别是百川公四代传人十八世洪顺公从北京赶来赴会和廿世泽坤公从天津赶来……”一本族谱，把散居各地的，本来是对面不相识的陌生人，一下子联结在了一起，大大拓展了家族成员的社会关系，说不定何时就能派上用场。调研组 2023 年 5 月到中游家村调研时，村支书提到他们村想开发游氏文化而苦于缺乏资金，正想着联络一个游姓老板(可能是同宗)看能否予以投资，这也是力图借助宗族所拓展的社会关系办事之一例。

其三，家谱里树立的榜样，能够引导后世子孙积极上进。前文已述，对于家族成员里有些功业的人物，修撰者都会在家谱上有所标识，而尤为有名者，甚至会给其专门设立传记。《吴氏世谱》里罗列了吴少微、吴俯等古代吴氏名人的事迹。这种行为对于当事人来讲，当然是一种“衣锦还乡”的荣耀，而其对后世晚辈的榜样激励作用，却更为重要。族谱里收录的知名人物，其功业事迹一直在

---

① 刘军：《从新旧族谱编撰内容对比看现代宗族社会的衰落：以广东四会市的三个宗族为例》，《青海民族研究》2018 年第 3 期，第 214 页。

本家族当中流传(大安定村的王氏家族里,流传着明朝大中丞王学书、明代浙江按察司佥事、分巡嘉湖道王支焘的事迹,据说他们的根都在大安定村),后世晚辈耳濡目染先辈的荣耀,光宗耀祖的想法就会油然而生,将这些成功的前辈作为榜样,激励自己奋进,从而有所成就。自家族谱里的榜样比起外姓人的榜样,其激励效果当然更佳。外姓虽然有功业者比比皆是,但毕竟离自家遥远,震撼就不算强烈。而自家族谱里的有功业者,却是让人感觉非常亲近,好像触手可及,对后世晚辈的激励作用自然更强。

其四,家谱排布对于人的生死焦虑具有一定的心灵慰藉。“我是谁?我从哪里来?我往何处去?”古希腊哲学家柏拉图提出了三个人生之问,其背后本质是对人生的焦虑。“我是谁”是对于人生意义的疑问,也就是人活着究竟是为了什么,人生的意义究竟是什么。“我从哪里来”是对于自己本源的疑惑,从心理学上讲,是一种想要回归母体的本能取向。“我往何处去”则是对死亡的焦虑,人死后又会到哪里去呢?对于上述三个问题及其伴生的人生焦虑,家谱排布从宗族观念的角度作了解答与处理。

族谱首先回答了“我从哪里来”的问题。在族谱里,后人能知晓该姓氏的最早先祖,本支的历代先祖,知道了自己的由来。族谱还回答了“我是谁”的问题,后人知晓自己家族前辈的光辉事迹,并以之为榜样,要建功立业,光宗耀祖,这是“宗族”观念下的人生意义之所在。族谱更回答了“我往何处去”的问题,后人知晓自己死后并不是孤独无依,而是能够回到列祖列宗的怀抱,进入祠堂与祖坟,接受后辈子孙的祭拜香火。总而言之,族谱的意义,在于从宗族观念的角度,回答了族人的人生疑惑,缓解了人生焦虑。

人活着一定要有意义,有梦想,其实就是确立了人生意义。心理学的精神分析流派也认为,人的精神能量(力比多)必须要投注于某种事物上(这种事物就相当于人生的意义),一旦精神能量找不到事物投注,就相当于丧失了人生的意义。心理学认为抑郁症的本质就是精神能量(力比多)无处投注(丧失了人生的意义)。但族谱给族人提供了一个精神能量的投注对象,族人在族谱这里可以找到光宗耀祖、传宗接代、家族认同等人生意义,其心灵就是充实的而非抑郁空虚的。

人活着还必然要面对死亡,这就普遍引发了死亡焦虑。其所焦虑的重要内容,往往还不是死亡本身,而是死后会怎么样,死后的去处,所谓的“魂归何处”。如何缓解这种死亡焦虑,也是哲学与心理学一直在努力探讨的难题。现代心理学治疗(人生)焦虑症,大致有苏联集体主义和西方个体主义两种倾向:苏联的社会心理学致力于在社会组织中给每个人安排身份位置（马克思主义认为“人是社会关系的总和”）；西方的个体心理学则致力于促进每个人的独立存在。族谱这种古老的文化传统，无疑更偏于苏联的社会心理学倾向，只是以“宗族位置”代替了“社会组织位置”而已。包括族谱、祠堂在内的一系列的宗族文化秩序，已经给每个人安排好了死后的去处与位置，那就是纳入族谱，为宗族所接纳，进入祠堂，享受子孙后辈的祭祀，也就是告诉在世之人，死后并不是无根浮萍，而是有固定的去处。如此，在世之人的死亡焦虑就得到了极大缓解。平心而论，古人的死亡焦虑比起现代人来要轻很多，就是因为千百年来，包括族谱、祠堂在内的一系列宗族文化传统，给在世之人许诺了死后的去处。从心理学上讲，族谱、祠堂文化，在相当长的一段历史时期内为各姓氏居民提供了一种精神皈依，在维系民众心理健康方面起到了重要作用。

2017 年、2019 年，滨州学院调研组两次到大安定村作调研，当时的村委会主任吴德恩都给予了不少支持，他还把自己珍藏已久的《吴氏世谱》拿出来供调研组参考研究。时隔几年，2022 年新组建的调研组又一次来到大安定村，吴德恩已经病故。斯人已逝，但他对族谱和宗族传统的感情，却颇值得说道。

吴德恩提供的族谱其实并不是他自家所传，而是“捡回来的”。那是多年以前，村里的同族长辈已经去世，他的后代把家里一些没用的破烂扔在外面，吴德恩看到其中一本《吴氏世谱》，便如获至宝地捡拾回家，妥善保管收藏，视为传家宝。吴德恩对族谱有着浓厚的兴趣与感情，后来重修《吴氏世谱》时，他又以非凡的热情不辞劳苦跑到 20 多里外的岔吴村，参与各村族人的联络与重修族谱活动。据说当年族群聚集修谱的时候，吴氏族人按字辈排列，每辈站一排，大约几百人，站了 20 多排。吴德恩还为修订族谱往有关单位跑了很多次。他把家谱用报纸包起来，极为珍惜。他对自家孩子讲，这是家谱，上去多少辈的人，都在这个家谱里面。吴德恩对于古物还有异乎寻常的兴趣，2016 年大安定村北的龙吉寺原址挖出石碑时，吴德恩非常兴奋，赶紧组织人手把石碑搬运到村委大院妥善保存。他对慕名而来的记者讲：“老一辈人见过大寺（龙吉寺）的越来越少了，现在这些石碑突然出现，让我们这些听着传说长大的晚辈感觉特别神奇。”

吴德恩对于古迹、家谱的浓厚兴趣，到底是基于什么心理动机？早在给调研组提供《吴氏世谱》之前，吴德恩已经罹患癌症好几年了。人患上绝症，或者是上了年纪，又或者见多了生离死别，自然不自觉地思考生死问题，会想方设法寻找某种心灵慰藉，来缓解内心深藏的生死焦虑。我们无从知晓吴德恩从患病到去世这段时间的心路历程,但能够推想出,因为有了先前他对村庄古物保护的不遗余力,对本族家谱的精心呵护,以及曾积极参与族谱重修这些“功绩”,他相信在宗族祠堂的排位当中会有自己的一席之地,灵魂不会无处安放。所谓“生者寄也,死者归也”,既然有所去处,死后的世界又有什么可怕?族谱的存在,对身体健康起不到什么作用,但至少在心理上,确实能在相当程度上消除焦虑,给予当事人最大程度的关怀与安慰。

现代人在死亡问题上,讲究“死亡教育”“临终关怀”。鲁迅小说《祝福》里的祥林嫂,在临死前充满了恐惧,因她不确定自己死后的命运,所以她要找读过书有学问的人问死后去向,希望能由此获得心理安慰,摆脱对死亡的恐惧。但是她失败了,因为她最终没法确定自己死后能否见到儿子,也没法确定不被生前嫁给的两个男人锯开,换言之,她觉得自己死后灵魂没有安身之处,这正是最大的悲哀。如果当时能够告知祥林嫂,死后会把她写进家谱,进入祠堂享受香火,甚至埋进祖坟,总之有个比较安定的去处,这绝对会给予她最大限度的心理安慰。鬼神当然不存在,但我们仍然可以把族谱、祠堂、祖坟(阴宅)等看成一个“善意的谎言”,承认其能缓解人们所面对的死亡焦虑。事实上族谱、祠堂在某种程度上也正是古代的“临终关怀”,其以在宗族文化氛围下约定俗成的善意谎言,一直默默无闻守护着一辈又一辈族人。

(四)家谱已成“明日黄花”

大安定村各姓氏固然有各自的家谱,但不可否认,在现代社会家谱文化已成明日黄花,其已经或正在走向失落,已是不争的事实了。

1.宗族文化土壤的流失

第一,在乡村管理权力方面,现代的国家公共权力已完全取代了传统的宗族治理权力。如果说中华民国政府在某种程度上还要联合乡村宗族势力以实现乡村治理,那么新中国成立后,这种情况就一去不复返了。新中国成立后,国家力量全面进入农村社会,所有农民都被整合进现代国家体系中,农民由以往的臣服于乡村宗族势力,转变为对集体经济体系的依赖,对国家政权秩序的服从。换言之,宗族组织势力在管理权力之争中,败给了现代化的国家政权组织。具体到大安定村,民国时期还算是政府与村内宗族势力共同治理,但进入新中国,村庄管理权力已完全收归政府,国家权力真正做到了“行政下乡进村”,村民们碰到什么事都知道要找村“两委”协助处理,旧社会有事找族正、族长处理的现象早已不见踪迹。

第二，在个人发展路径方面，现代的公共社会关系已基本取代了传统的家族关系。尤其改革开放以后，人口出现了大规模流动，包括农民在内的所有人的人际关系半径都得到了极大延伸，与现代社会体系伴生的同学、朋友、同事、战友关系等，几乎将原来占据主流的宗族关系空间挤占殆尽。以大安定村为例，现在村民在就业方面，对宗族关系的依靠已微乎其微，而主要依靠的是现代社会的组织关系。做工程、做生意的，靠的是合作伙伴关系；做公务员、做教师的，靠的是事业单位关系；做工人，靠的是工厂人事招聘关系；上学求学，靠的是学校教育关系；就连仍然留在村里做绿化环保的，靠的主要也是园林公司招聘。

总之，无论在乡村管理权力方面还是村民个人发展路径方面，宗族势力早已退出历史舞台，这也意味着宗族文化的滋生土壤已经基本流失殆尽。

2.族谱文化的必然失落

恩格斯认为："一切以往的道德论归根到底都是当时的社会经济状况的产物。"[①]族谱是传统宗族文化的重要构成，宗族文化的社会经济土壤已经流失，族谱文化的失落也就成为必然。

调研组发现，现在对家谱还有点念想的，多是上了年纪的老人，年轻一代对家谱基本没有什么感情。重修家谱也只在2000年之后掀起一阵热潮，事情尘埃落定之后就被人们忘得一干二净。甚至连标识宗族位置的字辈也已被年轻人抛弃。张训周给儿子起名仍是按照家谱里的字辈，但问起其孙子辈是否会继续根据字辈起名，他表示应该不会了。与张训周年龄相当的王悦策则更"激进"，他在20世纪90年代就摆脱了字辈束缚，他名字还是根据"悦"字辈起，但其子起名为王亮亮，已脱离了字辈。在受访的年轻人里，他们大多表示后代不会再按字辈起名，甚至不知字辈为何物、不知祠堂为何物的年轻人也不少见。总之，族谱文化明显在无可避免地走向衰落。

即便现在仍在勉力维持编修的族谱，也呈现出明显的颓势。学者刘军对此作了概括："（一）编修族谱基本凭个人热情且编撰水平呈不断下降趋势；（二）宗祠规制已不复存在，功能仅限于宗族聚会；（三）祭祖文化作为尊祖敬宗的象征日渐松散。"[②]总体来讲，族谱文化及其代表的宗族势力，已是明日黄花。

3.族谱文化的徒然挣扎

如鲁迅所言，悲剧就是把有价值的东西撕碎了给人看。曾在千百年间参与

---

① 《马克思恩格斯选集》第3卷，人民出版社1995年版，第435页。

② 刘军：《从新旧族谱编撰内容对比看现代宗族社会的衰落：以广东四会市的三个宗族为例》，《青海民族研究》2018年第3期，第214页。

乡村治理,维系社会稳定,维护族员心理健康的族谱文化,无疑曾具有极宝贵的价值。但时过境迁,进入现代社会,这种曾富有价值的东西却被时代发展无情地抛弃与撕碎。这个过程不会一蹴而就,在此过程中族谱文化也会作出一些必然而又徒劳的挣扎。

族谱文化的这种挣扎早在西学东渐的近代就已露出端倪。调研组在五修《李氏族谱》里发现这样一段有意思的序文:“闻之泰西工艺……此其制造之所以日精,工业之所以日胜也……特是制器末艺耳,而求其为人生之大本,明尊卑辨亲疏,维系道德、联络情感者,则未如族谱……或尚不至为西人窃笑也。”这是作者李庆云在 1922 年为五修《李氏族谱》作的序。文中透露出作者嗅到了西学东渐并逐渐盖过传统文化的危险味道。李庆云首先承认西学在工艺制器方面的绝对优势,但又强调东方传统文化的优势在于明尊卑辨亲疏、维系道德、联络情感。换言之,他认为西学物质文明发达,而东学精神文明发达,且精神文明才是人生之本。李庆云的说法深受近代洋务派“中学为体,西学为用”思想的影响,其已经开始恐慌于传统族谱文化被西方近代文明取代,故竭力强调东方文化的优势,维护族谱传统,以求“不至为西人窃笑也”。这是进入近代社会,族谱文化面对被淘汰危险时的一次抗争。

改革开放后,沉寂久已的编修族谱行为又开始在全国范围内掀起热潮。“农民不仅有了思想自觉性,而且有了决策自觉性和行动自觉性……以家族为基础的社会关系在一些村庄很快得到复活,其中以修订族谱为中心的祭祖活动很为流行。”①但显而易见,这次回潮不过是老一辈的宗族意识在被压抑已久后的一次本能反弹,而族谱文化的社会土壤已经基本丧失(改革开放之初宗族关系在人求生存和发展方面还能起到一定作用,但这种作用注定越来越小),族谱文化的复兴后继乏力。大安定村的族谱重修,主要在 2000 年前后掀起了一个小高潮,《游氏世谱》于 2001 年第五次重修,《张氏族谱》在 2004 年续修,《李氏族谱》晚一些,在 2013 年完成第六次重修。但积极参与修谱的基本都是老一辈人,以后年轻一辈占据了村庄舞台,他们还会醉心于修族谱吗?答案可想而知。

现代科技给族谱的编排与保存提供了很大便利。网上有一些族记家谱的专门软件,功能完备,能够提供诸如族谱格式、族员添加、分支调整、人名搜索、数据备份、输出打印、记录事迹、记录相册、宗族基础知识等诸多功能,甚至提供“在线祭拜”的服务。这不但极大减轻了重修族谱的劳动量,而且更利于族谱的传播与保存,以前那种遭遇一场洪水、一次事件以及年久潮湿虫蛀而致族谱荡

① 陈文胜:《大国村庄的进路》,湖南师范大学出版社 2020 年版,第 46 页。

然无存的情况,永远不会出现了。村里的《吴氏世谱》已经做成电子版,刻成了光盘,也可谓族谱与时俱进之一证。

尽管族谱文化有着几次挣扎乃至小的恢复热潮,但总体上毕竟大势已去,无可挽回。现在讲中华民族的伟大复兴,其中必然包括文化的复兴,那么作为中华传统文化重要构成的族谱,有没有借文化复兴的东风,实现再次兴起的可能,我们拭目以待。

二、生育观念的时代变迁

(一)传统生育观念的来源

几千年来,中国人的传统生育观念里充斥着重男轻女、早婚早育、多子多福、养儿防老、"不孝有三,无后为大"等根深蒂固的观念。绝大多数人无意识地接受并严格遵循这种生育观念,却很少思考该种观念的产生根源。这又是一种"百姓日用而不知"且也往往不求甚解的价值观。传统生育观念的由来,推究起来主要有以下几个方面。

其一,对古代统治者来讲,需要大量人口来支撑国家实力。历史上历代统治者大部分都鼓励生育。春秋战国时期,诸侯国征战频繁,导致大量人口损失,所以各国都热衷增加人口、补充兵力、扩充财源。名相管仲从国家实力的角度力主促进人口增长,认为地大国富,人众兵强,"此国之本也"。孔子也以"庶"(人口众多)为佳。墨子也为"民少"而担忧,认为"君实欲民之众而恶其寡,当蓄私不可不节"……总之,在古代社会,人口就是最大的生产力,以至于关系到民族生死存亡。

其二,对家族(家庭)来讲,人口众多有利于争取生存资源。生存资源是有限的,所以人类之间的争斗,绝大部分是为了占据更多的资源。国与国、民族与民族之间的争斗如此,国家民族内部也是如此。在新中国成立之前,村庄与村庄之间为争夺资源,常常会发生相当规模的械斗;即便村庄内部,不同家族为争夺资源也会闹出大的矛盾。一般来说,人口众多的一方在资源争夺战中会明显占据上风,为了获取更多资源,竭力扩充本家族的人口数量也成为普遍共识。

其三,对父母来讲,他们需要生育更多的后代作为养老保障。古代社会缺乏完善的养老福利制度,父母晚年要依靠孩子来赡养(所谓养儿防老)。但由于生产力不发达,一两个孩子担负起全部的赡养责任会相当吃力,如果兄弟众多的话,养老压力就会大大减轻。夫妻为养老作准备,会尽可能地多多生育后代,就是所谓的"多子多福"。

其四,从精神层面来讲,古人以"延续香火"来缓解"死亡焦虑"。前文已述,人固有一死,这就导致了死亡焦虑的普泛存在。古人缓解死亡焦虑的一种重要方式,就是传宗接代、接续香火。这并不单纯是因为后代是自己生理生命的延续,而是古人普遍认为,这样能够使生命在自己死后得到延续。古人认为人死为鬼,鬼也需要吃东西以维系生命不散,其食物就是香火,有了后世子孙绵延不绝的香火祭祀,就不至于沦落为孤魂饿鬼。古人还认为死后被纳入祠堂族谱,埋进祖坟,就等于是被整个宗族群体接纳,相当于获得了群体的呵护,本族群的后代也会永远供奉先祖群体。通过延续香火来保证自己死后能够继续存在的观念,无疑能极大缓解古人的死亡焦虑。

明白了上述逻辑,也就容易理解为何旧社会有一些传宗接代方面的奇怪习俗。假如没有儿子,就要在征得本宗族、亲属的同意后,领养、过继一个儿子,并立下字据将其写入族谱,则此儿子从法理民俗上被认定为此人的儿子,而与其生理上的亲生父母没有什么(社会)关系了。旧社会,"一个人无法随意处置自己的遗产。法律和习俗规定,没有儿子,应将自己的遗产给侄子……而该继承人又不能是另一位长辈的继承人……一名男子不会将他的财产留给女儿,虽然有人在生前会分部分财产给女儿。他死后,也往往会引起纠纷"①。亲生女儿的继承权反而不及非亲生的同族子弟,就是因为在宗法社会的规则下,女儿无法为父母提供香火祭祀与宗祠位置(无法缓解其死亡焦虑),而同族子弟却有这个资格能力。

这种观念甚至深切影响到了政治。史载武则天想传皇位给本家武姓侄子,但狄仁杰从宗祠祭祀的角度分析:如果传位于(武姓)侄子,他肯定是供奉祭祀自己的父母,哪有侄子供奉祭祀(作为外人的)姑姑的道理?如果传位于儿子,儿子必会永久地供奉祭祀父母,这样武则天死后才能获得永久的香火奉祀。武则天闻言,最终下定决心传位于儿子。

总之,"不孝有三,无后为大""不要断了香火"等传统生育观念,正是古代宗法社会氛围下一系列宗法规范的必然产物。

---

① [英]苏慧廉:《晚清温州纪事》,张永苏、李新德译注,宁波出版社 2011 年版,第 74 页。

(二)政策与观念30多年的碰撞

当“多生多育”有利于社会生产力发展的时候,政策当然会鼓励生育。但当“多生多育”成为生产力发展阻碍的时候,政府就必然要求限制生育。新中国成立后,随着社会生活保障的迅速提升,加之传统的生育观念,全国人口急剧增加。在现代化建设过程中人们逐渐发现,能够推动生产力发展的,已不再是人口数量,而是人口素质与质量,计划生育政策就在这种背景下出现。1982年,计划生育被定为基本国策并写入宪法(早在1978年就已开始限制生育),核心内容是晚婚、晚育,少生、优生,有计划地控制人口。

计划生育政策与绵亘了数千年的传统生育观念必然发生激烈碰撞。这种碰撞在20世纪80年代之后的30多年间,成为社会焦点之一,大安定村也无法置身事外。这30多年间,村民违反计划生育政策的情况比较常见。村民们头胎生女儿的,几乎都迫不及待地想要生二胎(按政策应是间隔五六年后才能生);头胎生儿子的,还想再生一个做伴。村民们其实已经尽量努力靠近计生政策(大部分村民能够接受生两个孩子,且其中至少一个男孩,这相对于传统多子多福的生育观念,已经作了尽可能的让步),无奈政策要求与传统观念之间的裂痕还是太大,也就导致违反计划生育政策的行为此起彼伏。调研访谈中,有不少五六十岁的村民曾因计划生育政策被罚款,其中包括超生的,比规定时间提早生二胎的……即便村干部,也常有违反计生的。某村干部的大女儿1985年出生,次子是1989年出生,未满规定的二胎间隔时间,因此受到罚款处分;还有村干部因已有两个女儿,又生了儿子而受到批评,后来干脆辞掉了职务;村民张某因为结扎手术失败,妻子又生了老三(女儿),为不违背政策,把小女儿送人。有村民头胎是女儿,二胎儿子比规定间隔时间提前,2000年后还被罚了600多元。那时,各村都有躲计划生育的[①](一般都是到外村租房住或者投靠亲戚),至于因为超生被罚款、被村领导训话,就更是家常便饭了。滨州学苑小区北门修自行车的70岁左右的王师傅跟调研组员说,因为生了三个孩子,当年被村领导训得灰头土脸,并且超生的孩子不给责任田等。他们那一辈村民,都或多或少地受到了计划生育政策的冲击。

抓计划生育政策是最让村干部头疼的工作之一。按政策要求,大安定村成立了计生办,由村委会妇女主任兼任(但整个村“两委”都要对计生工作负责),并成立了计划生育学校,向群众宣传计划生育政策和妇幼保健知识。走在大安

① 1990年春晚的小品《超生游击队》,正是当时全国各地躲计划生育群体的艺术写照。

定村街道,现在还能看到墙壁上仍残存着当时的计划生育标语和宣传画,如“少生快富奔小康,共建和谐新农村”。但是设立机构容易,具体在村民中贯彻执行计划生育却是另一回事,村干部普遍反映搞计生是个难做且得罪人的工作。诺贝尔文学奖得主、山东作家莫言创作了长篇小说《蛙》(2009 年出版),以从事妇产工作 50 年的乡村女医生姑姑为窗口,反映了新中国成立后近 60 年间农村生育的变更历程,写出了缠绕其间的诸多当事人的喜怒哀乐与纠结无奈。那段时间各地执行计划生育的严格程度不一,有的地方相当严格,具体到大安定村则略微宽松。狠抓计生必定会得罪人,加上乡里乡亲的,大部分村干部对村民违反计生的行为也能理解,对违反计生政策的大肚子孕妇也多是睁只眼闭只眼,最终孩子基本都能生下来。但事后的惩处却是无论如何也糊弄不过去,超生者基本都要罚款,对于穷得实在交不起罚款的,有时也不得不采用一些强制手段。

计划生育政策还存在着城乡与单位差别的问题。考虑到在农村传统生育观念的根深蒂固,以及农民确实普遍存在着养老担忧,所以当时计生政策规定,农村户口第一胎是男孩的不能再生二胎,第一胎是女儿的,可在间隔五六年后再生二胎。虽然还是很严格,但比起城镇户口只能生育一个子女来讲,已是宽松了许多。另外公职人员在计生方面受到的限制也比农民严格。农民即便违背了计生政策,最多也只是罚款、批评、不分责任田了事,并没有其他办法施以更多惩处。公职人员则不然,一旦违背计生政策,就面临着丢失公职的惩处,所以公职人员少有违背计划生育政策的。大安定村的王秀云是村里的民办教师,当时本地出台有一个文件,规定在 1989 年 8 月以后违反计生政策的民办教师,一律辞退。王秀云在 1987 年头胎生了女儿,按规定三十周岁以后才准生二胎,王秀云等不起,在 1989 年 6 月二胎生了儿子。要是再晚上一个月,按规定的时间卡点就会被辞退。涉险过关的王秀云,后来顺利转成公办教师并已于前几年退休,现在提及此事,仍然感到后怕而庆幸不已。也有一些运气不佳的,附近码头村的张老师,从事民办教师工作比王秀云早好几年,就是因为计生问题被辞退。

(三)生育政策与观念的变迁

2000 年以后,计划生育政策逐渐松动,并由 1980 年年初的限制生育转为 2021 年后的鼓励生育(允许三胎)。逐渐鼓励生育的主要原因,包括人口增长率偏低,老龄化社会到来,劳动力减少,与人口数量成正比的消费市场也面临萎缩的危险等。综观我国计划生育政策[①]的变迁，1949—1953 年是鼓励生育阶段；1954—1977 年是宽松计划生育阶段；从 1978 年开始推行限制生育的独生子女政策和一孩半政策（也即前述农村第一胎是男孩不可生第二胎，第一胎是女孩可以生二胎）；2011 年实施“双独二孩”政策；2016 年实施放开二胎政策；2021 年实施放开三胎政策，并出台了相应的配套支持措施，鼓励生育的倾向已非常明显。但民众的生育观念却未必与计生政策保持一致。其总是基于自身而非政策考量。管中窥豹，大安定村村民的生育观念变迁有着一定的代表性。

其一，大安定村里“重男轻女”“多子多福”的传统观念至少在口头上不太常见了。受访的很多中老年人表示男女性别并没那么重要，对自己孙儿辈的性别也并不特别在意，甚至有人表示生养男孩以后的经济压力大，会很累（彩礼、住房等），还是更喜欢女孩，女儿更好更省心。村民吴沈阳讲，现在重男轻女的情况少很多了，老一辈内心可能还有点那种意识，但思想上也基本能做到统一，对后代的性别不太在乎和计较了。张明华家老大是儿子，老二还是儿子，谈起孩子性别时，他半开玩笑地说还是比较“馋”闺女，男孩子“不实惠”（长大后要置办住房、彩礼等）。总之，村民群体里即便还留存“重男轻女”的观念，也很少有人将其挂在嘴边，毕竟自己也觉得这种观念已是老皇历了。

其二，老一辈村民的意识深处，仍有“重男轻女”观念的遗存。调研组发现，村里声称男孩女孩一个样的，其实一般都是已有男性后代的。从心理学角度讲，都是在需求被满足后产生的一种超然感。有了男性后代当然就觉得男孩女孩差不多，而调研中遇到的 60 多岁的“双女”户（即两胎都是女儿），则直言只有女孩的家庭在村里说不上话，自家就会吃亏，其对男性后代的执着也是溢于言表。

其三，年轻人对“传宗接代”的执着已经大大减轻。生育观念真正发生改变的，主要是在年轻一代的身上。村民张某有俩儿子，一个儿子生育一男一女，另一个儿子生了一个女儿，但表示不想要二胎，一是觉得生养孩子太累，二是男女平等无高下的意识已深入其心。这其实应该感谢老一辈，他们在 20 世纪 80 年代后的 30 多年确实承受着“重男轻女”传统观念的巨大压力，但也只是自己默默承受，而一般并不把压力传导给下一辈。这使得年轻一辈与老一辈在生育观念方面有了很大不同。一般来说，村里年轻人重男轻女的意识已经比较淡薄了。调研组曾询问村里正上大学的女孩子，成长过程中有没有感觉到长辈有“重男轻女”的倾向，她回答说“从来没有”，恰恰相反，由于家里女孩子少，其反而更受长辈的疼爱。

---

① 计划生育政策是人口调控政策，包括促进生育与限制生育，但由于 20 世纪 80 年代以后 30 多年的限制生育政策对人们的影响实在太大，以至于民众口中的“计划生育”基本上等同于“限制生育”。

物质基础决定上层建筑,生育观念作为上层建筑之一种,其变迁也与社会经济基础的变化相适应。前文已述,对民众来讲“多子多福”“重男轻女”“接续香火”的意义分别在于“争夺资源”“养儿防老”以及缓解“死亡焦虑”。但进入现代社会后,情况有了改变。第一,随着法治社会的确立,争夺资源已无法靠人多势众;第二,随着社会保障制度的日益完善,养老已未必需要男性后代;第三,无神论的普及极大弱化了祠堂香火缓解死亡焦虑的功能(有些人立遗嘱要求死后骨灰撒进河海,背后对应的正是祠堂、祖坟、香火等传统观念的退场)。可以说,传统生育观念的物质基础已被极大削弱,这决定了传统生育观念也必然会随之衰变。我们发现在部分村民观念里,生孩子已经逐渐往情感寄托的方向靠拢,而不再如以前那样是为了争夺资源或养老了。

三、红白喜事与移风易俗

(一)大安定村的红白理事会

大安定村设有“红白理事会”。2018 年 9 月颁发的社会组织备案证书上显示,其组织性质为民办非企业单位,负责人为张洪松,业务范围为婚丧嫁娶,发证机关是杜店街道办事处社会事务办公室。大安定村的红白理事会成员有 20 余人,人员构成主要为退休的干部、老党员、村民中有威望的老人等。

红事、白事的称谓植根于中国的文化传统。红事指嫁娶、生孩子之类的喜事,白事则指死亡丧葬之类事务。中国人的天人合一理念在这种典型命名中得到了体现。所谓春生、夏长、秋收、冬藏,从五行对应五色来讲,春天属木对应绿色,夏天属火对应红色,长夏属土对应黄色,秋天属金对应白色,冬天属水对应黑色。中国人把季节五行颜色与人生事务作了对应,如婚庆生子与夏天的繁华相对应,故以红红火火的红色作为指代,称为红事。离世死亡与深秋的万物萧瑟、落叶飘零相对应,所以以凄清肃杀(冷色调)的白色作为指代[①],称为白事。

红事当然是喜事,而之所以把白事也称为喜事,主要还是为了含蓄表达,以

---

① 古代讲究的“秋后问斩”,就是因为在天人合一理念下,秋天与肃杀相对应,此时行刑是为顺应天时。《礼记·月令》载:“凉风至,白露降,寒蝉鸣,鹰乃祭鸟,用始行戮。”汉代董仲舒《春秋繁露》曰:“王者配天,谓其道。天有四时,王有四政,四政若四时,通类也。天人所同有也。庆为春,赏为夏,罚为秋,刑为冬。”

缓解当事人的心理焦虑。就如中国人不直接称呼死亡，而是以“老了”“往生”“仙去”“驾鹤”“圆寂”等较委婉乃至诗意化的词汇来指代死亡，这在某种程度上遮蔽了现实的冰冷，缓冲了死亡造成的心理压力。以颜色“白”来指代死亡，当然也是这个道理。至于把“白事”也称为喜事，当然也是以“寿终正寝”“完成人生任务”等正面理由来冲淡生离死别的哀伤。可知，中国古代虽然没有心理学学科，但在实践中却不乏针对心理的各种科学有效的调适手段。

红白理事会在乡村中广泛存在，其本质是政府权力对乡村中红白喜事等各类风俗事项的介入引导。传统的红白喜事规矩大，讲究多，花费巨，时间长，又常夹杂有迷信内容，通过引导村民们红白喜事简办，宣扬美德，如“丧事大操大办，不如生前尽孝”等，就在一定程度上可起到移风易俗，促进生活往更文明的方向发展的作用。

现实生活中红白理事会能否做到充分发挥作用，各村的情况也并不同。但作为一个普遍设置的机构，只要其存在并订立规章制度，就能够起到一定的引导监督作用，对一些涉嫌违规的操办行为起到警示。红白理事会跟几乎每个村庄都要设立的图书馆、民兵连以及城镇里的供销社一样，作为一粒种子、一种象征，在村民意识里起到提示作用，可以不常用，但不能没有。

（二）红事中的移风易俗

1.婚恋观念的时代变迁

第一，是踏实的传统婚姻观念。20 世纪 70 年代以前的农村婚姻，大都是父母一手操办。老辈的婚配过程一般是经媒人介绍，父母同意即可，有时男女双方在婚前甚至都未见过面。村民王玉枝讲，她是 70 年代从附近村子嫁到大安定村，当时是有人给介绍，男女双方并没有见过面，父母觉得合适就定下了，然后她嫁过来。男方没有给很多彩礼，嫁过来时带了柜子等一些嫁妆，现在柜子还在西边卧室里。嫁过来不久，盖起了现在仍然住着的土坯房，虽然看着简陋些，但在 70 年代的大安定村，算是比较好的房子了。现在年纪大了，老家认识的人越来越少，没事也基本不回老家了。

1998 年结婚的张进国，娶了自己的初中女同学，算是自由恋爱结的婚。他说那个时候下了学（中学毕业）就要尽快成家过日子，他是下学两年后结的婚。那时候结婚主要还是看人，只要人看上去靠谱，尤其如果丈母娘相中了女婿，婚事基本就定下了。当时农村婚姻，看经济财产的比较少，毕竟普遍都还穷，每个村富裕有钱的也就两三户，经济上也没什么可挑的。

村内通婚在大安定村也比较常见。那些姓氏单一的村落,村民之间往往属于同一家族而无法实行村内通婚。大安定村作为有着八个姓氏的移民村落,村里不同姓氏之间的通婚没有太大阻碍。村内通婚有一定好处,首先双方都是同村人,对彼此情况知根知底,减少了遇人不淑的风险。其次村内通婚有利于彼此间相互照应。任长德夫妻就是村内通婚,老伴来自村里游氏家族,他说在村里找对象的考虑之一是本村里有些事方便照应。张明华的父母也是村内通婚,他小时候长期跟着同村姥姥一起生活,确实大大缓解了父母的压力。村里贫困户张素针患股骨头坏死,走不了远路,她的女儿就嫁在本村,每天都能回家照料母亲,赡养老人很方便。张训周的一个女儿也是嫁在本村。即便非村内通婚,传统婚配也多选择附近村里的对象,距离近使得联络走动方便很多。比起现在有太多人远嫁他乡、漂泊在外的情形,近处通婚者无疑更易享受到父母亲情。古人说的"父母在,不远游"有一定道理,其作用是双向的,于父母、子女双方都有益。

前述体现的基本都是传统的婚姻观念。传统婚姻主要考虑踏实过日子。这种婚恋观要求并不很高,只要觉得对方踏实靠谱,这事基本上就能成。追求踏实的婚姻观念,也是与比较落后的经济条件对应的。在谋求生存、传宗接代的经济不发达年代,踏踏实实地过好日子就已经相当不错了,但所谓"衣食足而知荣辱",物质基础坚实了,就会追求更高层面的东西,传统的婚恋观念也就逐渐淡出。

第二,是商品经济时代的婚姻观念。随着经济发展,年轻人对婚姻的期待已经不满足于基本的过日子、传宗接代,他们对婚姻有着更高的期待。

在经济方面拔高要求是最优先的。这里的经济要求,主要是女方对男方的要求。一般要求男方有正式稳定的工作,或者有楼房有车等,总之在经济方面需要有拿得出手的地方。一位 60 多岁的大姐说当年嫁到大安定村时,男方只给了一两百块钱的彩礼,自己拿着钱去扯布做衣服都没花完,说明那时结婚的经济门槛还是比较低。她又算了下现在孩子结婚的账,女方大多要求有楼房(几十万元),要有汽车(十几万元),加上十几万元的彩礼,对农村普通家庭来说,这个负担是比较重的。家里没个百八十万元的积蓄,肯定要落下饥荒。

男方对于女方当然也有所要求,一般不是经济方面,主要是看女方的长相、身高等。老祖宗的经验"门当户对"也是应有之义,毕竟如果双方之间差距太大了,在一起也说不上话,一般也凑合不了。如果前述条件都过关,就可以进一步相处了。

个别年轻人对婚姻的要求更多一些，甚至有点挑剔。比方说要同岁的，大了不行小了不行，胖了不行瘦了不行，要漂亮的，有钱的，有好工作的……挑剔的结果是高不成低不就。婚姻上的高要求，归根结底是年轻人对于婚姻“不将就”了。传统婚恋观念考量的主要是生存过日子，能过下去就行。生活条件好了后，婚恋考量的就是生活与享受了。婚恋高要求对于男女双方来说，无形中都增加了压力。

第三，还有更新潮的婚姻观念。更新潮的婚姻观念逐渐有了市场，导致的结果就是晚婚甚至不婚。有的年轻人喜欢自由自在的单身生活，所以尽量推迟婚期。有村民讲，小孩们很多不想早结婚，因为单身比较自由。张进国说，现在的一些年轻人成家晚，很多要等到 30 岁才结婚，就是觉得婚后会被家庭束缚，不如趁着年轻，享受一段自由自在的生活。有的年轻人则是想“先立业，再成家”。村民吴宁宁 1985 年出生，也是拖延到前几年才结婚（30 多岁以后），她说一开始忙着做买卖挣钱，结婚有孩子了就没法出去挣钱了。而且单身生活习惯了，有点“自私”，不愿意生活被打扰。她还分析说现在年轻人学历高，毕业晚，再工作几年，不知不觉就到了晚婚年龄。有的女青年年近 30 岁尚未婚配，也一点不着急，别人给介绍对象也推了不见。村民舒凤的女儿在南方发达城市某知名汽车公司从事传媒工作，条件很好，但父母问起婚事时，她总是说不能辜负领导的期望，先干好事业，婚事晚一些再说。

大众传媒对青年婚恋观的影响应该引起重视。无论电影、电视剧，还是婚恋相亲类、情感类节目，尤其网络自媒体上宣扬的种种婚恋观念，对青年人都影响甚巨。“大众传媒尤其是电视与网络媒体……传导的婚恋观念，往往与时尚、个性、反传统的潮流相结合……网络媒体中，个体的婚姻观和婚恋方式往往被放大，尤其是与传统婚恋观相背离的所谓个性化言行……既有注重经济的‘嫁人要嫁黄世仁’，也有倾向于品质的‘要嫁就嫁灰太狼’，以及追求情感至上的‘裸婚’一族。至于‘试婚’‘闪婚’‘不婚’‘网婚’等新潮做法……网络媒体受众的婚姻观少了以往的严肃和慎重，多了游戏娱乐的成分。”[①]至于网络传播的星座配对、生肖匹配之类的婚恋内容，当然更是无稽之谈，却让不少青年人趋之若鹜，危害颇大。

我们知道，媒体所追求的是关注度，是吸引受众的眼球，而出格的、新鲜的、惊世骇俗的信息才更能吸引受众，所以大众媒体选择宣扬的婚恋观念，也往往

---

① 樊爱国主编：《当代中国婚姻家庭调查与研究（2001—2011）》，中国妇女出版社 2011 年版，第 359 页。

是出格而脱离实际的。媒体内容的狂轰滥炸对于受众是一种催眠,受众下意识地接受媒体的婚恋观念引导,在潜移默化中接受了某些出格或脱离实际的婚恋观。举例而言,欣赏爱情剧的时候,观众会不自觉把自己代入其中,体验电视剧里的爱情冒险(譬如皇亲国戚的爱情,生离死别的爱情,豪门总裁的爱情等,这些离现实实在太远了,也正是因为太远,对观众才更具吸引力)。回到现实,观众会下意识地以影视剧中的理想对象标准来要求现实中的婚恋对象。但艺术远远高于生活,所以爱情剧里的爱情在现实中基本上可望而不可即,这也造成了一部分人因要求过高而成为剩男剩女。

2.催婚诉求与婚姻仪式

可怜天下父母心,年轻人没那么着急,父母却为孩子的婚事操碎了心。尤其一对比,看到别家老人在含饴弄孙,自家孩子婚事却还没着落,当然会着急上火而不断催婚。家中有类似情况的村民都不约而同地表示,只要孩子的婚事解决了,"心事就去了一大半!"

"心事就去了一大半",村民这种不约而同的表述方式引起了我们的浓厚兴趣。中国人的文化性格偏含蓄,尤其面对外人时,有些意思不会直截了当地表达,而是采用曲折委婉的手段。比方说"有句话不知当讲不当讲",其实说话人已经想把这事讲出来了,但前面加上这一句,能起到一定的缓冲作用,不至于太过直接,一定程度上能缓解可能发生的尴尬乃至冲突。又如"不是我说你",其实当事人已经确定要埋怨对方了。中国人在日常交流中的"言外之意"太多了,这是一个有意思的课题。村民们说"心事去了一大半",细究起来,还有一小半的心事没有去掉,可想而知,这剩下的一小半心事自然是"生儿育女"了。甚至这未提及的一小半才是最根本的心事。父母观念里,帮扶着孩子婚配并且生育后代,是最重要的人生任务。催婚的背后,隐藏着对传宗接代的热切企盼,这种企盼以遮遮掩掩的语言方式表达出来,似乎不易引发孩子的压力或反感,又不至在外人那里失了矜持。

难办的是确定婚配本身,至于此后的婚姻仪式也就容易很多了。是否先订婚并没有绝对要求,有双方家长比较熟悉的,可以直接跳过这一环节。现在婚姻仪式常常请专门的婚庆公司来主持,更专业也更省心,不过也少了几十年前传统婚礼的热闹感与参与度。据村民回忆,几十年前农村办婚事,非常热闹。早年结婚要坐轿子;新中国成立后演变为骑马、披红戴花;再往后就是坐自行车;20 世纪 80—90 年代后又时兴坐摩托车;到了现在就是坐汽车,乃至有专门的豪华婚庆车队了。

几十年前办婚事特别喜庆，全村的人都赶来凑热闹。一个重要原因是当时村民的娱乐方式实在太少，婚庆这种热闹的场面当然不容错过。村民回忆，那时候还时兴闹洞房，打从晚上吃过饭，就开始表演各种小节目、做游戏，跟现在看戏、看电影一样，一直闹腾到凌晨两三点。当然本村的闹洞房还是较文明，不会很过分，大家主要是享受那种热闹的感觉。《黄河古镇：从安平镇到大安定村》一书提到在 1956 年，“村里有 6 名青年结婚成家，这是大安定村多年以来的大喜事”，可以想见被访谈村民对当年能够有 6 次凑热闹的娱乐机会印象颇深。这种深刻印象，与当时娱乐活动极为匮乏的状况（婚礼是为数不多的热闹事件之一）有着莫大关系。改革开放以后，婚庆条件更好了，但由于民众娱乐方式的多样化，婚庆的热闹劲也就不复往日。

2022 年 7 月 9 日，调研组正碰上大安定村周洪策的孙女周梦茹出嫁办喜事，在周洪策家里摆场子。街道布上了红色的充气拱门，上贴祝福新人婚姻幸福的横幅，硕大的音响矗立在路边，播放着喜庆音乐。周家门里门外聚集了很多人，前来祝贺的人一波又一波，有本村村民，也有外来亲戚。有的来客还挺远，周梦茹的奶奶老家是在山西，那边的亲戚也千里迢迢开车过来表示祝贺。

以前办喜事时坐席吃饭，要请厨师在村里做饭，客人也在村里吃。张洪杰因厨艺高超，经常被请来作掌勺。不过现在的主流已是到酒店订酒席吃饭了。一是这样比较方便省心，二是酒店的酒席比起村里的酒席要显高档一些。

（三）白事中的移风易俗

1.传统的丧葬习俗

传统丧葬习俗特别讲究祖坟，山东地区又称祖坟为林地，指同一家族的人葬在同一处地方，形成墓林。死后能进祖坟也是一种资格，古时规定夭折的、未成家的以及作奸犯科的，是没资格进祖坟的。

大安定村的坟地主要坐落在西南方向，此地曾有著名的号称“金胳膊银腿”的“王家坟”。据说明朝大中丞王学书，明代浙江按察司佥事、分巡嘉湖道王文焘就葬在那里，后因黄河泛滥淤积，坟墓现已无存。大安定村吴姓的祖坟也在村西南，是吴家先辈花钱购买作为本族的林地之用。吴氏后人讲，祖坟的排布跟族谱一样也是尊卑有序。始祖（一世祖）在最后面，往前依次是二世祖、三世祖等一排又一排地分布。祖坟坐向也都是统一的，坐西北向东南。坟主在族群中的辈分位置一目了然。有钱人的丧葬比起穷人来讲究很多，那时吴家有很多祖坟是青砖砌成，结实而豪华。有村民回忆，村里的吴即祥（音）家里相对有些积蓄,其大约在 1960 年前后去世,是几个人抬着架子棺材送到祖坟,据说有一些有价值的陪葬品,算是村中葬礼中办得豪华的了。那时还讲究人死之前造坟(南方有的叫生基,跟历代皇帝登基后为自己提前兴建陵墓属同一个性质),提前几个月,先用青砖、白灰等砌成“砖窝子”,这样老人去世后不至于手忙脚乱,对处于弥留之际的老人也算是一种心理慰藉。

民国及之前,农村还有看风水的传统(村民称看阴阳宅)。新中国成立后因为宣扬科学、破除迷信,看风水的情况基本销声匿迹了。但 20 世纪 80 年代之后看阴阳宅现象又死灰复燃。大安定村在 20 世纪 90 年代末因高速公路占地而迁坟时,曾有几户村民请了个老道士给看选址在哪里比较好,并预先指定了以后的坟地位置。至于看地花费,据说也不很多,主要还是起一个心理安慰的作用。村领导讲,现在村里信风水的几乎没有了。但调研组碰到因拆迁租住在大安定村的一户外村居民讲,其孩子在省城拜了个师父,从事宗教、建庙、看风水之类,调研组在市里也曾看到“道易堂”之类的从事宗教、风水业务的店铺。这说明在科学昌明的年代,风水仍然存在一定的市场。究其原因,还是人们饱经人生无常,难以把握命运吉凶而产生的焦虑感使然,正如恩格斯在论述宗教迷信如何消亡时所说:“当谋事在人,成事也在人的时候,现在还在宗教中反映出来的最后的异己力量才会消灭,因而宗教反映本身也就随着消灭。”①

2.迁坟与移风易俗

大安定村经历过两次集体迁坟。第一次迁坟是因修建滨莱高速公路占用本村土地,高速上能看到路边坟地,影响环境美观,所以迁坟,对移风易俗的影响倒不是很大,当时村里坟地统一搬迁到了高速公路西南方。第二次迁坟则是 2017 年,村里坟地实现统一“上楼”,(骨灰盒)都搬迁到了西蔡村附近的人民陵园,这一次迁坟对于本村乃至周边丧葬习俗的影响是彻底而深远的。

到第二次迁坟的时候,不仅是大安定村,周边几乎所有村庄的祖坟(骨灰盒)都要迁到人民陵园。公开信息显示:滨州经济开发区人民陵园于 2012 年 8 月正式启用,该陵园为公益属性,实行火化、安放、管护免费,基本殡葬服务全免费的政策,服务涵盖开发区 3 个街道办事处的 188 个村。此次迁坟并非针对个别村落,而是力图促进丧葬行为移风易俗的统筹之举,直接目的是解决普遍存在的无处葬、无序葬、影响环境美观等问题;至于深层目的,则可能是统一土地使用,为接下来土地流转、征地拆迁等减少阻力。

二次迁坟尤其是“骨灰上楼”,对村民丧葬观念造成了强烈冲击。此前村民

---

① 《马克思恩格斯选集》第 3 卷,人民出版社 1995 年版,第 668 页。

一直秉承“入土为安”的传统观念，认为尸骨只有埋在地里才能“万古千秋”，这一下子要把“接地气”的祖坟迁到楼上，不少上了年纪的村民在感情上难以接受。但丧葬的统一规划毕竟是大势所趋，在村委做工作与带动下，祖坟搬迁还是全面启动并很快完成。所有骨灰装入骨灰盒后，放入人民陵园的祠堂楼。此外，大安定村当年也曾谋划要在村里建祠堂，以祭祀先祖，团结村民，却因村子被确定为首批拆迁对象(后来此拆迁计划又废止)而作罢。

骨灰上楼后，按照姓氏与辈分，排定序号摆放在祠堂楼里。每逢清明、忌日、中元节、年节，村民过来拿出牌位来进行祭祀。人民陵园的整个祠堂楼能容纳 40928 个骨灰盒，听村民讲，如果各村各家占用的名额满了，只能把最早的骨灰盒取出另找地方安置，腾出地方给后来的逝者。但取出的先祖的骨灰放置何处，又成了一个新问题。

习俗传统并非一成不变，而是逐渐养成。虽然二次迁坟伊始，很多村民难以接受，但几年下来，大家逐渐也就安之若素了。村民们戏说：咱活人这辈子还没住上楼，没寻思老祖宗先住上了。还有年轻人认为，骨灰保存在人民陵园祠堂楼里挺好的，比埋在地里整洁干净很多。

“骨灰上楼”也直接给风水迷信以釜底抽薪。因风水讲究的是接地气，骨灰上楼不再埋在地里，自然也就不再有地气的讲究，没有风水可言，当然也就不会请风水师了。破除风水迷信，竟是无意间经由这个骨灰上楼的手段得到了解决，真可谓是一种降维打击了。这似乎也启示我们，对于迷信行为，单纯的禁止效果往往不尽如人意，如能直接釜底抽薪，根除其滋生条件，反而是最有效的办法。

第四章　村风氛围及道德思考

一、大安定村的德孝村风

（一）德孝故事及教化作用

1.大安定村的德孝传说

大安定村多年以来一直传承着悠久的德孝之风，从村里仍在流传的一些有关德孝的传说中，可窥见其一斑。

第一，在诚信之风方面，有祖师庙借碗碟的故事。当年知古老人游传孔给村民们讲述过安平镇祖师庙的传说：安平镇的祖师庙不但传授给居民各行各业的技术，还乐意在生活上帮助贫苦的乡民。乡民们每逢婚丧嫁娶都需要大量的桌椅碗碟，但又因自家无力备齐而犯难。这时就可以到祖师庙去焚香祷告，跟祖师神灵说明自己需要的物件及数量。待第二天一早，祖师庙里就会出现各种所需的物品，非常灵验。当然，用完后需要原样如数归还，如有损坏或丢失，需要依样赔偿。但后来就不灵了，因为有个别人家借用了祖师庙物件后没有归还，祖师神灵生气了，从此乡民无论如何焚香祷告，再也借不出物件了。乡民对此很是痛心，他们把这个事情口口相传下去，提醒子孙后代，做人要讲究诚信，要有敬畏之心，不是自己的东西绝不可起贪心，不可私自据为己有……

对于这一宣扬“诚信”的民间传说，调研组更感兴趣的是为何各地都有类似“神灵外借东西，因未归还而中断”的民间传说。例如，滨州市沾化区的风水台流传着类似的“狐仙外借碗碟”的民间故事。邢恩和在《滨州的“台”文化》一文提道：沾化有个风水台，很久前有狐仙住在风水台上。周边村民办喜事的时候都会去找狐仙借盘子。但后来好多人只借不还，狐仙伤心之下把盘子全部打碎，离开了这片伤心之地。不但滨州本地，在山东省潍坊市寒亭区的禹王台村也有类似故事流传。说是村民谁家遇到红白喜事，盘子、碗碟不够了，就可以在天黑的时候到禹王台跪拜狐仙向其借碗碟。第二天一早所要借的东西就都摆在那里了，用完后需要如数送还。后来因为有人借了不还，狐仙就再也不出借了。[①] 可见，此类故事并非安平镇专有，而是各地都有流传，可谓无独有偶。

为何各地都普遍存在类似"借物不还，得罪神灵"的故事流传呢？我们还是从故事传说的"真实原型"以及在此基础上展开的"民间想象"两方面来进行探讨。

一方面，这些类似故事都并非空穴来风，而是在现实中存在着真实原型。村民游庆泽讲述的旧事给我们提供了一丝线索。他说旧时候三仙庙（碑）那里有 108 套桌椅板凳，上面是圈椅子，下面是凳子（推测起来就是古代的太师椅，类似于现在有扶手靠背的老板椅）。老百姓家里有事，必须上三仙庙这里来搬桌椅，使用完了必须得送回去。而前述潍坊寒亭区的禹王台村也有村民讲得有名有姓："有个张春堂，他的父亲就说他就来这个禹王台上借过锤子呢。也借了锤子，也借了盘子。后来，都不去还他哩，就不借了。"[②]由村民们的讲述内容可知，旧时代有部分宗教场所确实拥有较多的桌椅、盘盏等用具（因宗教场所经常承办祭祀、庙会事务，有很多的桌椅盘盏理所当然），且有向外出借的业务（可能会收取一定费用）。出借的负责人应该就是宗教场所的管事（庙祝、住持类）。因为《寒亭禹王台村狐仙信仰探究》里提到村里现在还有三个香头（借神灵名义给人看事者）、一个道长，那么古时候禹王台上负责往外出借工具的，应该也是类似的香头、庙祝。村民众多，良莠不齐，出借器物过程中肯定会发生借物不还或损失不赔的情况，造成借出者与借入者的矛盾，矛盾越积越多，最终导致出借业务的取消。

另一方面，上述真实原型又经过民间想象的艺术加工而演变成"借物不还，得罪神灵"的故事模式。乡民借物不还，身为出借人的庙祝当然不高兴，但自己表示不满又缺乏分量，自然就会借助神灵之口（祖师庙借助祖师神灵名义，禹王台借助狐仙名义）向乡民们传达愤懑与不满。那时乡民相信有神灵，所以对于庙祝的话也会信以为真，于是口口相传，并在传播过程中添油加醋（例如传成头天去烧香祈祷，第二天物件自动出现）。正是在真实原型基础上的民间想象，最终形成了现在听到的有着类似套路的诸民间故事。

---

① 参见吴美云：《寒亭禹王台村狐仙信仰探究》，山东大学硕士学位论文，2013 年，第 31 页。

② 吴美云：《寒亭禹王台村狐仙信仰探究》，山东大学硕士学位论文，2013 年，第 31 页。

此类民间故事内含讲究诚信的朴素道德认知。民众在日常生活中彼此经常会发生借物、还物之类的交往联系，有人不能按照约定归还也屡有发生。他们未必知道“诚信”一词，却都深切明白“好借好还，再借不难”的直观人生道理。这种观念正好借助于“借物不还，神灵不喜”的故事而传达。一来能对借物不还者予以批评警示，二来能给受损失者以心理安慰。总之，讲诚信的人生道理并非直接传达，而是通过此种类型的民间故事朴素地传达，在广泛流传过程中寓教于乐地给民众进行了德行教育。

第二，在谦让之风方面，有丁家为成全王家风水而主动迁居的民间传说。安平镇以前有十大姓，其中就有丁、王二姓，两家是邻居。住在前边的丁家人丁兴旺，日子红火，住在后面的王家则人丁不旺，三代单传，财运也不好。王家人为此忧闷，往龙吉寺烧香时，住持给王善人(宗教称给寺庙布施钱财者为善人)解释说:“前面的丁家挡住了您家人路和财路的风水，您心地良善，常有施舍善举，才能代代单传。想要彻底解决风水问题的话，要么丁家搬走，要么你王家搬走。”王善人听后很是为难，搬家是个大工程，谈何容易！丁王两家本是朋友，后来一次二人喝酒时，王家喝醉了酒，把事情给丁家和盘托出。丁家非常通情达理，为了王家能够兴旺，到别村购置了宅基地，很快就搬迁出去，此后安平镇再无丁姓。王家非常感激，虽说离得远了，但丁王两家还是世代交好，经常走动……现在村里的王家后人对此事还是念念不忘、津津乐道。2022 年 7 月，山东省民政厅《守望地名》系列纪录片来大安定村拍摄时，王家后人、村民王悦策面对镜头讲述了前人身上发生的这一幕感人的谦让故事。

谦让是为人处世中的一种品质。生活中难免发生利益冲突，有时甚至激化上升到反目成仇，而谦让就是最好的缓解剂。所谓“退一步海阔天空”，清代文学家张英在得知家人和邻居在宅基地上发生了矛盾后，为平息纷争，就告诫家人:“千里家书只为墙，让他三尺又何妨。万里长城今犹在，不见当年秦始皇。”大安定村丁家为成全王家风水而主动迁居的故事里，风水之说固属无稽，有价值处在于丁家谦让的处事方式。

第三，在尊敬待人方面，大安定村及附近周边有“叫李妈”的传说与习俗。从前安平镇有个财主，大年三十晚上，看到大门口坐着一位老婆婆，又冷又饿，哭得可怜。财主心善，就领老婆婆到自家灶房取暖。第二天五更一大早，财主又去邀请老婆婆吃饺子，老婆婆却早已不见踪影，但在灶房留下了一堆白花花的银子。财主才知道这是神灵降临，前来奖赏忠厚之人。因老婆婆自称姓李，自此以后，安平镇及周边小部分区域就有了过年“叫李妈”的习俗。主要内容是：大年三十晚上在大门口烧一把干草，再抓一把烧出来的草木灰放到灶房，寓意请李妈(神灵)光临自已家，据说能够带来财运。

此类民间故事的普遍模式是“因善举而获好报”。滨州地区以前流传有“陷棣州”的民间故事：有一年棣州城来了个卖油翁，叫卖说自己的油“一葫芦四两，四葫芦半斤”。人们认为能赚便宜，争相购买四葫芦半斤的油。只有一对老年夫妇只买一葫芦四两的油，说是不想占人便宜。卖油翁感动之余，告知夫妻俩此地即将发洪水，让他们赶紧逃命。后果然河流决口发了洪水，心存良善的夫妇俩得以幸存。此类心善有好报的故事，全国各地多有，影响也甚大。民众中有行善积德的厚重传统，他们坚定地认为善有善报，“叫李妈”传说里的财主正是因为心怀善意，不歧视底层人，所以收获了一大笔银子的福报。故事在民众心目中植入了与人为善、尊重待人的观念和行为模式。以前的穷苦年代，经常有外出逃荒要饭的乞丐，乡民们也多能够力所能及地给其一口饭吃，这一举动不知救活了多少挣扎在死亡边缘上的人。其背后，民众心目中根深蒂固的“善有善报”观念无疑起到了重要作用。

不过更让调研组感兴趣的，还在于“叫李妈”是体现传统习俗由来的一个典型案例。其一，“叫李妈”习俗里的民众行为很典型地体现了“模拟巫术”的模式。弗雷泽在《金枝》里概括了“模拟巫术”背后的相似律逻辑：“‘同类相生’或果必同因……‘相似律’引申出，他能够仅仅通过模仿就实现任何他想做的事。”[①]财主年节时对李妈很尊重，邀请其到灶房取暖，最终收获了财运回报。于是民众对财主的行为加以模仿，也在过年时邀请李妈(以草木灰代指李妈)到灶房，认为这样就能像财主一样获得财运回报(所谓的同类相生、果必同因)。这一行为无疑体现了巫术里的“相似律”思维。其二，民众几乎会抓住任何“封神祈福”的事件并发扬光大之，而不愿深究事件的真实性。“叫李妈”故事当确有其现实原型，但应该远不至于那么神奇。如果较真起来，问李妈后来哪里去了，李妈哪来的那么多银子，以及财主收获了银子为何要宣扬出去，估计没人能讲清楚。但对民众来说这些问题的背后真相并不重要，重要的是，穷苦老百姓在潜意识里一直企盼确立某种仪式，通过此种仪式可满足其获得财运福报的心理需求。而关于李妈的叙事恰好给了民众一个确立仪式的契机，他们当然会尽力把握这个机会来确立仪式，以便为自己谋财运福报，而不是对故事真相追根究底(这很容易导致机会丧失)。于是“叫李妈”的地方(祈福)习俗，就这样被确立

---

① [英]J.G. 弗雷泽：《金枝：巫术与宗教之研究》(上册)，汪培基、徐育新、张泽石译，商务印书馆2012年版，第26页。

并在当地流传开来了。

存在即合理,任何传统习俗的产生都不是无缘无故,而是有其现实来源与底层逻辑。从端午节纪念屈原吃粽子赛龙舟,到七月初七纪念牛郎织女相会,种种习俗归根结底都来源于这种仪式(意象)能满足民众的某种内心需求。年节"叫李妈"的习俗当然也与之类似,只是并未广泛流传开来,而仅在大安定村及周边小区域发挥影响,从此意义上讲,"李妈"是本地民众所封的"地方神"。

第四,在忠义之风方面,大安定村流传着"金胳膊银腿"坟地的民间故事。安平镇西南方向曾经有一片古墓群(现已无存),被称为"王家坟",又有人称为"金胳膊银腿王家坟"。明代大中丞王学书之墓、明代浙江按察司佥事、分巡嘉湖道王支焘之墓就在其间。"金胳膊银腿"的由来又有两种不同说法。一种说法是大安定村王姓的祖上曾有一人是皇帝保镖,在一次战斗中为保护皇帝,被砍掉了左腿和右胳膊而死。皇帝乃命人铸造金胳膊银腿配全其尸骨,运回老家安平镇安葬。另一种说法是王家祖上有一人因成为皇帝的马前侍卫而遭人妒忌,被诬陷谋反而五马分尸。后来真相大白沉冤昭雪,皇帝命找到王侍卫的尸骨予以厚葬。但找到的尸骨并不完整,缺了胳膊和腿,于是皇帝赏赐金胳膊银腿并将其尸骨运回安平镇厚葬。

两种说法的共同之处都是坟主为王家先人,曾在朝廷担任高官,死后因故尸骨残缺,故以金胳膊银腿补全尸骨后下葬。不同之处则在坟主的死因。推测其真实原型,坟主当确为王家先人并且担任官职,死后归葬家乡,陪葬品较为丰厚,有不少金银。至于是否真的是缺胳膊少腿并以金胳膊银腿补全,那就不得而知了。从故事的教化作用看,前一种说法侧重于忠君的忠义精神,后一种说法侧重于善恶有报的因果观。民间故事传说多是在"真实原型"基础之上加以"民间想象"而成,其间深深融入了民众(想象者)的道德观念与人生信念。

前述四个民间故事是安平镇土生土长的传说。此类传说当为数不少,在流传过程中对本地民众(听众)起到了巨大而潜移默化的德孝教化作用。可惜这些故事没有被很好地整理保存下来。除了安平镇本土所产故事以外,很多流传颇广的故事传说也为本地民众所津津乐道,其中最吸引人的讲故事形式是说书,经典书目是《杨家将》《呼延庆打擂》《兴唐传》《罗成算卦》《精忠报国岳飞传》等。

现在村里老人还清晰记得当年的知古老人游传孔的说书,其所说《罗成算卦》相当脍炙人口。调研组能够遥想多年以前的农忙闲暇时,村民们把游传孔围在当中,津津有味地听他说《罗成算卦》,时而兴奋不已,时而扼腕叹息……

"姑妄言之姑听之,豆棚瓜架雨如丝"的古朴乡景,宛在眼前。《罗成算卦》讲的是徐茂公给罗成算卦说其寿元有73岁,但又有老道给罗成算命说他只能活23岁。原因是罗成做的恶事太多导致减寿,因滥杀无辜减寿10年,因与秦琼交换技艺时违背诺言减寿10年,背信弃义杀死结拜兄弟单雄信减寿10年,醉酒后卧龙床减寿10年,杀死对其情深义重的胡金蝉减寿10年。总之罗成就是死于自己所犯的恶行,可谓善恶有报。其他说书的内容各自不同,但内含的传统道德精神却是基本一致。

2.寓教于乐与德孝教化

"寓教于乐"可能是千百年来中国人接受道德教化的最主要手段。由于生活物质条件限制,以前绝大多数民众没机会像现在这样普遍接受教育,更遑论接触道德、法治等课程。大部分百姓脑海里甚至都没有"道德"这一概念,但这不妨碍他们遵循道德准则行事,这要感谢千百年来作为娱乐方式流行于民间的各类民间传说。

从心理学角度讲,寓教于乐起到的潜移默化的道德教化作用,要远远大于单纯的道德宣讲与说教。正如荀子所说的"人之初,性本恶"[①],人在生物本能上并没有对道德的强烈需求,所以单纯的道德说教与灌输,对人的观念影响肯定是肤浅的,通俗点说,是"不走心"的。但人在生物本能上有对于新奇事物(娱乐)的强烈需求,在古代社会,故事传说正是满足民众娱乐需求的主要手段之一。当民众深深沉迷于这些故事传说时,所谓爱屋及乌,也就同时接受认可了故事传说内含的道德观念,进而以之指导自己的行为。正是通过故事传说"寓教于乐"的作用,道德观念被深深植入了(在生理本能上对道德并无强烈需求的)民众内心。

大安定村自古以来的德孝传统,与民间故事传说所起到的寓教于乐作用不无关系。他们一辈又一辈兴味盎然地听闻并讲述这些故事传说,把自己代入故事里,体会着故事里主人公的悲欢离合以及善恶有报的规则,在此过程中将直观而朴素的善恶观深深植入了内心,进而指导规范自身的日常行为,这比起理念化、概念化的单纯道德宣讲,效果当然强上很多。常言说的"仗义每从屠狗辈,负心多是读书人"不无道理,因为文化水平偏低的民众,更易从故事传说中"寓教于乐"地接受直观的道德教育,这种教育是深入内心的;而文化水平较高

---

① 孟子持"性本善"说,荀子持"性本恶"说,看似针锋相对,其实都有道理,他们是站在不同角度言说的。"性本善"是指人在幼儿时期尚没有长大成人后的那些负面观念;"性本恶"则是指人在幼儿时期的生存本能就是为谋生存而争夺资源(而非谦让)。

的读书人,往往是从书本上接受道德教育,这种教育略偏于抽象、概念化,并不易走心。

(二)德孝之风与示范效应

1.大安定村的德孝之风

大安定村正筹拍一部名为《德孝富美大安定,安平古镇黄河宁》的纪录片。在调研中我们发现,大安定村村民对本村的德孝村风颇为自豪。这里仅对调研中搜集整理到的部分案例作出列举。

首先在见义勇为方面。1996 年农历正月初三,有个刚逛完庙会回家的小男孩为抄近路不慎掉进冰窟窿。大安定村村民李道海恰好骑车路过,顾不得自己刚做过椎间盘手术,纵身跳入冰河中,一边破冰一边拖着小男孩往岸边游,最终成功救出小孩,而李道海已经被冰水浸泡得手脚都没了知觉。又有一年,大安定村的张训利与王秀云夫妇路遇一出车祸的女中学生,夫妻俩一个赶紧拦车送伤者去医院,另一个抓紧回家拿钱,协助医生从死神手里抢回一条鲜活的生命。

其次是在尽孝道方面。2001 年,王秀云的公公查出肝癌,当时王秀云月薪仅 200 元,她举债给公公治病,为了让骨瘦如柴的老人舒服一些,她拿出结婚时置办的一直没舍得用的新被褥给老人铺在身下。为给老人治病,夫妇俩背上了沉重的债务。他们一直尽心尽力地伺候到老人去世。又一次,调研组正访谈张训周时,他突然起身告辞离开,原来是惦念着家里 90 多岁的老母,要回去看看。再一个事例,张明华的姥姥是本村人,姥姥没有儿子,从小跟姥姥长大的张明华义无反顾地承担起赡养老人的责任。后来姥姥年纪大了,生了病没法吃饭,张明华就用注射的管子(应该是注射器配合胃管)往她胃里打流食,两个小时一次……老人活到 99 岁高龄去世,生活与医疗条件好当然是一方面,但孩子的孝行可能更重要一些。值得一提的是,访谈中,张明华从没跟调研组提起他赡养照料姥姥的事,上述情况是调研组从其他村民那里偶然获知的。或许在张明华看来,善待长辈、赡养老人,这是最理所当然的事,又有什么可说道的呢?现在张明华和已 80 多岁的老母亲住在一起,继续默默行使为人子之孝道。

最后是互帮互助。村民张学滨回忆 20 世纪 80 年代初,他十三四岁,跟着父亲张明广从东北迁回大安定村。家里盖房子的时候,村民们都来帮忙,那时来帮忙不但不要工钱,甚至都不用管饭。这给在东北长大的张学滨留下极深刻的印象,初来乍到的他一下子喜欢上了有人情味的大安定村。后来张学滨创办了瑞利公司,便力所能及地在务工等各方面帮扶乡里乡亲,这就促成了良性循环，强化了互帮互助的村风氛围。

村民王仁堂回忆，他做民办教师的时候，因学校事太多脱不开身，农忙时节稻田里的活根本忙不过来，无奈之下只好请周边亲戚、邻居家小青年帮忙干农活。大家体谅他的难处，都乐意过来帮忙，管顿饭就行。就这样顺利度过了一次又一次农忙。

大安定村的张明利于1997年因车祸不幸去世，儿子当时才八九岁，张明利的哥哥张明华义无反顾地接手照顾侄子的一切大小事务。张明华给侄子办了农转非，将其安排到五小上学，后来侄子长大当兵，复员后分配到魏桥电厂工作。大约2010年，张明华患病在北京304医院住院，侄子毫不犹豫地跟去北京陪床护理。侄子在陪护期间认识了一名护士，该护士后来成为张明华的侄媳妇。后来回北京医院复查，医生还开玩笑，你侄子陪护你，把我们护士都给拐跑了……

2.德孝之风的示范效应

生理本能上人并无道德观念，后天的道德观念是在特定环境中逐步养成的。严冬时节天寒地冻万物凋零，保温大棚里却能四季如春、郁郁葱葱，这就是环境的巨大作用。同理，环境影响人，适宜的“道德”环境就能培养出有道德的人，不适宜的道德环境，人们的道德水平也就堪忧。老舍名著《骆驼祥子》里的祥子，原本是“体面的，要强的，好梦想的，利己的，健壮的，伟大的”，但由于长期生活在恶劣的社会环境中，最终成了一个“堕落的，自私的，不幸的，社会病胎里的产儿，个人主义的没落鬼”，这深刻反映出生活环境能够对人的道德产生重要影响。“旧社会把人变成鬼，新社会把鬼便成人”“橘生淮南则为橘，生于淮北则为枳，叶徒相似，其实味不同”两句名言，说的也是环境对人的巨大影响。

村庄风气是村民生活环境的重要构成，村风好坏在很大程度上影响到村民的道德水准。大安定村的德孝之风传承已久。有村民自豪地跟调研组讲：“这个村最好的传统美德之一就是孝敬老人，百善孝为先，和老人闹仗、不管老人的，几乎没有。这么大个村子这么多人，没有矛盾是不可能的，兄弟间都可能会有争吵，但没有和老人争的，和老人争啥？打记事起就没见过（村里）有打骂老人的，没见过不管老人的。有的村就不行了，在工地上干活时听说，有的村里兄弟多了相互攀伴（方言，意指相互比较，觉得自己吃亏，别人占便宜了），你不管老人，那我也不管了。其实有什么好攀伴的呢？你尽好你自己的义务就行了，别管别人！大家都这样，形成了一股正气，邪气自然就没有了。”有村干部也说：“咱这村里就是有孝顺老人的风气，儿子、媳妇都一样。有时候从外村嫁过来的媳妇,她们村里可能风气上对老人不大好,但嫁到咱这个村,一看周围邻家全都对老人好,她自己就不好意思对老人不好了。”

大安定村长寿老人众多,有村民数算,村里 90 岁往上的老人现在有 6 个,80 多岁的有七八个,70 多岁的就更多了。村民的长寿与这种尊老的村风不无关系。有村民说:“咱这个村 80 岁以上的老人在周边村里算是比较多的,这(尊敬老人的村风)也是一个秘诀。现在生活哪有很差的?想买什么、吃什么都能买得到,所以现在人的病很多都是气出来的,心情舒畅了,寿命当然就长了。”

大安定村里也没有恃强凌弱、仗势欺人的现象。有村民自评,咱村里老百姓称王称霸歧视人家的也没有。大安定村的任姓在村里算是小姓,人数占比很小。调研组问村民任常德,有没有感觉到被其他人数较多、势力较大的姓氏欺负?任常德一口否认:“村里从来没有欺负小姓的,村民都团结得很好,有什么事,村里都是一起上。有的村就不行,进去了外户就可能会闹别扭。”

村风氛围如果能够上升到具体规则,其监督管理的效果更佳。古时的家谱在记录家族血脉流传的同时,常常进一步拟定宗族规则(所谓的祖宗家法,无论在法律还是在道德方面都有相关规定),并通过宗族权威对族群实施监督与惩戒,因而能够较好地掌控秩序、净化村风。新中国成立后,家谱这一形式虽仍有存留,但编撰者(多为宗族德高望重者)早已丧失了制定祖宗家法的功能,更遑论执法权限了。这时候有很多村庄寻找对传统家法的替代,与时俱进地制定了“村规民约”,大安定村制定的集体村规如下:“倡文明,守法纪。睦宗族,和乡邻。崇报本,敦孝悌。爱公产,振祠宇。宜勤俭,戒奢华。勤做工,禁赌博。尊师道,重教育。亲贤人,远是非。教子孙,勤学业。学技术,务正业。择婚姻,发万宗。行整治,求安平。”现在各村制定的村规民约毕竟无强制性,而只能作为指导性意见,全凭舆论引导与村民自觉,作用比起古代能够严格执行的宗族家法来,自然要弱了许多。前文提到村内墙壁上的孝义宣传画,以及门匾上的字幅诸如“家和万事兴”“幸福之家”等,在村风舆论引导方面,也起到了一定潜移默化的作用。

良好的村风氛围起到良好的监督作用。在良好的村风氛围下,村民的道德水准也会处于较高水平。大家都遵守规则并相互监督,如有人违背了规则,就会被人戳脊梁骨,成为众矢之的。在监督与惩戒之下,很少有人敢越雷池半步。相应地,不好的村风也会起到不好的示范作用,就如心理学上的“破窗效应”:如果有人打破了街道上的一扇窗户,而窗户没有得到及时修复,破坏者也没受到及时惩戒,那么这种示范就会纵容越来越多破坏事件的发生,最终使得街道秩序崩坏。在这个秩序走向混乱的熵增过程中，起到关键作用的不是罪行本身，而是罪行未能得到及时惩戒，这就起到了不好的示范作用，最终导致了道德（规则）失序。大安定村的良好村风传承已久，一个好处就在于能够监督并及时纠正违背规则的言行。良好行为受到舆论赞赏，从而发挥良好的示范作用，引导村民向善；不良行为受到千夫所指，从而发挥惩戒与警示的作用，引导村民摒除不良行为。

二、现代社会的道德探索

（一）市场经济下的道德挑战

前文所述大安定村的德孝村风，本质上还是传统德孝观念的继承与延续，是与农耕时代相适应的。但改革开放以来，我国以经济建设为中心，由计划经济转向市场经济，商品经济时代的到来必然给农村道德传统带来巨大挑战。

市场（商品）经济时代的主导价值标准是物质利益标准，传统农耕时代的主导价值标准是精神标准。时代的转换，也决定了商品经济价值（道德）观必将挑战并取代传统社会价值（道德）观。早在改革开放之初，就有不少作家在作品中真实反映了新旧价值观、新旧道德的冲突。20 世纪 80 年代，路遥凭借着小说《人生》一举成名，小说描述了那个商品经济价值观已开始介入人们思想的年代，高家林在精神（爱情与良心）与利益（进城吃国库粮，攀高枝飞黄腾达）间的艰难抉择。令读者扼腕痛惜的是，高加林选择了利益。当时深耕农村题材的作家贾平凹，其《小月前本》讲述了 20 世纪 80 年代农村女青年婚恋观的变化：农村姑娘小月在两个农村青年的追求中难以抉择。才才是传统庄户人眼中的好青年，老实可靠又勤劳，但在小月看来有些木讷，只会种地，没有经济头脑，永远发不了财。门门在传统庄户人眼中则是不务正业的二流子，他刁钻狡猾不靠谱，失却了农民的本分，放任自家田地荒弃，但他又善于钻营发财之道，收入可观，以后大概率能发财。显而易见，才才代表的是传统农耕社会的价值观，门门对应的是商品经济的价值观。作品里农村姑娘小月最终选择了门门，这也是那个年代商品经济价值观逐渐统治农村社会的真实写照。

80 年代以来，商品经济价值观对于包括大安定村在内的所有农村的冲击，是巨大而深远的。传统的婚姻相对还不是很看重物质金钱，主要还是看人；但在商品经济时代的婚姻,则普遍先看有没有房、汽车,彩礼多少。传统的农耕时代,每个村庄都会有几位德高望重、在村民中说话极有分量的老人,那时的年轻人见到长辈,不由自主会感到一种压迫;但进入商品经济时代,这样的老人却销声匿迹了。老人并不能给他们带来物质利益,人们看重的是那些能够给自己带来利益、好处的人。在八九十年代,不少人还瞧不起暴发户,讽刺其素质低:"穷得只剩下钱了!"但这也不过是那个年代传统价值观的最后倔强,在此之后的20多年,极少再听有人说起这句话。就连大安定村住户家大门上的门匾、对联,也明显带上了商品经济的气息,如"家兴财源旺,腾飞创伟业""金桥富路,恭喜发财""出门求财财到手,在家创业业兴旺""财运亨通万事兴"等。至于那些内容传统的对联如"忠厚传家久,诗书继世长",多年前可能还算流行,现在则已绝难看到。

陈柏峰将商品经济确立以来的农村社会道德状况概括为"去道德化",此说未必全面,但也反映了部分现实。"农村已经受市场经济浪潮席卷,进入了消费经济时代,钱和消费能力日益成为衡量人们社会地位和生活意义的主要标准……人们逐渐抛弃传统的劳动伦理观念,勤劳致富和劳动光荣的伦理观念不再被人尊崇。人们不再像以前一样崇拜英雄,崇拜德行高的人,而崇拜有消费能力、能赚钱的人……当前中国农村的种种现象表明,劳动伦理变迁下的农民生活已经发生了扭曲。"[①]无论是其他地方还是大安定村,人们在日常闲聊中,涉及对他人评价的时候,道德评价的占比总是要小一些,而更多的评价则集中在经济、地位等方面,这一现象也体现了商品经济价值观对传统道德空间的挤压。

商品经济时代对传统道德的冲击与挑战,是社会历史发展的必然趋势。大安定村在道德传承方面要好一些,但仍然避免不了这种冲击,也需要对于这一挑战作出回应。这一过程中,传统道德观念或者会遭到淘汰,或者需要进行现代转化才能得以延续,这是社会历史发展的必然要求。

(二)对"好人无好报"的思考

千百年来"行善积德""善恶有报""不是不报,时候未到"等信念,在维系传统道德观的过程中是极重要的力量。但伴随着社会经济发展,民众视野大为拓展,相比于农耕时代的闭塞,村民可谓见多识广了许多。这时,与闭塞时代相适应的那种单纯的"善恶有报"信念,必然遭到冲击而渐趋瓦解。

调研中,就有村民或直接或间接地表达了对"好人有好报"的疑惑。有村民

① 陈柏峰:《去道德化的乡村世界》,《文化纵横》2010年第3期,第97页。

提起了多年前的往事，他自信对待邻舍一直非常友善，路上见面总是很友好地打招呼，日常有什么事也是能帮则帮，关系算是处得还算可以。但是后来却因利益问题发生纠纷，此次纠纷于情于理于法他都是正当的，他不能理解原来那么和睦的邻舍朋友，为何一下子变成争执不休的对头。那段时间他特别想不通，这事也成为一个心结。时隔多年，再想起往事，已经不怎么纠结了，但有时喝了点酒，那种内心纠结又不由得涌上心头。他一直想不通这个问题：自己一直秉承与人为善的处世哲学，为何没有收获相应的好报，反而和别人闹起矛盾导致关系破裂？

好人无好报的情况显然不是个例。大安定村经历了那么多年的风风雨雨，各式各样的悲欢离合接踵上演，数不清的不幸与灾祸曾降临到人们头上。调研过程中村民们也常提到村里发生的一些不幸事件，当事人非但不是恶人，反是公认的好人。经历了太多此类事件，再加上“厚黑学”之类的“人生感悟”在自媒体上大行其道，在很多人的心目中，“好人有好报”的美丽愿景已成为一个极易戳破的梦幻泡影，甚至被部分义愤填膺者当成一个“谎言”。

在道德方面，确实有必要对“好人有/无好报”这一问题作一次深入思辨。这里拿调研中搜集到的一个例子来具体分析“好人有（无）好报”的问题。前文提到的吴德恩，在大安定村算是一个不折不扣的“好人”（下文还会涉及他的事迹）。但他罹患癌症八年，最初是查出食道癌、胃癌，后来又依次查出肠梗阻、肺癌，时有咳血。临到最后病重，一年得有半年时间住院，媳妇天天在医院陪着。他曾在滨州治疗，后来又转到北京继续治疗，到北京治疗了16天后病情更恶化了，已经糊涂起来，被病痛折磨得躺下去坐起来，没个安生的时候。后来实在不行了，从北京拉回老家村里，第二天就去世了。谈起治疗过程，吴德恩的老伴心疼地说：千方百计地治疗，结果让他“多活了一年，多受了一年的罪”。

吴德恩的一双儿女（姐姐吴宁宁、弟弟吴建峰）很孝顺。吴德恩住院治疗，花费是个无底洞，但是儿女从不言弃。吴德恩住院检查后，医生曾跟家属说病情严重，最多还剩半年，建议回家养着……但家属坚持不放弃。吴德恩在村委任职，工资不高，一年也就万把块钱，完全不够医疗费用，大部分费用需要儿女承担。在北京治疗时，打吗啡、吃靶向药，一天花2万多块是正常的，而进口药多不能报销。需要钱的时候，吴德恩的儿女各自拿自己的钱，从来不商量（谁该拿多少）。积蓄已经用完了，他们就去借钱，或者通过网络平台筹款，又各自贷款维持。算起来吴德恩治病前后总共花了近一百万元，每次住院都要花二三十万元。

这个案例里,似乎确实是“好人无好报”。一个好人最终饱受病痛折磨去世,一双孝顺的儿女竭尽全力也没能带来奇迹,又哪来的“好人好报”呢?但如果细加分析,就会发现情况不是那么简单。从吴德恩方面来看,其在道德方面自我要求较严、以身作则,儿女受其影响,在孝敬长辈方面也是可圈可点,这一点算不算好人好报?从儿女方面来看,巨额医疗支出虽然没有创造奇迹,却让子女尽到了孝心,做到了没有遗憾,收获了心安,这一点算不算好人好报?

吴宁宁给父亲治病缺钱时,曾在网络平台上筹过钱。吴德恩去世后,吴宁宁把剩下的钱尽可能地还回去了。她还跟亲朋好友借过钱,很多人愿意给予她力所能及的帮助。吴宁宁在商场开店,商场里认识的一个姐姐多次借给她钱,甚至主动暂缓买车,把买车的钱先借给吴宁宁用着;另一个姐姐取出定期存款给吴宁宁;还有个姐姐经济拮据,在外借了5000元交给吴宁宁……这一切都让吴宁宁很感激。在借钱难的当下,为何有这么多朋友愿借钱给她?主要还是吴宁宁在与朋友们日常相处的过程中,展现出了一种坚实的可靠性。很多人并非不愿意往外借钱,只是见了太多借钱不还的事例,而对绝对可靠的朋友,他们却是不吝施以援手的。如此,只能说善恶有报确实不是万能的,但却不能说善恶无报。

吴建峰从事建筑内外墙装修,是个包工头。他带的施工队规模,2021年时有100多人,2022年要少一些,也有50人左右,这个规模在大安定村也算不小。谈起为什么能做这么大,吴建峰说是因自己从业过程中遇到两个贵人帮扶,他们手头有什么工程都习惯交给吴建峰去做。但他们当然不会无缘无故地青睐吴建峰,无疑看中了吴建峰某一方面的优势。吴建峰自我分析说:他们之所以选择自己,主要原因是靠谱,把工程交给自己就根本不用再操心,一切事情他都能给处理好了。当老板的人可以给不靠谱的人一两次机会,但绝不会一直给他们机会。偷工减料、偷奸耍滑、推脱责任的人,的确能赚得几次便宜,但却难做到长久。“靠谱”虽不保证一定给自己赢得“贵人”,但肯定能提高赢得“贵人”的概率,这算不算是一种善报?

再如村里的张洪杰,早年为吃口饱饭去当兵,从来没有通过当兵跳出农村的想法。他在东海舰队当了四年兵,一直待在伙房,工作起来踏实肯干、吃苦耐劳。等按部就班地要退伍回老家时,退伍名单里却找不到自己的名字。后来才得知他被留用,分配到上海的某远洋公司。一个农村来的无背景的小伙子一下子升级为大都市市民,这在那个年代几乎是不可想象的。张洪杰与指导员、连长等领导其实并不熟识,也只是因为工作表现好,为人朴实可靠,领导就把名额给了他，并没有走什么后门。张洪杰感慨地说，前途是性格决定的。

种瓜得瓜，种豆得豆，问题的关键在于，好人的“善行”所获得的“善报”是有特定指向的。譬如健康属于医学范畴，而不属于行善范畴，那么在理论上，“行善”就只能针对性地获得类似“行善”的回报，却不可能获得健康的回报；留意健康养生也只会针对性地获得健康方面的回报，却不会获得“行善”方面的回报。一种行为只能在特定的范畴内产生影响，这就是“种瓜得瓜，种豆得豆”“求仁得仁”的道理。试想，如果“行善”就能超范畴地获取健康的回报，且不说这并不科学，这样对于那些留心养生而获得健康的人，能谈得上公平吗？所以现实中很多人因看到行善的好人饱受重病折磨，就认定“好人无好报”，其思维本质就是“种下瓜却哀叹没有得豆”。殊不知行善所获得的善报是在特定的范畴，但显然行善和健康分属两个范畴，并不存在必然因果关系。

由于时代限制，古人思维远没有现代人精细准确，很多认知概念都是笼统泛化的，这就很容易导致混淆。传统观念中“善恶有报”“好人好报”思维，最主要的缺陷在于将善行带来的“好报”给泛化了，认为“好报”就应是全方位的，而忽略了“好报”是在特定范畴之内这一真相。更进一步，“好报”也不是必然体现为现实的。例如遵守交通规则，未必就能完全杜绝交通事故，但肯定能降低事故的概率，这显然也是“好报”。我们总不能因遵守交通规则而出事就否认遵守交规的价值。再如抢救病人未必能够成功，但抢救肯定能提升其生存概率，这显然也是“好报”，并不能因抢救未成功而否认抢救的价值。

因此对“好人有（无）好报”的疑问，抱有平常心才是最好的态度。功不唐捐，善有善报本身是没错的，却不能指望善行能够带来超出其范畴的无限制的“好报”。世界如此丰富多彩，其间规则也有很多种，每种规则只能在一定范畴内适用，事情最终结果是受多种因素（规则）影响。以“善恶有报”规则来排挤否定其他规则，否定世界的丰富多彩，无疑并不合适。“善恶有报”不过是这众多规则里的一种，想通了这一点，就比较容易从“好人无好报”的愤懑中解脱，做到“但行好事，莫问前程”。

（三）儒家精神的核心价值

马克思主义这样阐述人的本质：“人是一切社会关系的总和。”每个人并不是独立存在的，而是整个社会有机体的一个组成元素，每个人都承担着作为社会组织一员的职责。“社会道德是人与人社会关系的反映，人的道德行为也就受这种可观的社会关系的制约……人的道德行为本身是依靠社会舆论以及个人与他人、个人与集体、个人与整个社会在社会关系上的相互制约发挥监督和保证作用的。”[①]人的道德观念的建构,基本前提是把自己看作社会关系中的一环,要以“社会性”作为基础。在作出某种行为选择之时,不单是考虑个体利益,同时也要顾及社会群体。所以,讨论一个人的道德时,更应该从社会关系的角度来进行分析。

大安定村村民张明广(1946 年生人),认为做人应该忠实可靠。他十几岁跟随家里老人到东北讨生活。大约在 1966 年,积极上进的张明广和其他七八个年轻人想入党,社教工作队对他们进行统一考查谈话。张明广有个历史问题,其伯父曾因征兵问题闹出事而入狱。张明广没有隐瞒此事,一五一十地跟工作队讲了。后来工作队的意见是张明广这种情况需要组织再考验考验,结果这一“考验”就是遥遥无期。当时跟张明广一起填表的几个人全都通过并顺利入党,只有他到现在还是党外群众。调研组问,那时候不主动说这事不就行了?张明广回答:“要对组织忠诚老实。宁可不入党,也不能隐瞒。”

张明广抱有一种教人做好人的信仰。谈到以前一些传统习俗与宗教信仰时,张明广认为:旧社会遗留下来的一些东西,有些是为社会服务的,是叫人学好。老传统里掺杂着一些封建迷信的东西,说是如果人不学好,到了阴间就会受到惩罚之类的,虽说有迷信的内容,但目的也是教人学好。

张明广对于政府、组织的政策、决策表现出强烈的信任。当政府决策与个人需求发生矛盾时,他基本都能予以理解。谈到对村庄拆迁的意见时,张明广坦诚,老人们普遍认为还是住平房舒服,但是拆迁是“国家给老百姓办好事,财政花钱投资很大”,这就是“国家形势,不能抗拒形势,总体来看,还是利大于弊”。谈到本地“殡葬改革、骨灰上楼”的政策时,他说原来大家信奉入土为安,折腾迁坟大家心里都不好受,刚开始迁坟的时候大家都有点想法,但现在也逐渐接受了。迁坟也有好处:村里基本上没有坟头了,以前的坟头都在耕种的土地上,耕种时得躲着,现在不用躲着坟头了,还可以预防火灾。

张明广其人很典型地注解了“人是社会关系的总和”这一概念。他把自己定位为社会大机器中的一分子,认为每个人要履行个人的社会身份义务。他信任政府、组织,说“(个人)要服从大局与形势”。调研组注意到一个细节,访谈中,张明广本来一直用方言交流,但有时会不自觉地转为(有点蹩脚的)普通话。事后调研组讨论说:见微知著,这一微行为提示出他对正统、权威(在这里,普通话是作为正统、权威的一种象征)的信任与力图靠拢,与其保持一致。在访谈

① 吕大吉:《宗教学纲要》,高等教育出版社 2003 年版,第 295 页。

中，张明广还顺嘴自评了一句："现在(自己)岁数大了，不能给社会增加财富了，只能给社会增加负担了。"这让调研组略感吃惊。对张明广为代表的大多数中国人来讲，他们相信为国家承担义务、为社会作贡献是自己的人生价值与意义。中国能取得现在的成就，背后靠的正是众多张明广式的人，他们认真地做好社会大机器的螺丝钉，心甘情愿地承担自己的社会身份职责。

当一个人像张明广一样把自己定位为"社会关系的总和"的时候，他们在社会上就会是好公民，在单位上就会是好员工，在学校就会是好学生，在家庭里就会是孝顺的孩子、负责任的父母……原因无他，他们认定人不是单纯为自己而活，人要在社会关系中实现自己的价值与意义。《雷锋日记》里写道："一个人的作用……就如一架机器上的一颗螺丝钉。螺丝钉虽小，其作用是不可估量的，我愿永远做一颗革命的螺丝钉。"雷锋精神的本质也正是一种在社会关系中的自我定位，并在此定位上乐于承担自己的职责义务。绝大多数中国人都有着相当的社会集体情结，正因为此，面对个人需求与集体利益冲突的时候，大多数人都能够不自觉地为社会群体的利益而舍弃个人需求与利益，这次疫情防控就是一个典型体现。疫情肆虐之下，其他国家大都已"躺平"，唯独中国还苦苦支撑。尤其 2020 年疫情初起，中国用严密防控成功地控制住了疫情，为其他各国防控提供了一个成功样板，其他国家只要"抄作业"就行了。可惜并没有国家能够照抄中国的作业，新冠肺炎疫情最终还是开始了全球大流行。这里面除了政府体制的管理能力之外，老百姓是否愿意配合起到了决定性作用。很多国家并非不想"抄作业"，但很多人尤其个人主义深入骨髓的民众，认为管控是对个人自由的亵渎，他们根本不想服从管控。这种情况下，当然也就没法抄中国作业了。有人说过这样的话："疫情之下，才发现，中国老百姓，是世界上最好的老百姓。"严格防控有时的确严重影响到生活，很多人也免不了私下里抱怨，但在防控措施需要时，大家仍然尽可能地予以配合，这一点，其他国家的民众能做到吗？在中国人观念里，普遍承认"人是社会关系的总和"，虽不至于到"亏了我一个，幸福千万家"那样的道德高度，但对于履行自己的社会职责义务，却都觉得理所当然。

这就有必要进一步探讨中国传统儒家思想的当代意义。曾几何时，在人们心目中，儒家思想似乎早已过时。什么"君君臣臣父父子子"，什么"君要臣死臣不得不死"，什么"唯女子与小人难养也"，什么"三从四德"，什么"饿死事小失节事大"……在现代社会看来，哪一样不是封建糟粕需要扔掉？但透过现象看本质，问题并非那么简单。这里的关键问题是：儒家思想的立足点、出发点是什么。

事实上,儒家思想的根本出发点正是“人是社会关系的总和”,这与马克思主义的论断是基本一致的。儒家思想关注的重心,显然是人的社会身份位置,君臣父子,三从四德,各种礼仪规范,无不是对社会关系秩序的设置与强化。打天下需要骑在马上,因这是破坏旧有秩序的行为;治天下却不能依靠暴力,而是需要设置与强化社会秩序,保证社会平稳运行,如此才能获得长治久安。千百年来,历代统治者之所以推行儒家思想,归根结底正是看重了儒家思想骨子里的“人是社会关系的总和”这一定位与信念。

几千年来,儒家精神早已深深融入中华民族文化基因。儒家的很多具体规定现在的确并不合理而遭到抛弃,但其对人作为“社会关系的总和”这一核心理念的认可,则已成为中华民族思维的底层逻辑,这与现在西方社会盛行且根深蒂固的个人主义底层逻辑,形成了鲜明对比。

(四)社会位置重塑与道德自律

稍微上年纪的人都能感知到在道德领域,当下与传统社会相比,已经发生了翻天覆地的变化。旧的道德体系已不合时宜,说日趋走向瓦解也不为过,而新的道德体系又尚未完全建立起来,道德领域出现乱象也就成为必然。如何重建与时俱进的与时代相适应的道德体系,成为一个引人深思的问题。

道德说到底是一种社会关系,如果世界只有一个人,也就无所谓道德了。所以,需要把人放置于社会关系的某个位置上,这种位置在无形中会对此人构成监督约束,促其遵循道德准则。当社会关系位置倒塌或重塑时,人们在道德方面就会无所适从。俄国作家陀思妥耶夫斯基发出过一句感叹:“如果没有上帝,人什么都可以做!”陀思妥耶夫斯基生活的19世纪,由于近代科学飞速发展,本来在西方世界占据统治地位的上帝(宗教)观念遭受严重冲击,怀疑上帝的声音也日趋高涨。此前,民众普遍笃信上帝(对上帝的信仰构建并维系着社会秩序),因其有敬畏感,就不太敢作奸犯科(这类似于中国的“举头三尺有神灵”)。而无神论深入人心后,神灵就必然会丧失监督功能,不受监督的人没了敬畏感,就容易肆意妄为。这方面中国也无法独善其身,随着科学发展、无神论观念普及,以前借由神灵信仰构建维系的社会秩序势必垮塌,带来道德失衡。如何调整社会秩序,将人安置于社会关系的确定位置上,发挥社会关系对人的监督与约束,正是道德重建的核心。

村庄对村民的道德监督与约束早已今非昔比。以前年代,多数人一辈子生活在本村，其大部分社会关系在本村，村民彼此是相互监督的关系，促使每个人遵守道德规范。时至今日，即便户口、宅院仍在本村，但到村外购房居住的村民比比皆是，他们的主要社会关系已不在本村，从而基本脱离了本村村民的监督，这种监督与约束的空白，又靠什么来填补呢？

具有稳定社会位置或职业的人，相对来说更易确定并遵循某种道德准则。村民张训堂（1949 年生人）不但是一名老兵，也是一位有 50 多年党龄的老党员。在他身上很容易感受到军人气息，那种朴素的正义感与猛劲。张训堂能吃苦，不怕累，有任务总是主动冲在前边。他 1968 年到新疆生产建设兵团当兵。军队领导看重张训堂，因为他吃苦耐劳。大约 1969 年，地方发生了事件，张训堂奉命去拉伤员，当时积雪很厚，行进困难，张训堂带着战友在雪地艰难跋涉，竭尽全力完成上级交付的任务，立下了功劳。

张训堂极孝顺，虽说忠孝不能两全，但只是行为上不好兼顾，而绝非思想观念上不孝。他当兵满 6 年，本可留队升职，但由于挂念老家生病的老人，就申请回大安定村。张训堂跟调研组激动地说："有的战友不管家里的老人，不孝顺，不回家，后来在部队里提了干。父亲死了也不回家看看。我不能那样，集体没有了我，还有别人顶上去，家里老人不能没有我，不能丢了老人！"张训堂又极具谦让之风，复员回乡时，部队领导想给张训堂一个三级残废证作补偿（当时他确实因执行任务落下了腿疼、眼疼、耳朵疼的病根，持有残废证复员后能享受一定优待），张训堂觉得小伤病算成残废挺勉强，是占国家便宜，便断然放弃了。张训堂为人仗义，前边宅子本有他的一份，但他三兄弟娶媳妇要盖房，张训堂就跟兄弟说自己那份不要了。张训堂在村里还曾为土地问题据理力争，在村委工作中尽其所能地维持秩序。他常挂在嘴边的一句话是："人不能光为了个人，为了集体才行！"说起村南已荒废的天成观，张训堂不禁义愤填膺，说本来那是集体的东西，里边的东西却让包活的（寺庙承包人）给卖了，这事若让上面领导知道了，一定会严厉惩处……

6 年的当兵经历与 50 多年的党龄，在张训堂这种朴素而鲜明的正义感的形成中无疑起到很大作用。军人身份与党员身份在社会关系中赋予了张训堂确定的位置，而他也会不自觉地以该位置的要求来规范自己的言行。作为军人，正义感不可或缺。所以军队就会重点关注与培养士兵的正义感。虽已复员 50 年，军人身份赋予张训堂的正义感，仍然清晰可见。

党员的身份位置，也必然敦促党员在生活工作中时时留意，自己的言行是否符合党员身份。村民吴宁宁刚入党没几年，她说：提交入党申请书后，虽然自己仅仅是有了入党意愿,但也会自觉地按党员要求来审视自己。她经常考虑自己能否给村民群众做些事,想着自己成为党员后,有什么事作为党员先上,为家里争光,自己也自豪。她观看建党100周年的系列电影,看到升国旗的镜头,都会激动不已。这是党员身份赋予当事人处事规范、情感满足的鲜明体现。

村干部身份同样是一种约束与鞭策。访谈中,群众说话可以天马行空随心所欲。例如谈到村南天成观为何没能发展起来,有村民就说"这事挺邪乎,当时开了三次(法)会,都碰上下雨,说明开不起来是天意"。而身为村支书的张明华谈及此类民间信仰话题时(例如南海水库观音像的去处问题等),就比较谨慎,有时避而不谈,就算谈,给出的也是官方说法。这说明村干部身份决定了当事人有所为有所不为。

第五章　黄灾肆虐到大河安澜

一、晚清黄河灾变及治理

大安定村是典型的沿黄村落，其命运一直与黄河变迁休戚相关，仅从命名演变上讲，它就曾三易其名，从元明清时期经济繁荣、名闻遐迩的安平镇，到因黄河夺道大清河而被毁，民国时期其原主街道青龙街被改名为安平街，再到新中国成立后改名为大安定村，不断降格，这背后饱含了不知多少悲欢离合。

（一）黄河改道与河道定型

现在的黄河下游河道山东段，在 1855 年铜瓦厢决口后才逐渐定型，说起来非常年轻。咸丰五年（1855）六月，黄河在河南铜瓦厢决口，滔滔河水折向东北漫流，由此结束了黄河长达七百多年由徐淮河道入黄海的历史，并很快夺取山东大清河河道，最终由山东利津汇入渤海。繁荣富庶的安平镇，和原大清河沿岸其他的市镇村庄一样，被牢牢地与黄河捆绑在一起。

铜瓦厢决口也揭开了清末历经咸丰、同治、光绪三朝长达 30 多年“南行北行”之争的序幕。就如何处理铜瓦厢决口与黄河改道，清政府内部爆发了“南行、北行”的激烈争论。南行派主张堵塞决口，让黄河重回徐淮故道入黄海。北行派则主张因势利导，就山东的新河道修筑堤防，让黄河继续借大清河道入渤海。

当时在位的咸丰帝对堵口引黄河水南行归故道不甚积极。主要原因是清廷正全力镇压太平天国和捻军，1856 年又爆发了第二次鸦片战争，经费支绌，没有精力与财力顾及黄河灾害。其处理黄河事务是基于最低成本导向，而非最佳效果导向。官府治黄的主要措施是“劝民修埝”，要求大清河沿岸（黄河新河道）

各地自筹经费“顺河筑堤，遇湾切滩，堵截支流”，以应付水灾。同治年间，清廷遣李鸿章拟定治黄方案。李鸿章认为:“两相比较，河在东虽不亟治而后患稍轻。河回南即能大治而后患甚重。”北行派遂确立优势。1875 年，清廷最终决定彻底放弃黄河故道，沿黄河决口形成的新道修筑堤防;1884 年，山东巡抚陈士杰完成对黄河新道两岸民埝的联结和加固，在黄河两岸建成了较完整的堤防。现在黄河下游山东段河道已具雏形，黄河北流夺大清河道入渤海也就不可更易，从此固定下来。

(二)沿河堤坝修筑情况

侵占了大清河的黄河新河道，很快形成了高于地表的地上悬河。由于大清河的规模远小于黄河，黄河不仅带来了大量来水，还带来了巨量泥沙，这些泥沙淤积下来，很快将大清河变成了远高于地表的“地上悬河”，这无疑在两岸民众的头上悬上了一柄随时可能斩落的达摩克利斯剑，使之时常生活在河堤溃决的惶恐中。于是修筑、加固沿河两岸堤坝成为治黄的当务之急。

堤坝在防洪当中不可或缺，其中最重要的是缕堤和遥堤。缕堤指顺河流靠近主槽所修筑的小堤，用于约束水流，增强水流挟沙能力，能够防御一般洪水，其势低矮，形如丝缕，故名缕堤。遥堤则修筑在缕堤之外，距河岸较远，是用以防范特大洪水的大堤。

民埝大致与缕堤对应，是沿河两岸堤坝的骨干构成之一。民埝本是黄河沿岸居民对抗黄水泛滥的一种无奈的抗争与努力。当时河南、山东地区，民众为防止洪水淹没，自发地在黄河滩地里修筑小的土堤作为拦护。后来清政府把民埝纳入了整体河防体系，如在乾隆二十三年(1758)就规定了地方官需要亲诣履勘指挥培补民埝。黄河夺道大清河后，地方官与居民加大了民埝修建力度。1883 年，奉旨“督工赈”的游百川会同山东巡抚陈士杰开始了治河工程。工程主要包括“分、疏、防”三个要点。分就是分流黄河水以减少径流量，疏就是疏通河道以增强泄洪能力，防就是加高加固大堤以抵抗洪水。游、陈倾向于亟筑缕堤，以应付洪水。“山东境内的现行河道堤防是清咸丰五年(1855)铜瓦厢决口改道以后，在民埝基础上陆续修筑而成。也有 130 多年的历史。”[①]

此外，有修筑“遥堤”治黄的努力。鉴于民埝、缕堤等难以抵抗特大洪水，修筑遥堤的设想也被提出来。遥堤就是在距离河岸(缕堤)较远的地方，再筑一道堤防(俗称“二道坝”)，这样能够“宽河道，让地于水，不与水争地”。不过修筑遥

---

① 李振峰、王勤山:《黄河三角洲水文化研究》，黄山书社 2018 年版，第 86 页。

堤的想法缺乏民意基础，因经过千百年发展，沿河两岸已经依河而成不少繁华市镇，若修建遥堤，这些繁华市镇势必被置于遥堤内，它们或将被大洪水吞没，或需斥巨资搬迁，两者都是本地居民难以接受的。因此，遥堤建设起来可谓困难重重。

（三）屡遭黄灾的深重灾难

黄河夺道大清河入海后，该段河道洪灾陡增。1865 年黄河滨州段的决口几乎给安平镇带来灭顶之灾。这次决口发生在武定府清河镇的白龙湾，以及安平镇的张肖堂村，当地受灾面积达 100 平方千米。有段民谣记录了当时情况："白龙湾，开了堰，先淹武定府，后淹沾化区。"繁华富庶的安平镇在这次决口中被尽数冲毁，镇上很多人跑到地势略高的龙吉寺躲避洪水。大安定村至今还流传着这次黄河决口的记忆。村民游传忠口述："听老人们说，同治四年（1865 年）正月二十五，黄河开冻冻水（即因初春凌汛而导致黄河决口），这个村（当时还是安平镇）里的房屋就没大剩下，剩下四口（个）屋。人上哪里（避难）呢？北头的上龙吉寺，南头的上玉皇庙。过了几天几夜大水才退去。大安定的这些人真是不屈服，就是要饭投亲告友去远处避难，天一暖和了，人们就陆续地往家来，十年才凑齐，大安定那些人就都来了。"

1900 年的黄河决口又一次让安平镇遭受灭顶之灾。1897—1900 年，黄河滨州段决口最频，危害尤烈，安平镇受灾最重，居民们不得不到高处建房，原来统一的安平镇也就此分崩离析。大安定村的部分张姓居民说，1900 年农历正月，黄河在马张村以东的张肖堂村附近决口。马张村有张姓居民迁移到大安定村谋生，至今已有七代，村民张明广、张明华等是这一脉的后人。《滨州市志》载："（1900 年）正月二十日，黄河在张肖堂村决堤，破口两道，一在堤东赵村南，一在马张村东。甲首李村死百人，狮子刘村死 19 人，张茂等 11 村被冲毁。"[1]这次张肖堂决口后，大堤合拢，但安平镇下游的南岸又突发决口，使得黄河河道南移，堤东赵村和小街村的相对位置遂由原来的黄河以东变为现在的黄河以西，而原河道的遗迹现已演变成大安定村东北不远处水域辽阔的南海水库。

---

① 山东省滨州市地方史志编纂委员会编：《滨州市志》，齐鲁书社 1993 年版，第 7 页。

二、民国黄河灾变及治理

(一)安平镇降格为安定街

民国前期,国家处于四分五裂局面,黄河由各省分治,由于财政困难,黄河工程年久失修。到 1933 年大洪水后,国民政府才成立黄河水利委员会进行统一治理,引进一些西方技术,并制定了规划方案,但很多方案未能实施。据统计,从民国元年(1912)到花园口改道(1938)27 年间,有 19 年发生决溢,黄灾的频繁与严重程度甚至甚于封建朝代。

晚清到民国期间,黄灾肆虐给安平镇带来深重灾难。安平镇人口由最繁盛时期的 1.2 万户急剧萎缩,如村民所说"因为黄河一次次决口,冲一伙,冲一伙",后来锐减至仅剩 100 多户。安平镇的原居民,很多在附近择略高处建房定居,安平镇也就分裂成为诸多散落的村子。民国时期,鉴于规模已不足称镇,安平镇(原来的主街道青龙街)改称为安定街。安平镇还有个小安定村,就在大安定村西南不远,且河对岸也有一个小安定村。这是因为小安定村原址已在现黄河河道中,小安定村居民遂迁到黄河以南(属高青县),后又有部分居民回迁到黄河北岸,就形成了两个小安定村隔黄河相望的局面,两村有着剪不断理还乱的关系。

(二)黄河断流与归故险情

1938 年,郑州花园口黄河大坝被炸,人为造成了黄河水改道南流。黄河下游山东段没有了河水注入,处于断流少水状态,这一状态持续了大约 9 年。

断流后的黄河河道宽敞,淤积泥沙众多,土壤肥沃易于耕作,是从事农业生产的绝佳处所,这在一定程度上给沿河居民带来了丰厚的生活资源。其实早在 1865 年洪水退去后,安平镇居民们就发现,洪水带来的黄土淤积提高了土壤肥力,非常有利于耕种。现在大安定村村民中还流传着"河水漫滩一次,五年不用上肥料"的说法。鉴于得天独厚的种植条件,很快就有大量当地居民进入黄河滩区开辟田地,进行农业生产,这在一定程度上改善了居民生活。到 1946 年,山东段黄河故道已基本被开辟为田地,居民达 40 万人。

好景不长,到 1946 年、1947 年,断流数年的黄河河道又突然面临着洪水险情的严峻考验。原因仍然是国民党政府“以水代兵”的策略。1945 年抗战胜利后，早就谋划打内战的国民党政府发现花园口以下黄河故道两岸地区大部已得解放，就有了利用黄河水割裂乃至水淹解放区的心思。

1946 年 3 月，国民党政府擅自开始花园口黄河堵口工程。这一危险行径遭到各界舆论一致反对，迫于当时处于军事调停阶段，国民党政府与中国共产党方面进行谈判，并于 1946 年 4 月达成了《菏泽协议》。根据这一协议，需要在黄河下游山东河段完成复堤、疏浚和居民搬迁后，国民党政府才能将黄河水引入山东故道。但这样国民党当局水淹解放区的计划就难以得逞了。加上 1947 年国民党的军事部署由全面进攻改为重点进攻(陕北解放区与山东解放区)，两个解放区之间地带(河南、山东)就成了国民党势力的薄弱处，易被解放军突破。蒋介石于是重拾“以水代兵”的伎俩，提出所谓“黄河战略”，要求抓紧堵住河南花园口决堤处，让黄河水重回山东黄河故道，利用滔滔黄河水阻挡解放军突防，乃至水淹解放区。

到 1947 年 3 月 15 日，在解放区复堤工程尚有 37 处险工尚未完成，60 多千米堤防尚未修复的情况下，国民党当局就急不可耐地擅自将花园口堵口合龙，浩浩汤汤的黄河水又回归黄河山东段故道。3 月 24 日，黄河水抵达垦利县，时隔 9 年，重新汇入渤海。

擅自堵口引黄归故的行为无疑置黄河下游山东段广大民众于极危险的境地。民国期间，由于政局不稳，黄河下游山东段河防工程失修，黄河堤防和险工埽坝破败不堪。据 1938 年山东河务局调查，黄河堤防上很多石坝被挖空改为碉堡，而临近安定街的张肖堂处(此处为险工段，易发生溃决)石坝也已不完整。1938 年上游花园口掘堤放水黄河改道南徙后，由于河道断流水少，基本无决口威胁，两岸堤防尤为废弛。全民族抗战时期，日本侵略者在大堤上开挖沟渠，构筑碉堡。加之大堤上虫蛇成群，营巢结穴，已经断流的黄河下游山东段河道大堤可谓千疮百孔，隐患四伏，一旦洪水来袭，前景堪忧。1947 年 3 月，国民政府擅自提前引黄河水归山东故道后，很快给黄河堤防造成极大威胁，险况迭出，两岸民众陷入深重灾难之中。据统计，当时冀鲁豫解放区沿河 10 个县的黄河故道滩区[①]里，被淹的村庄有 237 个，淹没的耕地达 27 万亩，已经安居乐业了一段时间的滩区居民，一夜之间流离失所，民不聊生。

---

① 滩区意指河槽与两岸防汛大堤之间的区域。因有大量泥沙沉积，利于耕种，但因在堤防之内，洪灾之年也容易遭受较大损失。

(三)解放区成功抢修黄河堤防

中共方面对黄河下游山东段面临的险境早有警惕,并采取了两手策略。一方面,尽量拖延黄河归山东故道,以赢得时间。主要手段是与国民党当局进行谈判并达成《菏泽协议》,协议里国民政府承诺在下游故道完成整修工作后,再引黄河水归故道。虽然国民政府很快反悔,并曾电令 1946 年 6 月前(接下来的 7、8、9 月是汛期,这时黄河水势浩大,危害更甚)完成花园口堵口,但《菏泽协议》毕竟在一定程度上拖延了黄河水归山东故道,为修整堤防赢得了宝贵时间。另一方面是迅速行动起来,抓紧时间整修堤防。1946 年 5 月,山东渤海区治黄工程总指挥部成立,"渤海区 19 县组织了 20 万人,开始了大规模的复堤施工。第一期工程为大堤恢复原状,修残补缺……第二期工程为局部河身裁弯取直①,重要险工修筑套堤……至七月底完成了第一期工程,渤海区共完成土方 416.4 万立方米"②。具体到滨州河段,主要是堵住了麻湾(在今东营利津)决口,新筑了麻湾和五甲杨(在今滨州惠民)套堤,开挖了张肖堂(今大安定村东 1.5 公里)、马扎子(在今淄博高青)、纸房(疑今滨州市滨城区纸坊村)、小街(在今滨州滨城)等处的引河。

张肖堂村与大安定村曾是当时治河办事处的所在。"1946 年 6 月,组建山东河务局驻滨县治河办事处,当时,办事处住堤东赵村的家庙(即祠堂)里……9 月,办事处由堤东赵迁至张肖堂村……1947 年 8 月国民党占据黄河南岸,不断打枪开炮扰乱,办事处由张肖堂村迁往大安定村。"③

1947 年 3 月 15 日黄河归山东故道后,由于水势浩大,且仍有不少复堤工程未完成,即便前期已做了很多努力与准备,黄河两岸堤防还是险情迭出。在此紧急关头,解放区组织沿河各县党政军民,出动 30 万民工,夜以继日加紧抢险复堤工程,渤海区共完成土方 429 万立方米,终于保证了黄河归故后的堤防安全。"为坚固险工,必须多用石头。为此,号召沿河 50 里以内的民众开展献石运动,将废砖石、废石碑、牌坊石等运到黄河险工处备用,提出'多献一块石,多救一条命'的口号……仅冀鲁豫解放区一年就贡献砖石 15 万立方米。"④在献石运动的号召下,为筹集加固堤防用的土石料,沿河两岸很多古建筑尤其是庙宇

---

① 裁弯取直:在河道弯曲较大的地方,如果遇到洪水,洪水在惯性作用下很容易冲出河道导致决口泛滥,对河道进行裁弯取直,就能够较好地防止因河道过弯水流不畅而导致的洪水泛滥。

② 李振峰、王勤山:《黄河三角洲水文化研究》,黄山书社 2018 年版,第 88 页。

③ 山东省滨州市地方史志编纂委员会编:《滨州市志》,齐鲁书社 1993 年版,第 156 页。

④ 周蓓:《近代黄河档案研究》,河南人民出版社 2019 年版,第 249 页。

类的宗教建筑被拆毁利用，大安定村北原本高大恢宏的龙吉寺，也是在此期间被拆毁变成废墟。虽然现在看来献石运动损毁了一大批有价值的古建筑文物相当可惜，但事急从权，却也无可厚非。民众当初建设供奉神庙，就是希望神灵能够护佑自己平安顺遂，谁也没想到神庙最后竟以这样的方式来佑护民众。

解放区军民日夜奋战，确保了黄河归故过程中两岸民众的生命财产安全，这一胜利也让民众在心中植入了对共产党的深切信任，以及黄河堤防坚不可摧的信心。

（四）晚清民国治黄失败的原因

从晚清到民国初年，黄河下游山东段屡遭黄灾，虽然治黄举措一再推出，但整体来看不算成功。究其失败原因，主要有以下几点。

一是治河政策上摇摆不定。这点鲜明体现在 1855 年铜瓦厢决口后，清廷内部就北流、南流（改道、复道）问题发生了长达 30 年的争论，致使山东地区官民抱有黄河南流（回归故道）的幻想，未能全力整修大堤，浪费了宝贵的治黄时机，放任黄河泛滥几十年。二是治黄投入少，中饱私囊现象比比皆是。清政府忙于镇压农民起义，无力拨付巨额资金治黄，只能劝谕地方修筑民埝，即便是少得可怜的治黄资金也被瓜分殆尽。三是缺乏统一的统筹方案及执行力。各地各自为战，自行其是，极大降低了治黄效果。

综观治黄失败的教训，不难发现根本问题在于治黄方面缺乏一个统一、有力、制度完善、方法科学的领导核心。一旦这个领导核心问题解决了，治黄的事也就相对好办了。1946—1947 年黄河归故道的过程中，军民日夜奋战加固堤防，保证了民众的生命财产安全。这一来之不易的胜利，除了有沿河广大民众的艰辛付出之外，更仰仗了渤海区党委、行署以及山东黄河河务局的统筹指挥，这为新中国成立后的治黄举措乃至最终降服黄灾，实现大河安澜，开了一个好头。

三、新中国的治黄新局面

（一）政府统筹规划治黄事宜

新中国成立后，党中央、国务院非常重视黄河治理。毛泽东、周恩来多次视察黄河,亲自审定治黄战略方针和举措。1949 年 6 月,华北、中原、华东三大解放区成立了统一治河机构——黄河水利委员会。1950 年 1 月政务院将该委员会改为流域机构,负责黄河全流域的治理和开发。这就把黄河治理统一起来,有利于统筹兼顾。黄河水利委员会确定了“治理黄河的目的是变害河为利河,上中下三游统筹,干支流兼顾”的方针指导治黄。1955 年 7 月,全国人民代表大会一届二次会议通过了《关于根治黄河水害和开发黄河水利的综合规划》。在政府的统筹规划下,治黄工作有条不紊地展开并层层推进。为防治黄河危害,政府推出了多种举措,大安定村很多村民都深度参与其中。

(二)加高加固堤防

在“宽河固堤”的方针指导下,黄河山东段的两岸堤防前后进行了三次大规模的修堤工程。第一次大修堤是 1950 年到 1959 年,第二次大修堤是从 1962 年开始,第三次大修堤是从 1974 年开始。每次大修堤都根据黄河的淤高情况以及洪水流量来调整设计,不断对大堤加高加宽,险工[①]段坝体均被全部翻修改成石坝。后来随着河道淤积和大堤增高,又完成了 98 处险工工程和 3785 段堤坝的改建任务。“经过三次大修堤,山东黄河培修堤防 1177.9 公里,两岸大堤普遍加高 4—6 米,顶宽 7—11 米,堤高 10 米左右,最高达 15 米。”[②](本段皆为截至 1988 年的数据)

这些看似枯燥的数字背后,是无数参与治黄工程的河务员工与无数勤劳朴实的村民的艰辛努力。治黄在大安定村老一辈村民心里留下永不磨灭的记忆,大安定村参与过治黄工程的部分村民给调研组讲述了当时的一些情况。

那时整修黄河大堤,每个村子都要出人参加劳动,又叫“出河工”。河务局要求以大队(村)为单位,每个大队负责一段大堤,吃饭的时候是开食堂。

大伙推着那种独轮的胶皮车子,车上一左一右俩粪篓,从河滩往大堤上推土。也有背着草袋子、挑着篮子运土的。还有打夯的,一个人扶着夯把,几个人拉绳子,一遍遍地往地上夯,把土夯实。整体场面很壮观,就跟赶集一样。除了加高加固大堤,还有挖沟工程。开河那边到这边的沟就是那时挖的,那时候没有现在的机械,全都是人力挖的。后来条件稍好点了,能够牵着牛拉沟,但还是辛苦。

---

① 险工是指有较大可能发生危险的堤防区段,又称险点、险段。险工位置需要修筑丁坝、堆垛、护岸等挑溜御水建筑以确保堤防安全。

② 黄河水利委员会山东河务局编:《山东黄河志》,内部资料,1988 年,第 4 页。

以前的主要治黄物资之一是秫秸。坝头上都用秫秸，秫秸根朝外，一个坝头一个坝头的，全都是草坝。在前面用上桩，跟檩条似的，四五行桩，带着草绳。有的草绳是紧着（系）到大堰顶上，砸上桩拴着。还有用柳条子捆起来的，坝头有多长就捆多长，里面搞上些砖，捆好了后一下子拥（推）下去。在坝头底下，浪呼哧呼哧地打，前面的草捆挡着浪。你不用那些东西，土就搁不住浪的冲击。以后有了铁网子、石头，网子里装上石头，拥（推）下去，就省劲多了。现在的坝头多么结实，坝头后面都淤背，淤出多（很）远去，坝体就结实了。

见年（每年）都要上大堤干活，每年都得干个把月。治理黄河的时候，每年都要开会，分配任务都要去干。工程的主要内容是给大坝增加高度，就靠着肩扛挑抬去干。因为黄河泥沙沉积，河床高度每年长、每年长，河床高了，大坝也得跟着加高，一年加固加高30公分，不是一次性的，是每年慢慢地加高，所以每年都要出河工上大堤。

加高加固大堤工程主要选在汛期前的一两个月，大约六月份之前，五月左右，拿出一两个月的时间来加固加高大堤。七月底八月初的时候是汛期，水位最高。小时候见过黄河发洪水，水很大了，离大堤坝顶也就20公分，这是最危险的时候。孩子们上去看，真是很吓人，就剩几十公分了，当时年纪小不知道害怕，现在想起来真是后怕。严防死守下，堤防总算没出问题。

那时候的人们（为了保护家园）很自觉地经常上大堤。到了冬天（农闲）没事就上大堤。尤其汛期以后，越是下大雨（堤防危险增加），人们越是要到大堤上去，越下雨人越多。那时候的人受毛泽东思想的影响，真是从心底里想为人民服务。黄河水是地外（悬）河，那时候河道里一上水就得抢险，老百姓们一个人最少一个草捆，一碰上坝体哪里漏水，就上去用草捆堵上。巡逻的时候也都背着一个草捆，看见哪里向外流淌浑水，马上就上前边去倒腾，在后面是没法堵的。

那时候基本都是体力劳动，可了不得，很累！老百姓是很受累的。没有机械全靠人，推土加固大堤，是最基本的操作。黄河一年需清淤两次，春天秋天各一次，全靠两个手。

干这种体力活，身子板硬朗就是最大的资本。有个细节让调研组记忆犹新，大安定村曾参加治黄出工的八旬老人张安昌接受访谈时，指着调研组里略胖而显壮的孙靖尧同学说："这个（人）好（壮实，能干重体力活）！"又指着瘦高个的刘三扬同学说："这个（人）不行（太瘦了干不了重活）！"老人的评判标准在今天看来当然已不合时宜，却真实地反映了那个年代治黄出工及其劳累程度，在老一辈村民心里留下的深深烙印。

(三)与黄河初春凌汛作斗争

《山东通志》里记载黄河每年有四次汛期:一是桃花汛,从清明算起,持续约20天;二是伏汛,从初伏到立秋;三是秋汛,从立秋直到霜降;四是凌汛,主要在春节过后,冬春相交之际,冰凌融解之时。其中最易造成危险的,一是伏汛,因处雨季,黄河水量最大,易引起洪灾;二是凌汛,因黄河上游河道封冻晚,开河要早,来自上游的冰凌随水流到下游,下游河面却还坚冰未解,就会造成冰凌拥堵,水位上涨,形成凌汛。

冬春之交的凌汛比起夏秋季节的洪水来要更危险一些。因为洪水毕竟还可通过加高加固堤防来对付,而凌汛的罪魁祸首冰凌拥塞,却是极难对付。从1855年黄河在铜瓦厢决口改道,到1938年黄河被人为从花园口改道南行的80多年里,黄河河道山东段有24年发生凌汛决溢,发生决口74处。仅以安平镇为例,1865年正月的开冻冻水决口导致安平镇被冲毁,1900年正月的凌汛决口以及后续灾难,导致安平镇下游堤东赵村、小街村的相对位置由黄河东岸变为黄河西岸,凌汛危害之大可见一斑。

在治理黄河的方法上,国家和群众也一直在想办法改进。黄河河务管理部门积极研究防治凌汛对策。刚开始主要靠破冰,采用了炸药爆破、炮轰,甚至飞机炸冰等措施,取得了一定成效,但无法从根本上解除凌汛威胁。1951年、1955年凌汛期间,利津的王庄和五庄分别发生了决口,给人民的生命财产造成了重大损失。后来又试制破冰船来破冰,但这些都是权宜之计。这之后掌握了凌汛规律,探讨冰水关系,1960年黄河中游的三门峡水库建成,通过关闸蓄水,控制了冰凌下泄。1972年又兴建了两处防凌展宽工程,并配合破冰与涵闸分水等措施,基本上确保了此后的凌汛期的安全。

游传忠就曾经历并组织过大安定村村民抗击凌汛,他给调研组讲述了当年村民参与抗击凌汛的一些情况:

(古时候)咱们这个埝(地方)是挺好,(听老人讲)就打(从)150年前(也即公元1865年的那次凌汛)一开口子(决口),(正月)二十开的口子,一片的冻冻水(冰凌),原来(安平镇)的那些土屋,跟冒烟一样,让冻冻水给托着走了(安平镇就这么毁了)。

新中国成立以后,国家也是想办法处理冰凌。那时候有人撮弄着,有爆破队。冬天三九过了之后就开始炸冻冻。有一些土办法,把老百姓家里的烧柴火的灰敛起来，使洋镐在冻冻上刻得一个方框一个方框的，在方框里边撒上柴火灰，那个事（效果）还就很好。开冻的时候，撒上灰的冰先裂开，冻冻块就没那么大了，炸冰就相对容易了。那都是些土办法，人可真是受累啊。

那时候炸冻冻，就是砸开冻冻，把（炸）药包续（塞）上，接上电线，使（用）电点火，一个发电机一拧，有时候隔着有一里地，一会炸药就响了。炸冻冻上了四年，已经比较先进了。那时候济南有个空军小组，要是这边冻冻堵了，堆起来，就通知开飞机扔炸弹炸开。但是咱这里凌汛（有惊无险），没用着（空军），一回也没用着。就是利津出了一回险（即 1951 年、1955 年的利津凌汛决口）。

（四）调水调沙根治泥沙沉积

黄河灾害的主要症结在泥沙。由于黄土高原的水土流失，"黄河斗水，泥居其七"，大量泥沙沉积在黄河下游，导致河床以年均 0.1 米的速度抬高，黄河下游段成为地上悬河。河床一般高出堤外地面 3—5 米，高的地方达 10 米。因此固堤炸凌只是治黄的权宜之计，要彻底解决黄河灾害，还是要在清理河道里的沉积泥沙上下功夫。新中国成立后，历经多年摸索出的"调水调沙"，堪称清理河道泥沙淤积的最佳方案。

调水调沙主要是利用水利工程设施和一定调度手段，通过水流冲击，将水库里的泥沙和河床上的淤沙冲进大海，从而减少库区和河床淤积，增大主槽的行洪能力。黄河调沙方案主要有人造洪峰、拦粗（泥沙）排细（泥沙）、滞洪调沙、蓄清排浊、高浓度排沙等方案。小浪底水库是调水调沙工程的重点。2002 年 7 月 4 日至 15 日，黄河进行了第一次调水调沙试验，其间入海泥沙达到 0.664 亿吨，黄河下游河道的泥沙冲刷量达到 0.362 亿吨，调水调沙的成效比较可观。此后连续数年都进行了调水调沙，取得了明显效果。2002—2006 年，大坝下游的平滩流量由 1800 立方米/秒增加到 3500 立方米/秒，过洪能力升至原来的二倍，到 2021 年，主河槽最小过流能力已达 5000 立方米/秒。对于黄河下游河道泥沙淤积这一顽疾，人们已经探索出了基本根治的办法。

黄河调水调沙 20 年来（2002—2022 年）已经取得令人振奋的成就。黄河下游河槽的平均高程下降了 2.6 米，有效遏制了下游河床的抬升。河道泄洪能力大大增强，过洪能力由 2002 年的 1800 立方米/秒，提升至 2021 年的 5000 立方米/秒，这就极大降低了漫滩危险。

地处黄河三角洲腹地大安定村的村民们，对于调水调沙具体操作内容的理解可能不很专业，但普遍都能说出对调水调沙的朴素认知："河道里泥沙堆积多了,上游放水,就把泥沙都冲下去了。”给村民们带来更直观感受的是,以前由于河床逐年增高,所以年年都得出工加高加固黄河大堤,一年 10 厘米,10 年就得增加 1 米。但自从河床不再增高甚至降低之后,大堤高度就不再加高,就固定下来了,其上的路面也被硬化。以黄河北岸的黄河大道(大堤)为例,车道宽阔平整,两侧景色优美,驱车在这里经过,已很难想到多年以前,每年都有无数劳力在此挥洒汗水,加高加固却依然险情迭出的场面。

(五)黄河滩区内村庄迁建

大安定村地处黄河大堤以外,但还是有不少村庄坐落在更易发生洪灾的黄河滩区(大堤以内)。调研组沿着黄河北大堤上的黄河大道驱车行驶,常看到有道路延伸到大堤内侧(滩区),路标指示牌上显示通往某某村庄。这些村庄之所以在选址上以身涉险,其一是黄河河道(原大清河河道)本来并不很宽阔,很多村庄原本就在那里,后来黄河夺大清河入海后河道加宽,人们兴建二道坝堤防,这些村庄的相对位置就进入了滩区(大堤以内)。其二则是由于黄河滩区固然容易遭遇洪水灾害,但这里的土地却适于农业耕种。黄河水携带大量泥沙,到黄河下游后河道变宽,水流变缓,泥沙大量沉积在河槽两侧,形成了大片适于耕种的滩地。肥沃易耕种的土地是农耕时代农民的命根子,虽然滩区内遭遇洪水侵袭的可能性大大增加,但温饱险中求,两害相权取其轻,大多数村民还是愿意留在滩区。只是这就要提前采取一些必要的防洪措施,毕竟洪水灾害随时可能来袭。以前民众普遍采用的方法是在滩区内筑高台,然后在上面建房,称为“高台民居”。高台有的能达到跟黄河大堤一样高,这就最大限度地保证了大家的生命财产安全。

据姜志刚对黄河滩区高台民居作的调查:高台在黄河三角洲地区俗称房台,其高出地面少则 3—5 米,多则 8—9 米。堆筑高台的劳动非常辛苦,早先基本是人拉肩扛,即便工具改进了的 20 世纪 70—80 年代,用的也不过是独轮车或地排车。高台用土可以就地取材,采用滩区的沉积黄土,但是土质疏松,易被洪水冲毁,这就逼迫村民们筑高台时要层层压实夯实,无疑增加了筑高台的辛劳。一般人力财力雄厚的家庭所筑的台子比较高,这也成为财富的一种象征,以至于村民往往千方百计加高自家房台,以昭示自家优势。高台筑起后,在高台外围要种植茂密的植物,借助植被的抗水土流失功能,防止出现遭遇大水冲击时土壤崩落的“落河”现象。但即便层层设防,仍然免不了遭遇水淹,所以 1949 年前高台上的房子建筑一般比较简单,这样即便遭遇洪灾,损失也在能承受范围内，并且易于修复。

新中国成立后，这种筑高台的传统得以延续，但是得到了进一步改进。例如以前的筑高台一般是各自为政，一户筑一台，形成一个独立的活动空间，这种独户独台被称为“避水台”。有时也有关系较密切的邻舍住户共用一台的，这种多户一台被称为“连水台”。筑造与维护高台的时候，比之于一家一户，集体的力量显然更具优势。所以村民在政府引导下，统一筑造与维护村子的房台，整个村子的房台基本连为一体，就像在黄河滩区隆起了一片高地。房台的规模得以扩大，抵御洪灾的能力自然也随着增强。20 世纪 80 年代以后，随着劳动工具进步，人们想出了“淤房台”的筑台方法。主要是效仿了黄河大堤沉沙池的原理，先是围起高高围堰，然后用抽水机水泵将河道里浑浊的黄河水（泥浆水）引入围堰，通过泥沙逐渐沉积，逐渐淤高房台。[①] 总之筑高台行为的集体化，增强了房台的牢固性与安全性，在很大程度上避免了滩区村庄遭遇洪灾。

近几年，为进一步从根本上杜绝黄河滩区村庄的洪灾风险，又出台了滩区村庄迁建政策。以前经济条件不允许，迁建难度很大。随着国家变得富强，滩区迁建也就提到日程上来。根据党中央国务院部署，沿黄各省相继出台了滩区迁建相关政策。就山东省而言，2017 年 8 月出台的《山东省黄河滩区迁建规划》，针对黄河滩区居民的迁建问题作了相应部署和指导。规划确定的主要目标是：到 2020 年，全面完成迁建各项任务，基本解决（山东省）60.62 万滩区民众的防洪安全和安居问题。政策包括外迁安置人口，就近就地避洪安置人口（例如筑村台安置人口，筑堤安置人口，旧村台提升改造安置人口等）。滩区迁建给滩区内的居民安全又加了一层牢固保险。

滩区迁建的主体是村庄，但也涉及一些坐落在滩区的单位。曾跟大安定村合作开展传统文化讲堂的某学堂，因其多年经营起的学校主体建筑就在滩区内，紧邻黄河河道，不得不作了拆除搬离，据说现已由滨州远迁到山东莒县。

（六）治黄成功的经验

中华民族同黄河灾害斗争了几千年，其间也取得过一些胜利，争取到一段时间的安定，但总体来说可谓屡败屡战，直到 1949 年后才逐渐控制住黄河灾害。进入 2000 年之后，基本实现了对黄河灾害的根治，“大河安澜”的目标得以达成。所谓“黄河清，天下宁”，倒不是表面意义上讲的黄河变清就能使得天下安宁，而是说治黄的难度太大，如果治黄真的取得了成功，那么有如此的组织能

---

① 参见姜志刚：《黄河下游滩区的高台民居》，《寻根》2015 年 4 期，第 100 页。

力,实现天下安宁自然也手到擒来了。新中国成立后这70多年的治黄实践,给我们提供了宝贵的成功经验。

第一是靠制度优势,尤其是组织能力方面的优势。1953年,毛主席在中央人民政府委员会第24次会议上说:“现在中国人民已经组织起来了!”2020年,习近平在纪念中国人民志愿军抗美援朝出国作战70周年大会上再次重申:“现在中国人民已经组织起来了!”中国老百姓的素质是好的,他们勤劳勇敢、智慧耐劳。但有着这么优秀民众的中国,在近现代史上却一直处于被侮辱被损害的位置。旧中国在鸦片战争、甲午战争、八国联军侵华中屡次一败涂地,在日寇侵华时大半国土沦陷。同样是这群败绩累累的老百姓,在新中国成立后的抗美援朝战争中,与当时世界公认的装备最精良、战斗力最强悍的美国军队为首的“联合国军”却打了个有来有回、旗鼓相当,让全世界震惊不已。中国靠的是什么?思来想去,只能是国家通过新制度把优秀的老百姓组织起来了,因而能够迸发出强大的力量。

治黄能够最终获得成功,依靠的同样是制度、组织的力量。黄河灾害牵涉面甚广,治黄是一项系统工程,单纯依靠部分地区的单打独斗、各自为战,注定不会有出路。1855年黄河下游改道后几十年间,清政府指导下的治黄实践一塌糊涂就很好地注解了这一点。新中国成立后,治黄实践从来就是在统筹规划前提下各地区各部门各司其职,在这种组织形式下,各种治黄力量被统摄在一起,发挥出了最大的合力。前述1946—1947年黄河能够顺利回归山东故道而没给下游沿岸造成大的危害,正是靠着渤海区党委、行署及山东黄河河务局的统筹指挥。更重要的是,这为治黄步入正轨起了一个好头,启发人们治黄是一个系统工程,需要一个统一、有力、制度完善、方法科学的领导核心。

新中国成立后,党中央高度重视治黄工作。1952年毛主席号召“要把黄河的事情办好”,此后几十年间,邓小平、江泽民、胡锦涛等党和国家领导人都曾分别对治黄作出重要指示。党的十八大以来,习近平总书记多次深入黄河沿线考察调研,并主持审议了《黄河流域生态保护和高质量发展规划纲要》,对黄河保护治理进行了宏伟的战略布局。

全国一盘棋的统筹能力,对政策坚定贯彻的执行能力,是新中国制度的明显优势。历史上治黄不成功的重要原因之一,就是很难做到对整个黄河流域的统筹,难以形成完整的治河体系,治理措施多局限于下游地区。1855年黄河铜瓦厢决口后,治黄的烫手山芋被甩给了地方政府(尤其山东、河南),造成了分省而治的治河体制,多年间黄河得不到统一治理。1929年,国民政府也曾决定组建黄河水利委员会以统筹黄河治理，但孱弱松散的国民政府终究无力承担如此重任。只有中国共产党接手治黄大业后，在优秀的统筹能力和强大的贯彻执行力下，历经多年努力，目前已基本取得治黄胜利，实现了大河安澜。1955 年，第一届全国人大二次会议通过了《关于根治黄河水害和开发黄河水利的综合规划的决议》，黄河治理进入了有计划、有步骤治理的阶段。“国家相继批复实施黄河近期重点治理开发规划、黄河流域综合规划，优化治黄整体布局。黄河治理体制也由初期的分区治理走向联合治理，成立了全流域综合管理的流域管理机构，管理职能不断拓展，在上中下游都设立了分支机构。与规划要求相对应，逐步形成了‘上拦下排、两岸分滞’处理洪水、‘拦、调、排、放、挖’处理泥沙的综合治理方略。黄河下游的特殊区域——滩区……从‘废堤筑台’到滩区运用补偿再到滩区迁建，进而到滩区综合治理设想提出，治水治沙治滩实现统筹……”

大安定村村民对治黄取得胜利的认知朴素又准确，村民们对于内情或许不熟悉，但却都明确知道中国共产党领导下的治黄，已经不再是一个村、一个地区力求自保的单打独斗，而是政府与民众，科学家与军队，从上游到下游的整个黄河流域，全都拧成了一股绳在发力，这就是治黄的最大底气。所以哪怕遭遇黄河发大洪水的年份，他们也不恐慌，反而很有信心。一名逾七旬的村民说，从他记事起黄河大堤就没有特别危险的时候，也就是 1976 年，黄河水上到大堰根了，(离顶)也就还有米数，但也是有惊无险。还有村民说，为什么洪水少了？现在黄河上游有水库拦截着，不让水一下子下来。以前的时候水一下子下来，到了坝前就危险，现在上边水库拦截了，把黄河水先存着一部分，慢慢往下放。现在去看黄河水有时候很大，那是人为的调控，都在掌控范围内。

村支书张明华和调研组聊治黄时说：“历史上哪一代皇帝治理黄河也没彻底成功，说实话就是我们(新中国政府)治理好了。其实谁都想治好(黄河)，但以前不是从根上治，经济条件、实力都不行。(新中国成立后)理念变了，不是哪里涨水治哪里，而是从根上治了。”

第二是依靠科学治黄。新中国成立前期乃至成立后的相当长一段时间内，治黄大部分靠的还是人力，治黄相关的科技不够发达，治黄的科技参与度较低。这不但给沿黄居民增加了负担，更令治黄效果大打折扣。如何借助科技力量提升治黄效果，成为治黄的核心问题之一。

在人力治黄方面，广大河务人员与沿黄居民在实践中不断摸索新方法以追求省时省力高效。正如前文所述，早先用秫秸垒草坝坝头，砸桩拴草绳帮着固定，或用柳条子捆以增加坝体坚固度；到后来就用铁网子装上石头推下去，省力又坚固;还有把烧柴火的草木灰撒在冰面以协助炸河冰等。这些方法都在一定程度上减轻了群众的治黄负担。

在机械治黄方面,开发出多种协助治黄的针对性机器。山东省"除科研计划项目外,基层单位结合生产实际大力开展科技创新……'引黄放淤固堤经验'等 5 项获得国家成果奖励,'钻孔桩群桩工作机理与承载力的试验研究'等 5 项获水利部成果奖励,'桩机开敞式水闸'等 25 项获得山东省成果奖励,'电法探测黄河堤坝隐患实验及推广应用'等 52 项获得黄委成果奖励"[①]。诸如虹吸管、简易吸泥船机、泥浆泵、多功能压力灌浆机、智能堤坝隐患探测仪、软帘展开机、应急照明车、根石探测机、路缘石开槽机、液压堤顶刮平机、多功能堤防工程车、引黄闸微机自动测控设备等先进机器的介入,极大解放了人力,提升了治黄效果。

此外,从根本上解决问题的是调水调沙。"据水利部最新数据表明:调水调沙实施 21 年来,黄河下游主河槽平均下切已达 3.1 米……黄河'地上悬河'的历史正在被改写!……因为解决了旷世难题,'黄河调水调沙理论与实践'技术获国家科技进步一等奖……"[②]

治黄是一项系统工程,其中最关键的两点,一是政府的组织贯彻能力,二是科技的巨大助益。新中国成立后的制度优势和科技发展优势,保证了治黄成功,实现了中国人几千年来"大河安澜"的夙愿。大安定村村民对于治黄的一些具体政策与技术,可能并无太深入的接触和了解,但他们直观而深切地感受到,已经有多少年不再为黄河大堤出工了,已经多少年没有经历过惊心动魄的大堤抢险了,又有多少年不必心惊肉跳、可以睡安稳觉了。与无数已长眠的先辈相比,他们幸运地亲眼见证了大河安澜。多年前祖辈们给村子起名"大安定"时,大安定还只是他们遥不可及的夙愿,现在不经意间,大安定却已经梦想成真,名副其实。

四、大河安澜与民众栖居

黄河作为中华民族的母亲河,在给居民带来深重灾难的同时,也一直无私

---

① 山东黄河河务局编:《大河丰碑:纪念山东人民治理黄河 60 年(1946—2006)》,齐鲁书社 2007 年版,第 216 页。

② 马姗姗、谢文、邢宇皓:《这些年,我们创造的奇迹①:黄河"地上悬河"历史正在被改写》,《光明日报》2022 年 12 月 29 日。

地哺育着两岸百姓。尤其现在大河安澜的目标业已达成，黄河已由“利害兼有”而转变为有利无弊。用大安定村村民朴素的话说就是：“现在村民们关于黄河的观念正处在转换期，以前黄河是害大一些，现在全是利了。”这种利，主要体现在两个方面：一是为生产生活提供材料资源，二是给居民提供舒适的宜居生态。

（一）黄河下游水资源的利用

“黄河之水天上来，奔流到海不复回”，滔滔黄河水在黄河资源中占据重头。由于气候变化与现代化建设的因素，中国北方地区尤其城市日益缺水，任由黄河宝贵的淡水资源汇入渤海，无疑是巨大的浪费。

1.引黄工程

国家的引黄工程，目的是充分利用黄河下游的淡水资源，以滋润缺水的北方地区。大安定村村民们略带自豪地讲：“天津是（用的）黄河水，山东的青岛、烟台，都是咱这里过去的黄河水。”引黄入津的水源地是山东省东阿县的黄河位山闸。对山东本地来说，引黄济青工程、胶东调水工程（引黄河水到烟台、威海，是在原有引黄济青线路中途分流，把水调到烟台、威海）是利用本地黄河水资源的大手笔。引黄济青工程于 1986 年开工，1989 年正式通水，设计向青岛市供水 30 万立方米/日，30 年来累计引水 94 亿立方米。引黄济青工程取得的效益明显，有 2000 万人受益，极大缓解了青岛市的缺水难题，青岛市生活和工农业用水得到强有力的保障，引黄济青工程也因此被誉为“黄金之渠”。引黄济青工程的起始点在滨州市博兴县的打渔张引黄闸，大安定村河段往下游 20 公里即是此处，无怪乎大安定村村民提起引黄济青颇为自豪，说青岛、烟台、威海用的水是“咱这边过去的”。

2.居民用水

近水楼台先得月，滨州本地居民在使用黄河水方面更加便捷。大安定村西北不远的南海水库是滨州市重要的饮用水源地，南海水厂坐落在南海水库的西北角。渤海十八路纵穿南海水库中央，把南海水库分成东西两片大面积水域。极目望去，烟波浩渺，有岛屿点缀其间，可谓风景优美。现道路两侧近水处已用隔离网封闭起来，禁止无关人员进入。前几年南海水库还立有观音菩萨塑像以与南海之名相应，据说也曾吸引周边不少善男信女前来祭拜，后来因故拆除搬走。虽说有些辜负了美景，但为确保水源安全，倒也很有必要。

虽毗邻黄河，但 2005 年之前，大安定村村民的生活用水并非黄河水，主要还是采自浅水井的地下水。20 多年前，在大安定村西南和北边分别有老井一口。村民回忆,村西南的那口井为甜水井(推理起来,村西南临近黄河大堤,其井水大概率为黄河水渗入,故为甜水),适合饮用,但水质逐年降低,后来也逐渐废弃。村北边的井则是咸水井(推理起来,村北离黄河大堤较远,黄河水较难直接渗入,即便渗入,也会因过程中溶解土壤盐分而变咸),并不适合饮用,后因建高速公路,北井也被毁弃。除了两口公用水井,也有部分村民自家打地下井供给生活用水,牲畜用水则多使用引黄河水入渠的小开河里的水。总体来说,浅水井的水日常家用尚可,但作为饮用水则水质较差。村民讲,家里抽的地下水比较浆(稠),有点咸,是碱水。浅水井水质不佳,村里只好把眼光投向深层地下水。2001 年以后,大安定村集体花费 2 万元,在村东南角打了一口深水井,并安装水泵,建设基础输水管道,把深井水输送至每家每户。这套输水管道也为日后村庄供水系统升级打下了基础。深水井的地下水,相比浅水井的地下水,受盐碱影响较少,水质上有了长足改善,基本满足了村民的饮用水需求,但仍存在着用水不便的问题。而且长远看来,长期开采深井水并不是长久之计,守着滔滔黄河水却不能为我所用,类似于捧着金饭碗讨饭吃,所以引黄河水为家用就逐渐提上日程。

2005 年,经过政府和村庄共同努力,大安定村用上了自来水。南海水务公司从南海水库(水源为黄河)汲水,再统一净化成自来水,经由优化改造后的供水管道输送至各家各户。2015 年,村里又安装了 3 台供水加压装置以应对用水高峰,保证了 24 小时不间断供水。滔滔黄河水终于变身成自来水走进大安定村的农户,村民无不骄傲地说,现在自家的用水都是南海(水库)水。自来水费用由村集体统一承担,这也是一项贴近民生的村民福利。

自来水水质相比以前使用的地下水有了很大提升。村民们反映说,黄河水好,水质(比地下水)好。但自来水虽可供村民日常生活使用,作为饮用水却仍然有些美中不足,现在专门的直饮水(纯净水或矿泉水)更得村民青睐。直饮水供水处在大安定村村委大院的东南角墙外。村里在 2018 年配备了直饮水设备,并预留了两个水龙头出水。村民们从这里接水回家作为饮用水。据来接水的村民讲,“井水(地下水)净杂质,还是这里的纯净水好,洁净。两个水龙头出的水并不一样,一个龙头的水适合沏茶,一个龙头的水适合做饭。水的味道不一样,是因为一个龙头的水掺上‘药’(应该是氯化钾、硫酸镁等添加剂,算是矿泉水)了,另一个没有加‘药’(算是纯净水)。起先那一年的水最好喝,掺的药多,有味,还不闹人”。张明广负责村委大院矿泉水设备的管理和清洁,按规定隔段时间对滤芯清洗一次。水源还是南海水厂提供的自来水,经由村庄自备的净水设备处理,制作成矿泉水或纯净水。本村每户村民都持有水卡,可以无限量用水,这又是一项方便民生的村民福利。开着三轮车载着大桶小桶前来接水的村民络绎不绝,成为大安定村的乡村一景。

3.沙土利用

除了黄河水资源造福村民,黄河沙土也被村民们利用。有村民说,以前黄河沙主要是用于建筑,在里面加上黏合剂,用蒸汽给蒸熟了,就是不错的建筑材料。不过现在用得少了,前几年还有几家工厂在用,现在则基本没有了。

(二)沿黄地区生态景观建设

习近平总书记在党的十九大报告中表述社会主要矛盾时,以“人民日益增长的美好生活需要”取代了以往“人民日益增长的物质文化需要”的提法。这一表述变化的背后,是人民群众在物质文化生活水平已得到很大提升后,会继续追求更高层次、更舒适生活状态的必然趋势。如前文所述,黄河不但实现了大河安澜,滔滔黄河水更为本地与青岛、烟台、威海居民提供了生产、生活用水的坚实保障。生存一旦满足,人们当然进一步想要享受生活,其对黄河的期待与要求,就会超越安全、供水的生存层面,而进入生态、高质量发展的更高层面。

与此背景相适应,2019 年 9 月,习近平总书记提出了“黄河流域生态保护和高质量发展”国家战略。2021 年 10 月,中共中央、国务院印发了《黄河流域生态保护和高质量发展规划纲要》。《纲要》中“建设黄河下游绿色走廊”“推进滩区生态综合整治”“建设生态宜居美丽乡村”等条目,给包括滨州河段在内的沿黄两岸地区,提出了生态保护建设的具体规划要求。

黄河淤背区的绿化是黄河生态建设的重要内容。淤背区是治理黄河的产物,是把黄河河道里的泥沙,借助水流作用输送到黄河大堤外侧,并沉积成依附大堤的带状土方区域。黄河下游地区的堤防淤背宽度一般为 100 米。由于黄河河道很长,淤背区的面积也相当可观,仅滨州市的黄河淤背区面积就达 1.5 万亩。淤背区归黄河河务局管辖,早年的淤背区主要是种植一些协助固堤的树木,到 2000 年左右,开始着力开发淤背区的经济价值。例如在 2010 年,滨州市河务局淤背区种植面积达 756.93 公顷,其中适生林 450.87 公顷,经济林 193.73 公顷,苗木 112.33 公顷,年产水果 100 多万公斤。现在,为了与《黄河流域生态保护和高质量发展规划纲要》相适应,黄河淤背区的建设更加往生态效益与高质量发展的方向靠拢。2021 年,滨州市发布《滨州市黄河淤背区绿化提升工程实施方案》,此后全面铺开了滨州市 6 个县市区的黄河淤背区绿化提升工程。

工程力争提升黄河大坝绿化景观效果，摆脱以前的“绿了就行”观念，从造林向造绿、造景、造福、造富转变，量与质兼抓，注重生物多样性，谋求打造黄河下游生态廊道的“滨州样板”。现在即使不到景区，而只在黄河大堤(大道)行驶，也能领略到令人心旷神怡的生态景观。

调研组在某村民家调研时，碰上其家人从外面回来，说是刚去了黄河小街湾玩。这让调研组对小街湾产生了浓厚兴趣，大家查询了小街湾的一些资料，并抽空驱车往实地观摩了一番。小街湾距大安定村 7 公里，沿着黄河大道行驶很快就能抵达。小街湾地处小街子村旧址，小街子村是典型的滩区村庄，距离黄河主河道很近。1998 年，黄河发大水，淹没了老村台，村子就搬迁了，此后原址出现了一些违章建筑。2019 年拆除滩区内违章建筑(其中一处规模较大的建筑就是后面涉及的某传统文化学堂建筑)，并启动了小街湾生态修复工程。现在的黄河小街湾景区有自然景观，也有人文景观，包括综合服务区、休闲营地区、绿植生态园三大功能区，有黄河之星广场、黄河微缩景观、休闲营地等板块。景区内绿树掩映，芳草萋萋，亭台水塘星罗棋布，兼之紧挨黄河河道，可谓风光旖旎。该地已成为滨城区沿黄滩区著名旅游打卡地。更值得一提的是，黄河小街湾景区与乡村振兴也紧密联系在一起，景区的黄河文化之星广场上，曾多次开展文艺演出活动。在政府扶持下，小街子村致力发展沿黄城郊型休闲观光农业，着力发展农家乐为主体的旅游，在优良的生态环境中栖居，在农业生态旅游中创收，呈现出了一种比较惬意的乡村生存状态。

黄河河道滨州段类似小街湾的去处不在少数，诸如蒲湖文化创意产业园、黄河植物园(2022 年 11 月规划，地处渤海十八路以东，黄河大道以北，距离大安定村仅 2 公里的张肖堂村，该村已完成拆迁)、黄河农事园、十里荷塘、打渔张森林公园等，不但是外来游客目的地，也给本地居民提供了修身养性的良好去处。

不过大安定村村民们最常去的，还是距离村子最近的秦皇河湿地公园。秦皇河湿地公园前身是在 20 世纪 50 年代所修建的张肖堂灌区的兰家四干渠，主要是农业灌溉用途。现在干渠周边基本已无农田，干渠就被改造成了生态湿地公园。这也是群众生活由“物质文化需求”往“更美好生活”提升的一个佐证。

秦皇河湿地公园全长 7.8 千米，设计宽度 226 米，规划绿地面积 85.9 公顷，水体面积 27.7 公顷。秦皇河公园南通南海与黄河，北接中海，由北向南分为河畔居城、郊野公园、沙洲湿地三部分。其中的沙洲湿地景区尤具特色，其主要通过湿地净化功能，把秦皇河上游的黄河水加以沉沙净化。秦皇河湿地公园绿化植被多样、绿树如茵，水量丰富、飞鸟齐鸣，其间点缀着各种特色建筑，风景宜人。秦皇河湿地公园属于景区，游客寥寥，旅游业并未充分发展起来，但却成为本地居民休闲娱乐的好去处。大安定村村民常到秦皇河公园娱乐休闲。村干部讲：晚上去附近的秦皇河两岸走走，听到有唱吕剧的，十有七八就是大安定村的。有的村民说，秦皇河湿地公园的优美景色带动了两岸房价的上涨。

在滨城区与秦皇河公园类似的还有新立河公园。新立河原是滨州市的排水泄洪河道，是一条脏河臭河。2003 年以后通过综合治理，新立河（公园）现已成为滨城区的一条重要绿化带、景观带，优美宜居的环境也带动了两岸房价的上涨。

2022 年 12 月 25 日，新华社账号发布了一段短视频，名为《黄河山东滨州段：流凌冰涛涌》。配文里说："从空中俯瞰，流凌在阳光的照射下闪闪发光，好似一朵朵盛开的雪莲花。冰涛涌动、野鸭成群，岸边的小小村庄……冬日黄河别样美。"多年以前令沿岸居民闻之色变，随时可能给沿岸居民造成灭顶之灾的黄河凌汛，现在已摇身变成一道美丽风景，让人不禁感慨世易时移。

对于黄河的百年变化，调研组作了总结。沿河居民以前是害怕黄河，治理黄河，利用黄河，现在则已进入享受黄河的阶段。村干部则说：根据上级的宣讲，黄河这里以后会成为老百姓的一个景观带。黄河已经和老百姓生活融为一体了，"我家里的黄河"这样一个理念正在逐渐形成。

第六章　乡村教育的时代录影

一、古朴的乡间办学传统

(一)旧时乡村的文化崇拜

千百年来,滨州地区的广大民众,世代延续着对文化人的崇拜,他们潜意识里送孩子进学堂读书的念想一直不曾熄灭。两千多年前孔子开创了“有教无类”的教育传统,让接受教育成为所有人的权利而非仅达官贵人的专利,下层民众只要家庭条件许可,就有资格接受教育。于是进私塾、学堂读书,就成为不少民众的选择,无论是为方便生活、求得一个饭碗,还是为出人头地。

新中国成立前,大部分庄户人不识字,他们面对能识字、写字的文化人十分尊敬。庄户人分家、买卖、申请、证明、写信、写对联、操办红白喜事等,都需要文书字据。自个儿没文化的话,就只能恭恭敬敬地奉上“润笔”,请有文化的先生来代劳,除此之外,别无他途。

大安定村的中老年人还依稀记得当年丈量土地、计算账目时,先生们端坐在那里快速拨动算盘的样子,那么沉稳,成竹在胸,让人觉得高深莫测。旁观者的敬羡之心油然而生。各地又常流传着谁家祖坟冒青烟了,后代参加科举考取了功名的传说,这更让人们相信读书人的高贵,所谓“万般皆下品,唯有读书高”。那时大安定村的老人对识字老看重了,他们对读书人常有这么一句评价:“上个学,学问还不浅来!”

既然平民也有受教育的资格,兼之骨子里对文化人的崇拜,村民们也就往往有让孩子念书的心思,这也是为什么大安定村及其周边自古以来就有乡间办学的传统了。远的不说,单说清末和民国时期,大安定村的乡村学校在周围一带就挺有名气的。

(二)清代私塾到民国学堂

明清时期的乡村学校多为私塾,顾名思义就是个人开办的学校,系官学的基础与有益补充,并与之相得益彰。这一办学形式在当时社会受到广泛认可,举办方法有三:其一是富贵人家聘请先生在家教授自家子弟,这种私塾又称馆或者家塾;其二是由村庄宗族共同出面,集体出资邀请先生设塾教学,教育对象多为本村本宗族子弟,这种私塾被称作村塾或是族塾;其三就是胸有点墨者(一般是秀才)自己开办私人学校教书授课,周边十里八村的子弟皆可来就读,这种私塾被称作门馆、教馆、学馆、书屋等。

古时早已有学堂之名,那时候的学堂就是学校。但到了晚清与民国,学堂则倾向于称呼具有近代教育性质的学校了,以示与传统的私塾的区分。学堂与私塾相比,要更官方、正规一些,教学内容更加贴近近代,规模往往也大一些。自近代西学东渐以来,晚清政府开始建设并推广近代学堂。1901 年清政府推动"停课堂(私塾)以广学校(学堂)",并于 1904 年颁布《奏定学堂章程》,对学制进行了规定,在 1905 年废除了科举考试。晚清政府的这些举措,标志着传统教育向近代教育的转变。民国时期,政府倡导国民教育,传统私塾更加不合时宜,全国各地多下达过"取缔私塾""兴办学堂"之类内容的行政命令,近代学堂逐渐成为乡村教育的主流。

具体到大安定村的私塾或学堂,其实存在延续的关系。学校还是那个学校,清朝时期性质偏于私塾,所授课程也多为传统内容,到民国时期就与时俱进,开设了与时代相适应的近代课程,也接受政府的监管指导,在保持私人属性的同时,也具备了部分官方性质。游传忠老人还记得 20 世纪 40 年代的一天他正在村里学堂听吴老师讲课,上面派人到教室悬挂孙中山的画像。这一回忆细节也证明,当时大安定村的学校已属近代学堂,接受政府监管,具有部分的官方性质。

(三)乡村学堂的组织形式

1.乡村学堂的话事人

晚清到民国期间,每个村子办的学校,都要话事人的支撑。自古以来大安定村就一直有这么个管办学事务的人,也一直有这么个地点(学堂设在村庄小院里,村民多称之为学屋)。学堂话事人大致相当于现在的学校校长,全面主持学堂的经营。之所以说是经营而不说运转,是因为在农村,无论私塾还是学堂都具有营利性质,是对教育的一种经营。

村中学堂话事人的主要工作,是负责联络上课的教师。私塾时期的授课,以识字读文为主,一两个塾师就足以胜任。民国时期近代教育普及,需要开设多门课程,一两个教师就难以胜任。这就需要多方联系不同专业的教师来授课。至于教师来源,主要是在本村以及周边村庄那些上过学念过书的,有一定专业能力的中下层知识分子。

20 世纪 40 年代初,大安定村学堂配备有三名教师。但上课的时候只用一个教师,另外二人在村里暂无教学任务,就赶到附近其他村的学堂授课,类似于现在的跨校兼课。游传忠还记得大安定村教算术的老师,每周赶过来上一次课。不来的时间,当是在家干活,或是奔波于各村学堂之间授课。村里的学堂规模小,学生也不多,授课教师在一个村办学堂授课的收益,远不足供给家庭开销,所以要多方找活计。通过学堂话事人的牵线搭桥、统筹安排,教师们游走在各村的学堂之间授课,尽可能地多劳多得,争取为家里多谋得一份稻粱。

村里学堂的招生、收学费,都需要学堂话事人操办。招生倒也不需太过宣传,十里八村的庄户人家,都晓得附近哪个村子有学堂,想孩子上学,直接送孩子过去就行了。话事人再跟家长交代好学费多少,按时收缴即可。

大安定村的私塾或学堂,与现时的私立小学,本质上相同。二者都是由私人开办以及管理,话事人或校长都要负责校园建设、联络授课教师、招生、收学杂费等事项。不管时代如何变化,教育行业的一些做法,古今并无不同。

2.乡村学堂的课程

不同时代的授课内容也有所不同。一般来说,明清时期的私塾主要以教孩童识字、写字、作文为主,多采用《三字经》《百家姓》《千字文》《弟子规》之类的教材。学生学完之后可以识字,作简单文章,顺便也潜移默化地给自己植入了教材中的三观。至于"四书五经",难度就要高一个等级,且主要针对有科举意向的学生而设,唯学童里的佼佼者方有机会学习,一般也需要转到更高级的学堂进行深造。1905 年晚清废除科举,此后"四书五经"再无用武之地,也就在教育中迅速失去市场。民国期间,乡村有些私塾仍然存在,但在属性和课程上已逐渐向近代学堂靠拢,很多采用了民国时期的通用教材。游传忠回忆说,20 世纪 40 年代初那批学堂学生,都基本没怎么读过孔孟之书了。

庄户人家的孩子上学,大多数还是为了日用,所以"博物常识课"就比较基础而重要。配套的教材有《庄农日用杂字》《名物蒙求》等,能够帮着庄户孩子认知日常生活中的事物、器具、农用常识之类。

写字(书法)在日常事务中最常用得到,故是必学科目。当时乡间主要还是写毛笔字,常用在文书、对联、各类民间礼仪中。习字课多从教师扶手润字开始,然后描红、写映本,进而临帖。学堂每天都安排练字的时间,称为“靠大仿”。游传忠说那时候兴“写仿”,上学堂第二年起就开始写仿。“巴(音)老师、吴老师,还有张加善的字写得真好。”当时学堂已配有黑板,不过老师写起字来还是习惯传统的竖写,不会从左到右地写,阿拉伯码字除外,不得不横着写。村民张明广在新中国成立后才接受小学教育,此时小学教育延续了学堂练毛笔字的传统,张明广的毛笔字写得很不错,他自称并没怎么认真练过书法,主要就是小学练毛笔字打下的底子,后来他到东北地区担任过生产队长,当时写宣传标语之类的工作,就是他负责。姚吉成教授撰文的《大安定村赋》,装裱了悬挂在村委办公楼的走廊,就是由张明广手书,写得很是板正好看,足令现在很多高学历者汗颜。

算术尤其珠算是比较实用的知识技能。大安定村学堂也设有算术、打算盘的课程。当时农村学堂里,阿拉伯码字(数字)已普及开来。20 世纪 40 年代初的学堂,从外面派来个老师来教算术,一星期来一趟,教的阿拉伯数字和加减乘除,因学的是洋人的数字,所以学堂学生也算是“洋学生”了。

3.小小读书郎的学费

民国期间,大安定村学堂办得有声有色。游传忠说:别看村子穷,这里还算有文化的一个村,有老师底子。周边的张茂、任家、(小)周家等,每个村子都有那么三两个孩子跑到大安定村上学堂。

童歌《读书郎》广为传唱已久,歌曲由音乐家宋扬采撷自贵州苗族山歌,创作于 1944—1945 年,至今已近 80 年了。贵州与山东相隔数千里,孩童上学的情形却是如出一辙。当《读书郎》的旋律响起,七八十年前孩童们蹦蹦跳跳上学堂的景象,宛在眼前:

小么小儿郎
背着那书包进学堂
不怕太阳晒
也不怕那风雨狂
只怕那先生骂我懒呐
没有学问喔无脸见爹娘
郎里格郎里格郎里格郎

没有学问喔无脸见爹娘

……

没有学问无脸见爹娘,其中一个重要原因,是上学堂是要缴费的。大安定村学堂那时的学费并不交钱,主要是交粮食。交几石粮食,由学堂话事人根据具体情况来定。学生数量多,每个人分摊的学费就少;学生数量少,每个人分摊的学费就多。还有杂费,孩子们上学要各自带几个秫秸捆过来,供学堂老师烧火做饭。

不同年级的学生学费有所不同。学生一般分为蒙学生(头一年来学堂者,称为蒙学生)和非蒙学生(上学满一年的学生)两类。蒙学生的学费标准和非蒙学生不一样,因为大部分来上学的孩子坚持不到一年,很多都是来过几次就不来了,所以蒙学生要单独有一个学费标准。至于那些能坚持上满一年的孩子,不出意外都会成为长期在校生,所以是另一个学费标准。只要上学满一年,此后每年的学费都是一样的。

(四)求学与成才步履维艰

1.动乱时代的艰难求学路

动荡年代,想要安静地教学或读书,简直是一种奢望。游传忠的童年正值抗日战争时期,他还记得日本侵略者控制滨州地区的时候,那个苛捐杂税真是了不得。他更记得在学堂读书时,大安定村经历了三次惊心动魄的扫荡。最后那次来扫荡,日伪军把孩子们的课本从里边撕上几页当擦屁股纸,写仿(练毛笔字)用的纸,也给糟践了。他们还把留在教室的七个算盘子给支起来烧了烤火。提及此,游传忠仍恨恨不已:“你想想,那不是叫净踢蹬吗?”

学堂的老师也被抓去当向导。当时老师没来得及收拾,直接蹬上蒲窝鞋(庄户人用蒲草编的草鞋,较为保暖)就出去了,一直走到了开河(疑似今滨城区大开河、小开河村附近)。趁日伪军不注意,老师偷着藏到秫秸团里,确定他们走远了才敢爬出来。从大安定村步行到开河得有20里路,蒲窝鞋磨脚,满脚底磨得都是泡,没法走路。老师就雇了一个推车子,坐在车子上被推着回到大安定村。这次能够捡条命回来,也算是不幸中的万幸了。

大安定村学堂在战乱中的这些遭遇,在那时的中国是相当普遍的。别说小村庄的学堂,就连国家最高学府北京大学、清华大学、南开大学,不也在战乱中被迫南迁组成了西南联大,到处颠沛流离吗?动荡年代的学校教育之艰难,从北到南,自上而下,无论大小,全国皆然,所以一句“华北之大,放不下一张安静的书桌”能够一下引起无数国人的共鸣。抗战胜利那一年，滨州就解放了。学堂里教书、上课，起码人身安全是有保障了，心安了。总之，没有和平安定的国内环境，哪会有书声琅琅？

2.学堂成才的比例很低

庄户人即便节衣缩食送孩子进了学堂，想要学有所成也是概率不大，原因有二。

其一，蒙学生（上学不满一年的学生）的淘汰率很高。民国时期的乡村学堂，教学管理比较粗放。游传忠讲，为什么那个时候上学的少呢？很多孩子来学堂待上几天，老师一看还没上道，就没那么大的精力和耐性等着其适应和进步。既然不是读书的料，成不了才，那别浪费学费，赶紧散伙，快点（回）家去干活吧！所以虽然人人可上学堂，但现实中是大部分孩子从一开始就被淘汰了。

其二，就算念完了学堂，在民国时期出路也并不多。学堂出来的人最多的就是当记账先生，或者当老师，用现在的话讲叫就业面狭窄。庄户人觉得能够认出票子、钱币，能够打算盘算个账、写文书、写对联，满足一些日常需要，上学的目的就达到了。至于农村里的那些活计，如种地，卖包子、馍馍、青菜，确实也用不到什么文化知识。上述情况打消了很多农村人上学读书的念头。新中国成立后情况就变了，国家能提供更多的工作岗位，很多岗位有文化水平要求，这时候读书人方才显出优势。

二、大安定村办小学录影

（一）识字扫盲运动回忆点滴

1956 年，中共中央、国务院颁布了《关于扫除文盲的决定》（以下简称《决定》）。此后扫盲运动在全国各地轰轰烈烈展开。事实上，早在革命战争年代，在抗日根据地、解放区就已出现了类似的识字扫盲活动。扫盲教育主要是帮助广大不识字的群众认字，同时也宣传了革命思想。此后，识字扫盲的传统得以延续并不断扩展，1956 年的官方《决定》，只是对这一识字扫盲传统的肯定、深化与推广。

1954—1955 年，大安定村已开始了扫盲运动。为此需要先培训扫盲教师。大安定村算是乡里的扫盲试点，因游传忠上过学堂，有文化底子，就代表本村去乡里参加了约一个月的培训,学的主要是拼音(那时叫国音)。

大安定村的扫盲举措是办“冬学”和“妇女识字班”。办冬学是因为冬天是农闲时节,庄户人家空闲比较多,适合集中学习。办“妇女识字班”,主要因为旧社会女孩上学识字机会比男孩少很多,故青年女性成为扫盲的重点针对对象。游传忠回忆:那时识字扫盲分为夜校和午校,男劳力上夜校,女劳力上午校(晚上黑灯瞎火,女性外出不方便、不安全)。扫盲运动在农村群众生活中留下了很深印记,在山东省的沂蒙地区,“识字班”成为“青年女性”的代称,得到广泛使用。滨州地区倒较少以“识字班”指代青年女性,但老人们谈起扫盲,谈起妇女识字班,都有较深的印象。

至于扫盲效果,就有点一言难尽了。肯定会有部分人通过扫盲识了一些字,甚至达到能读书看报的层次,但更多学员恐怕是左耳进右耳出,把所学都还给了老师。这里有个例子。嫁到大安定村的王秀云,娘家在滨州里则镇的茅王村,她大姐、二姐没上过学,三姐、四姐只上过识字班。20 世纪 70 年代,皮革厂到茅王村招工,要求也不高,能写出自个儿名字就行。王秀云上过识字班的三姐连自己的名字都写不出,因此与进厂擦肩而过,事后每提起来这事就哭,说自己是吃了没上学、没文化的亏。所以扫盲运动效果终究有限,想要真正学习文化知识,还是得老老实实到学校接受正规教育。

(二)乡村小学私与公的性质

1949 年中华人民共和国成立,教育改革也随之拉开了序幕。大安定村原有的学堂,具有一定的私人属性。1952 年,大安定村的学校尚有 30 名学生和 1 名教师,规模也不算小,但在 1953 年学校却停办了,1954 年大安定村学生都转到附近的码头村上学。到 1957 年,又开办了大安定村小学。我们现在已难以查考学校停办又重办的具体内情,但 1957 年新办的大安定村小学,确凿无疑地褪去了私人属性,成为纯粹公办属性(村集体办)的学校了。

事实上,大安定村学堂的停办与村小重开,正是国家接管无数私立中小学,中小学性质普遍转为公立这一时代大潮中的一个小小缩影。1952 年 6 月 14 日,毛泽东主席在致周恩来总理的信中提议,如有可能,应全部接管私立中小学。此后学校的私转公在全国铺开,传统的私立学堂凤凰涅槃,步入了公立小学的正轨。

相比于私人属性的学堂,公办学校的一个最明显变化是儿童入学率大幅提高。前文提到,民国时期村里学堂“蒙学生”的淘汰率很高,孩子在学堂待上几天还不“上道”，就会被认为不是读书的料而遭劝退。公办学校则不然，普及文化教育是国策，政府主导管理的公办小学，不允许对受教育对象挑三拣四。来上学的孩子不管是不是学习的料，都要努力给教好。私人学校转公办后，初入学学生的高淘汰率就一去不复返了。现实中也确实有很多孩子，入学之初成绩并不好，但能够缓慢进步，最终成为成绩优异的学生。这种有后劲的慢热型学生，在民国时期的私人学堂里，除非家庭条件特别优越，否则极少能有成长的机会。新中国学校公办的一大功劳，就是保障了公民的受教育权。为从根本上杜绝适龄孩子的失学辍学，1986 年，《中华人民共和国义务教育法》颁布，接受九年教育不仅是少年儿童的权利，更是其义务。

公办小学的设立也让读书成本大大降低。私人属性的学堂，毕竟还是营利机构，要想方设法提高收入以维持运转。公立小学则不然，本质上是公益性机构，上学花费不能很高，一般农户都能承受。所以 1945 年滨州地区解放后大安定村出生的村民，小时候都或多或少上过几年学，具有一定的文化基础，这和民国时期相比，已是有了天壤之别。

公办学校也推进了教育上的男女平等。王秀云（1963 年生人）的娘家（里则镇）比较重男轻女，上面有五个姐姐、一个哥哥。大姐、二姐没上过学，哥哥排行老三，因是男孩一直读到高中，再往后的三姐、四姐就只上过识字班，等五姐到了上学年龄，女孩子上学已经比较普遍了，只要学习还可以，上到高中也不稀奇，王秀云就是高中毕业。倘若没有学校的公办属性，难以想象女孩子在农村重男轻女的氛围里，能获得充分的读书权利。

公办学校有政府、集体来做信用背书，处理一些事务的时候就有着独特优势。20 世纪 90 年代，大安定村小学有一年冬天没有烤火煤了，教师王仁堂跑到卖煤的那里买煤并要求赊账，因为村办小学背后有村委作信用支撑，赊账就比较顺利。此外，公办学校也更容易对教学内容进行管控。总之，公办学校自有其优势所在，当然改革开放后私立（民办）学校重又兴起，成为公办教育的有益补充，那是另一个话题了。

（三）乡村小学民办教师群体

1.乡村一线教师的苦与乐

曾多年任教大安定村小学的王仁堂、王秀云两名老师，谈起乡村一线教师生涯的苦与乐，有着太多的话要说。

那个年代教师的待遇还是很低的。王仁堂（1949 年生人）下了学，在村里干过一段时间的民办教师,但看到学校条件差,没有外找(外快收入),也就不干了。到1974年,大队书记又来找王仁堂去干民办教师。王仁堂还清晰记得民办教师补贴的变化,刚开始是一个月一块五毛钱,慢慢地三块、五块、七块、十五块,就这么缓慢地上涨。

教书与种地也不可避免发生冲突。王仁堂说这是公私矛盾的问题。他是民办教师,家有责任田,农活单靠家里人忙不过来。王仁堂白天得待在学校,只能瞅一早一晚的空到地里干活。别人家白天给地上水,他傍晚放了学,拿上手电筒赶到地里,熬夜给地上水。这样倒是也有好处,黑夜里给地上水的少,上水上得更快一些。地里种水稻,农忙插秧的时候,就得叫上亲戚、邻舍家的小青年来帮忙,自己管他们几顿饭。亲戚、邻舍家也都理解王仁堂工作太忙,乐意帮忙,就这么应付过了农忙。

教书也经常会顾及不到孩子。王秀云在村小教书那会每天就是学校、家里、地里三点一线地跑。学校里有学生要操心,家里一双儿女也要操心,地里七八亩的水田要操心。有几件事让她刻骨铭心。一次她去学校上课,让女儿留在家里,上完一节课就赶紧跑回家(学校就在村里),看见女儿正害怕地抓着门上的铁棂子,眼巴巴盼着自己回来,顿时心疼坏了,于是就带上女儿到学校继续上课。再一次是婆婆帮着带孩子,她年纪大了身体跟不上。王秀云回来一看,孩子满身泥,都看不清模样,衣服也找不到了,后来下大雨才把衣服从南墙根冲出来。再有一次,王秀云实在太累,想迷糊会儿,就让两个孩子在里屋自己玩。虽然又累又困,但睡得总不踏实,迷迷糊糊听着里屋孩子突然不说话了,她一个激灵坐起来,打开里屋门一看,地上放着个盛面粉的笸箩,俩孩子坐在笸箩里,浑身白乎乎的面粉,地上也到处是面粉。王秀云又好笑又心疼,看到地上的面粉还有能吃的,就赶紧把不太脏的面粉用刀铲了起来。

王秀云说,现在想起当时的苦,都不知道是怎么熬过来的。后来生活好了,她在学校看到年轻教师把没吃完的馅饼包子扔到垃圾桶,忍不住痛心疾首,她说浪费粮食,老天爷都不容啊!忆苦思甜,想想以前的苦,就知道现在的好日子是多么来之不易。

乡村一线教师工作当然辛苦,但他们不后悔,毕竟在艰苦之外,也有满满的收获。最让他们开心的无疑是学生考出好成绩。王仁堂说,教学不能误人子弟,教师这个职业,不干就不干,干就必须干好才行。王仁堂在村里当民办教师之初实行的还是工分制,整劳力干一天活计10分,上一天课才计7分,脑力劳动者在待遇上比体力劳动者差一大截。王仁堂跟村干部抱怨民办教师工分低,村干部就说:咱村学校的学生能考上几个初中,就给学校老师加几分。王仁堂也是较了真,回校后更加卖力教学,当年村小五年级毕业班只有 6 个学生,一下子有 4 个考上了初中,成绩相当不错,王仁堂心里乐开了花。村干部也不食言,给学校老师加了 4 分,这样老师的工分就是 11 分,比整劳力的 10 分还多一点。有个学生考初中,数学考了 90 多分,语文试卷却被报考学校弄丢了没成绩。王仁堂跑去找初中校长要说法,终于初中那边同意接收该生入学,一个学生的命运就此改变。多年后提起这事,王仁堂还是一脸自豪。

能得到学生的认可也是当老师的快意之事。王仁堂说,你对学生好,学生能知道,他也会对你好。王仁堂在林家小学代课时,班上有个叫林庆喜(音)的学生比较调皮,经常跟他作对。经过王仁堂一段时间的感化,林庆喜的态度就转变了,对王仁堂很尊重。有一次他跑到自家菜园摘了最好的果菜带给王仁堂,回头还跟家长说这是王老师要的,弄得王仁堂哭笑不得。

乡村一线教师的另一个好处是在村里比较受尊敬。庄户人盼着自家孩子能够上学成才,对一线教师都比较尊重。只要老师真心实意地好好教学生,村民们也都能看到。大安定村如此,其他村也是如此。王仁堂在林家小学代课时就住在林家村,深深体会到村民尊师重教的风气(其他同事说起来也有同感)。村里家长都要请老师吃饭,每家都请吃,推也推不掉。王仁堂后来离开林家小学时,村民都不让走,仍然是请吃饭,白天请了晚上请,幸好所教学生当年考得确实不错。

王秀云教的学生也多次考出好成绩。她第一年当民办老师,还是在娘家茅王村的村小。第一年教学,就给她分配了教五年级。没有教学经验的她,教得还不错,当年学生就考了本管区的第一。但评荣誉的时候教育组长说,王秀云是第一年参加工作,考了第一也不算。尽管没评上荣誉,王秀云还是特别高兴,学生成绩好,比评荣誉重要多了。

王秀云还特别喜欢孩子,喜欢跟孩子一起的感觉。从事教学累是累,但只要能跟孩子打交道,在她看来就是一种幸福。民办教师没有产假,王秀云怀孕后,想休产假就得找人替班。王秀云找了初中毕业的小姑子替班,她对小姑子千叮咛万嘱咐,一定要把孩子教好。王秀云说自己那时候就是舍不得离开孩子们,感觉学生和自己的孩子一样,忍不住要护犊子,谁说孩子两句她都不乐意。待到生完孩子坐月子,王秀云实在放心不下,就把学生叫到家里来,看着他们做作业、改作业。别人跟她说月子里用眼很不好,但她也管不了那么多,心里舒坦是最重要的。一线教学就是这样,苦并快乐着。

2.乡村民办教师的惶恐

由于师资力量跟不上,村办小学只能因陋就简,多半的老师是民办教师。《教育大辞典》关于“民办教师”的条目这样写道:“中国中小学中不列入国家教员编制的教学人员。为农村普及小学教育补充师资不足的主要形式……绝大部分集中在农村小学。一般具有初中以上文化程度……生活待遇上,除享受所在地同等劳动力工分报酬(1979 年后享受‘责任田’)外,另由国家按月发给现金补贴。”民办教师是那个年代中国农村小学教育的一大特色,据统计,1977 年全国民办教师数量达 471 万。这么庞大的民办教师群体,命运随时代变化而起伏,有着道不尽的喜怒哀乐。

民办教师没有编制,待遇也远比不上公办教师。前面提到公办教师有产假,民办教师就没这个福利。至于工资,王秀云转成公办教师后,工资翻了一倍多。王仁堂当年曾因为码头村代课教师的工资高一点,还跑到那边干了一年。

苦点、累点、待遇低点还在其次,民办教师群体的最大压力,是职业不稳定性,这让他们内心一直惶惶然。村小的民办教师职位有限,王秀云 1986 年嫁到大安定村,丈夫张训利在大安定村小当民办教师。村小就三个教师名额,王秀云要进村小当然不能挤走别人,张训利就把位置让给媳妇,自己出去另找活干。王仁堂在林家小学干了一年的代课教师(临时工),突然有一天杜店镇下了通知,说是所有代课教师一律辞退。林家小学校长通知王仁堂回大安定村,王仁堂非让校长给出个证明,证明自己回村不是犯了错误,是整个杜店的代课老师都不让干了。有了证明,回大安定村才好跟村里交代,爱惜羽毛是一方面,还能继续在村里当民办教师是另一方面。民办教师没有编制,不稳定,失业就像悬在头上的达摩克利斯之剑,不定什么时候就会落下,这正是他们所担忧的。

1978—1990 年,全国教育部门通过整顿教师队伍、中师招收民办教师、民转公等形式,民办教师数量从 1977 年的 400 多万缩减到 1990 年的 280 万。1992 年,国家教委等部门联合下发《关于进一步改善和加强民办教师工作若干问题的意见》,明确提出解决民办教师问题的“关、转、招、辞、退”五字方针,此后又有相当数量的民办教师被辞退。

王秀云回想起当年辞退民办教师的情形,还是后怕不已,她经历了两道关卡,都是涉险过关。一次是参加工作的年份问题。王秀云早年在娘家茅王村小学当了五年民办教师,1986 年嫁到大安定村,次年到大安定村小当民办教师。茅王村小的五年教龄没有带过来,王秀云就去找里则镇的教务组长,把五年教龄给带过来了。几年后民办教师的处理文件出台,规定凡 1985 年后参加工作的民办教师一律辞退，王秀云庆幸不已，要不是把教龄带过来，自己已然在被辞退之列了。第二次是对民办教师违反计划生育的处理。文件规定，1989 年 8 月以后违反计划生育政策的民办教师，一律予以辞退。也算巧，王秀云 1987 年头胎生了女儿，按规定，农村里头胎女儿的三十周岁以后才准生二胎。王秀云等不起，在 1989 年 6 月二胎生了儿子。要是生孩子迟那么一个月，按规定时间卡点，也会被辞退。

两次涉险过关，王秀云后怕之余又庆幸不已。有的民办教师运气就差一些，长江七路有个老师考上了北镇师范，已经被录取了，就因为第一胎是男孩而又生了二胎，档案就被打回来了。码头村的张老师，当民办教师比王秀云还早，也是因违反计划生育政策而被辞退。

3.民办教师转正之路

那时候所有民办教师的最大愿望，就是能转成公办，获得编制捧到"铁饭碗"。现在回头总结，转正有两种方法：一种是等待自动转正，另一种则是拿学历转正。

王仁堂年龄大，当民办教师的时间长，走的是自动转正之路。但由于学历实在太低，所以也是相当惊险。当时文件提高了教师学历标准，要求必须有高中及以上的学历。王仁堂只上到初中，学历不达标，就没有教学资格。他只好在一大把年纪又拿起书本读书拿学历，考进了教师进修学校。由于年纪大、学习能力差，十二门课程有两门不及格。好在学校体谅，对老教师有优待，给了他补考机会。读书拿学历过程中，他时而觉得太难，想放弃，但一想干了这么多年，总不能半途而废，终于还是沉下心来，挤出业余时间学习。最后花了两年通过了所有课程考试，拿到了中师文凭。王仁堂这才真正获得从教资格，底气也足了。大约 2000 年前后，出台了民办教师转正政策，他也顺利地转正。至于此后评高级职称，也是有运气成分在里面。王仁堂报名参评那一年还不需要微机证，当年他就评上了，而到第二年就需要微机证了，也算是他运气好。当然，评上职称比起转正来，只能算是锦上添花了。

王秀云走的是拿学历的路子。她跟同事一起考上了博兴师范进修，平时兼顾在小学教书，等隔了一年拿到了毕业证。拿了博兴师范的毕业证，转正也就容易了。她自我感觉想晋职称的话学历还是不够，就又报了小学教育专业的自学考试，到 2000 年拿到了自考本科毕业证，此后晋职称就一路顺遂了。

王仁堂、王秀云都由民办教师成功转为公办教师，在为他们高兴的同时，我们也不能忘记，有不少民办教师未能成功转正，他们同样为乡村教育作出了巨大贡献。我们无法为他们做点什么,但至少应该给他们道上一句谢谢。王仁堂说,别人的情况不清楚,但据他所知,有几个比他年龄还大的老民办教师,还是有一些补助的,这也算是些许慰藉吧。

2000 年的时候,民办教师群体已基本退出历史舞台。不过时至今日,我们又看到不少中小学还有为数不少的代课教师,他们的工作职责与正式职工并无不同,待遇却不可同日而语,更重要的是工作缺乏稳定性、安全感。很多代课老师致力于边工作边考编,像极了当年为转正而奋斗的王仁堂、王秀云他们。民办教师退出了历史舞台,代课教师却又登场,时代似乎在不断轮回,走马灯一样。

(四)撤点并校,集中教育资源

1.撤点并校与乡村小学消失

大安定村小学已在 20 世纪 90 年代末裁撤,成为历史。小学的校舍在荒废后被人花 10 多万元买下来,现出租给一家纯净水设备厂当厂房。外人从此路过,很难发现这里曾是书声琅琅的小学校园。但仔细分辨,依稀能看出已被封住的学校大门口,门口两侧是斜出的校训墙。挪作他用的校舍,给人们无声诉说着这里曾经的热闹历史。

大安定村小学的裁撤是合班并校或撤点并校的结果,并校的目的是"大量撤销农村原有的中小学,使学生集中到小部分城镇学校"。据公开资料,1997 年到 2010 年的 14 年间,全国农村小学减少了 302099 所。

农村小学的"撤点并校"也曾在社会上引发一些争议。有那么一段时间,网上出现一批关于撤点并校负面效应的文章,内容多是某处农村小学裁撤后,孩子们被迫跋山涉水到远处学校上学。很多被激发同情心的网民也对"撤点并校"表示不满。2007 年,教育部表示,农村小学和教学点的调整,要在保证学生就近入学的前提下进行,在交通不便的地区仍须保留必要的小学和教学点,防止因过度调整造成学生失学、辍学和上学难问题。有部分媒体将其解读为叫停对农村小学的强行撤并。

王仁堂和王秀云都亲身经历过农村小学的合班并校,他们都认为,合班并校总体来说是好事,对教育发展是有利的。合班并校的最大好处是能够集中教育资源,加强校园基础设施建设,集中师资力量实施分科教学,集中生源实施分年级教学。合班并校后,学校硬件好了,老师可以专心一处教好一个年级、一门课,学生可以不用再多年级混杂而影响学习了。合班并校使教学效率相对于以前的村小有了较大提升。

合班并校也不可避免导致农村孩子上下学没有以前那么方便了。农村小学设在本村,村里孩子们可以自己上学,合班并校后小学离家有了一定距离,就得有家长接送才行。南海小学规定,低年级(一、二、三年级)的学生必须由家长接送,放学时家长不来接就不放学生出校门。所以每到上下学时间点,大安定村不少老人或者家长便骑上电动车到几公里外的小学接送孩子。滨州地属平原,交通发达,接送孩子上下学相对还是比较方便,村民们基本也能接受。

总的来说,家长都希望孩子接受更好的教育,所以让家长自主选择的话,绝大多数家长还是会选择师资力量更强、教学效率更高的合班并校后的新校园,而放弃老破小、散养式教学的村办小学。

2.资源集中与教育软硬件变化

王仁堂于2009年满60岁退休,王秀云在2019年满55岁退休,他们各自在乡村小学岗位上工作了几十年,亲眼见证了乡村教育的软硬件变迁。

(1)乡村教育的硬件变迁

村办小学的硬件条件一般都不很好。20世纪80年代以前大安定村小学的学生在老校址上课,现在老校舍早已不存,张训堂家的宅子就是在当年校址上翻盖的。我们无从知晓那时村小的硬件情况,但老破小是肯定的,那个年代的村小基本都如此。据王秀云描述,1980年左右的茅王村小学坐落在一个小院,王秀云在南屋教了十几个学生。教室地面低洼,下雨返潮,窗户也稀巴烂,到了冬天呼呼进风,大人孩子都冻得受不了。为了把窗户堵住,他们用面粉和成糨糊,给窗户贴报纸,但没几天就被刮烂了。至于课桌,就是往砖头垛担上块木板,凳子是那种长条凳。后来桌面改良成了水泥板,桌面铺上一层棉子皮用以保暖。但小孩子活泼好动,很快就把棉子皮踢蹬没了。大安定村小学的老校园与茅王村小学当是半斤八两。

大安定村小学在1986年、1987年时实现了搬迁。当时村里嫌老学校太窄,教室房间少,条件差,打算盖新校园。地皮倒是好办,就选址在村庄东南角,但村里没有钱盖校舍。当时村书记吴即美、村主任张训周等人就去办贷款,结果没贷下来,只好赊账盖。新校园有十间红砖平房,一个院子,学校大门往北开,学生的活动场地宽敞了。校园校舍现在看来蛮普通,但当时在周边村子里算是比较好的了。

村小的条件还是挺艰苦。那时候镇里教育组长想要开个会,但各村小学都没有电话座机,只能确定一个村小做开会点,然后派学生到各村小学下通知。

有一年冬天,大安定村小学没有配备烤火煤,学生冻得直发抖,王仁堂就跑到一个卖煤的家里,以村委的名义,打欠条赊了点煤,学生们算是过了个暖和的冬天。临近春节,卖煤的过来收账,当时大安定村领导班子瘫痪,没人管事,更重要的是村里没钱,事情费了好多周折才解决。

乡村小学硬件条件的飞速改善,是从合班并校开始的。前文也提到,合班并校后,原来分散到各村小的教育资源被统一整合起来,容易集中力量办大事,乡镇小学的硬件条件也就得到飞速提升。仅以教学桌椅为例,以前各村小配置的桌椅简陋又不统一,合班并校后,则迅速完成了桌椅的统一配置,规范又美观。

目前大安定村的孩子上小学,大多是到 3 公里外的南海小学。南海小学服务周边的 25 个自然村,服务半径约 3 公里。公开资料显示,南海小学占地面积 27658.25 平方米,绿地面积 9956.97 平方米,体育场地面积 5500 平方米,设有篮球场、足球场和乒乓球场地。学校建有校园局域网,设有图书室、阅览室、仪器室、实验室、音乐教室、美术书法教室、综合实践活动教室、心理咨询室等。南海小学已经是一所现代化小学,其硬件条件是村小想都不敢想的。

(2)乡村教育的软件变迁

教育硬件指的是前述的学校基础设施,如教学楼、教学用具等。教育的软件则指师资力量、教学组织形式、教学理念、校风校纪等。此处主要关注的是乡村小学的教学组织形式。

大安定村小学上课采用的是复式班制教学。所谓复式班,是两个或更多年级的学生合在一起并成一个班。之所以采用复式班模式,主要是村小配备的老师少,同时学生也少(一个年级通常就几个学生),只能几个年级集中在一起上课,采用复式班模式也是无奈之举。1987 年,大安定村小学有五个年级,分成两个复式班。一、二、四年级复式班,由王仁堂负责,三、五年级复式班,由王秀云负责。两个老师负责五个年级的全部课程,相当辛苦。但这不算最辛苦,里则镇的南齐村小,五个年级(学生人数倒不多,一个年级几个人,五个年级也就 20 人)组成一个复式班,由齐世华(音)老师一个人负责教学。

复式班的教学场景现在看起来会有点混乱,让人难以置信。以一、二、四年级复式班为例,十几个学生在同一教室里,给一年级学生讲课的时候,二、四年级的学生就写字、做作业;然后给二年级讲课,一、四年级的学生就写字、做作业,以此类推。这种教学模式,老师辛苦,不同年级学生在一起又相互干扰,学习效果很受影响,但当时条件就这样,也是没办法的。

所有教学科目也是由同一个老师包揽，语文、数学还有其他副科，统统都得会教。后来大安定村小学调来一个中专毕业生叫周宗华，是音乐专业的，但在村小就别奢望专业对口了，照样得语文、数学、副科一起兼着。

1987 年村小还有育红班（相当于学前班、幼儿园），村里人忙，就把学龄前儿童托管在这里。育红班没有专门的门口，是一个教室分成外间里间，外间复式班上课，里间就是七八个孩子的育红班。过了几年，就不再叫育红班，改叫学前班了。

乡村小学软件状况的迅速改观，也是始于合班并校。合班并校并不是一蹴而就，而是逐步推进。就大安定村小学来说，先是村里小学高年级（四、五年级）学生转到蔡林联小上学，低年级（一、二、三年级）学生仍然留在本村小学，附近张茂、马张两村的低年级学生也转到大安定村来，且从那边跟着过来了杜宪明（音）老师。这么一来，年级少了，学生集中了，老师多了，教育效率提升了。再后来又进一步合班并校，大安定村小学就被裁撤了。

周边各村小学通过合班并校，最终合并成了前文提到的南海小学。公开资料显示：南海小学有 12 个教学班，教职工 35 人，教师学历达标率 100%。南海小学各科目老师，包括副科音、体、美的专职老师都齐备，每个年级的学生数量又足以组成两三个班。每位老师都可专心地教一个年级的一门科目，教学效率明显高于以前的村小。无奈又落后的复式班教学模式，已永远成为历史。

时代在发展，教育也会有新的对应问题不断涌现，教育是在处理一个又一个问题的过程中实现进步。以大安定村小学为代表的乡村小学，绝大多数已成为历史，但乡村教育的故事不会完结，只会转移，以其他方式继续讲下去。

三、教育投入与前景期待

（一）村民心中的教育成才榜样

以前城乡差别巨大，农民迫切想要走出农村。走出去主要有两条路子：一是当兵立功提干，二是上学读书拿学历。每个村子都会有那么一些幸运儿或佼佼者，通过读书走出农村乃至功成名就，有着悠久读书传统的大安定村也不例外。

大安定村第一个大学生是张洪雁（1931 年生人），走的是先工后读的路子。

1947年张洪雁到河务局参加工作,20世纪50年代单位派他到济南医学院学习,后又转到北京医学院学习,毕业后分配在德州结核病医院工作。他的孩子也很有出息,长子张庆曾任德城区计生局局长,二子张寨则在德州市人民医院当大夫。张加泉(1950年生人)中学毕业回乡务农数年后,于1971年进入北镇师专(即滨州师专,今山东航空学院)学习,1973年毕业后分配到莒县一中任教,1989年调回原籍,在滨州杜店中学任教,曾是政教主任、副校长、党委委员。游贵思(1952年生人)也算先工后读,在大安定村当了几年民办教师,1974—1976年到北镇农校读书获得中专学历,当时中专学历一般是包分配,能取得铁饭碗的。1979年他担任杜店公社兽医站站长。鉴于评职称对于学历有一定要求,在1994年,游贵思自学考试考入山东农业大学兽医专业后获得大专文凭,到2001年晋升为高级兽医师。周延军(1961年生人)1979年考入中央财经大学,后获经济学学士,1998年又获硕士学位。他早年在中央广播电视大学从事金融教育工作,2007年转向社区教育、老年教育。其著作等身,成果斐然。吴希恩(1970年生人)1991年毕业于山东省高级畜牧医学院,后来创办畜牧公司,成为知名企业家。张凯凯(1985年生人)是大安定村第一个博士生,2010年考入中国海洋大学攻读水产养殖专业博士学位,毕业后又从事博士后工作,先在青岛工作,后又调动到广州。村民们谈起这些通过读书走出去的成功案例,往往掩盖不住艳羡之情。

当年高中毕业不包分配,只有考大学一条路,考不上就得回家。但工厂到农村招工,一般都要求报名者有一定文化。村小的民办教师也有一定的学历要求,至于民办教师想转正、评职称,哪一样都离不开学历支撑。学历的有和无、高和低,很容易影响到人的一生。

直到20世纪80年代,随着教育的扩张发展,村里的高才生越来越多。《黄河古镇》一书对截至2019年大安定村所出的高才生作了不完全统计,学历学位从专科到本科到硕士、博士都有;专业覆盖面也很广,教科文卫齐全;就读的高校天南海北分布于全国各地,其中不乏名校。他们的小学一般是就近入学,多是在本村的大安定村小、合班并校后的蔡林联小、南海小学上学。待到初中、高中阶段则逐渐分散开来,有在本镇就近上学的,也有到远处市里上学的,很多人家在村外买了住房,不再住村。至于毕业后的去向,也是省内外各地都有,回村的屈指可数。

(二)村民的教育投入

在家庭支出方面,恩格尔系数表示食品支出总额占个人消费支出总额的比重。随着经济发展与生活水平提高，满足最基本生存需要的柴米油盐等食品支出的占比一般会越来越低，满足发展需要的教育支出占比会越来越高。到现在，房产和教育往往是家庭经济支出的大头。

村民王志强有两个女儿、一个儿子。其妻子说，现在南海那边的公立幼儿园一个月要 1000 多块钱，相比之下，私立幼儿园的学费要便宜(一些特别高档的私立幼儿园另当别论)，5 岁儿子被送到了附近村的私立幼儿园，每个月 700 多块钱。家里只有王志强一个人有收入，上私立幼儿园能省点钱。村民王悦策的小孙子在公立幼儿园上学，据他说学费每月 1000 多块钱。

进入义务教育阶段，小学和初中不收学费，但孩子上学的花费其实并不少。一个重头就是各类学习班、辅导班费用。孩子们一般都报名上辅导班，辅导班又分两类：一类是语文、数学、外语之类的主科辅导班，另一类就是特长辅导班。大部分家长给孩子选择主科辅导班，考虑的是学习考试科目更有用。有村民反映，早些年在附近张官商贸城那里有主科辅导班，后来因为拆迁就撤了。辅导班在周六、周日开课，语、数、外共三节课，每节课 50 块钱，一周是 150 元。已经进城的家庭选择特长辅导班要多一些，课时费也更高。王悦策说他的大孙子报过钢琴、美术、音乐等辅导班。学习特长(尤其艺术考级)对升学具有一定作用，有家长反映说，孩子当年参加北镇中学特长招生，别家孩子拿出厚厚一摞艺术考级证，考官眼睛马上亮了，认定该生优秀。自家孩子虽学过不少特长，但并未积极考证，这时就吃亏不小。采访中也有部分家长并未给孩子报辅导班，主要是认为上辅导班效果没有上课认真听讲强，且远了需要接送。即使距离近，不少辅导班的工作内容就是看着孩子做作业，所以没有必要报。家长给孩子报辅导班，还有一个重要的心理原因是攀比：别家孩子都上辅导班，自家孩子如果不去上就会有一种紧迫感，感觉让人家给落下了，因此自己也得上，这也算是一种“内卷”吧。这两年国家的“双减”政策对于学科类(非特长类)辅导班有较大影响，但中考分流改革又让家长焦虑于“孩子考不上高中该咋办”。这使得对学科辅导班的社会需求进一步提升。

有的孩子上的是收费较高的寄宿制学校。2012 年，村里王志民、刘爱滨夫妇正处在事业的起步期，工作非常忙碌，只好让女儿上了寄宿制学校，吃住基本都在学校，一年的学费 16800 元。刚开始怕孩子不适应，还是住校一天接回家一天，适应了才不再接。谈到寄宿学校，前面提到的建在黄河滩区的某传统文化学堂也值得一番说道。附近村民讲，该学堂是封闭式寄宿制学校，招收的学生从 6 岁到 20 多岁不等，学校大概 300 名学生。此类学校多有某种鲜明的教学特色,该学堂就以教授儒家文化内容为主打招牌,类似的还有以武术为特色的寄宿制学校。该传统文化学堂里几乎没有本地学员,大部分是南方家庭把孩子送过来,是全日制的寄宿。家长每隔一定时间打学费过来,村民也不清楚学费具体多少,但是传言不低,说是每个月得大几千块钱。

在孩子教育方面,除了直接的学杂费支出,也不免其他一些支出。例如接送孩子就非常耗费精力。家长们说起自己小时候都是自个儿走着上学,家长管得少。现在的孩子则需每日接送,这就极耗精力。接送孩子的任务常常落到爷爷奶奶的肩上。在大安定村,周一到周五早上及下午的固定时间,会有电动车络绎不绝地出动,基本都是去附近小学、幼儿园接送孩子的。此外进城买楼固然有改善生活的考虑,但也有方便孩子享受更好的教育资源、就近上学的考量,应该也算教育投入之一种。

(三)村民对教育的前景期待

村民们在孩子教育方面投入巨大,对于教育收益当然会有所期待。这种期待大致分为以下四类。

1.追求高层次学历

有部分家长包括学生,都希望能进一步深造,追求高层次的学历(起码是硕士,最好是博士)。家长忧心的一般是孩子的学历不够高,找不到好的工作。有村民抱怨:自家孩子上的某技术学校,毕业后学校给孩子在外地随便推荐了个小单位干活,孩子觉得不满意就没去,现在还待在家里。

村民王志强的大女儿在河南商丘上大专(师范)二年级,目前正在甘肃支教。孩子的计划是专升本,以后再考研究生。考虑的也是高学历能够找到更好的工作,家里对此比较支持。

村民舒凤前几年从市交运公司退休,她希望自家孩子能够取得较高学历。她以自己为例算了一笔账。小时候家境艰难,只能勉强读完初中,后来找工作进了交运公司。现在退下来,每个月退休金不过3000多元。相比之下,有个同学上的中专,学历比自己高,目前工资是5500元,过两年退休,到时每个月能拿7000元。学历低了吃亏不小,能拿学历就一定要继续上学,以求找个好工作。

张梦瑶的家长希望其当老师,她接受了父母建议,在2021年报了曲阜师范大学并被录取。她说,曲阜师范大学以考研“神校”著称,其中化学系的考研率最高,2022年甚至达到90%。她也打算考研,想考个层次高一些的大学,目前考虑的是中国海洋大学,不过暂时没有考博计划。自己最中意的工作是当老师，她梦想毕业后能成为高中老师，工作虽然苦累，但是喜欢那种忙碌充实的感觉。

2.考取编制职位

企业单位和事业单位的待遇很不一样。调研组访谈中，工资收入是一个必谈的话题。20世纪90年代从工厂办理退休的村民，现在退休金能拿到3000多元，而（前几年）从教师岗位上退下来的村民，退休金是其二倍。再参考这三年的疫情，事业单位似乎确实更稳定更有保障，也难怪考公、考取编制成为热潮。

有的村民收入尚可，但做的是重体力劳动，工作比较辛苦，现在年轻还能撑得住，以后年龄大就做不动了。谈起孩子教育，他们普遍希望孩子能努力学习，拿到高学历，最终找个好工作（最好是有编制的工作），不必再像自己那样“卖苦力”辛苦一辈子。

王悦策之子王亮亮，2008年毕业于吉林司法警校。他毕业后先是在公安局当了3年特警，到2011年考取事业编制，进入邹平市民政局（当时报名考试者600多人，最后仅录取了数人）。工作几年后觉得还是公务员更好，加上邹平离老家父母偏远（每周才能回家一趟），于是闲暇时复习备考考取了公务员，现在淄博市高青县（虽说跨市，但离家比较近）司法局工作。

王悦策对儿子的公职身份很是满意。他说，现在（家长）都比较重视教育，希望自己的孙子也能够成才，目标就是成为公职人员。村里近些年来出了不少公职人员。公职人员虽然发不了财，好处是比较稳定。做生意、经商的虽有发大财的，但真正能成功的很少。

3.实现阶层跃升

无论拿高学历还是考取编制职位，说到底还是为了找份安稳工作，仍然是为稻粱谋，远谈不上阶层跃升。以大安定村第一个博士生张凯凯为例，调研组想去他家进行访谈，却碰到铁将军把门。邻居说：张凯凯在南方上班，一般难得回老家一趟，张凯凯父母则出去务工了。即便儿子是高学历，有着外人看来体面的工作，其实说到底仍是工薪阶层，算不上阶层跃迁，无论自己还是父母，都还要辛苦工作。

村民舒风接触的社会成功人士较多，可谓见过大世面，在教育观念上，特别希望自家孩子通过教育实现阶层跃升。她给调研组举了一个朋友的例子：朋友的儿子在青岛、北京工作，从事软件行业，年薪能轻松过100万元，可谓典型的成功人士。舒风期待自家孩子以后也能与此类似。她希望儿子能够从事喜欢的行业，收入丰厚，身份地位高，成为社会成功人士，也就是实现阶层跃迁。

因为这种教育期待,舒凤在孩子教育上特别舍得投入。投入包括金钱上的,也包括精神上的。女儿小学毕业,她就送其到青岛的新东方学英语,后又转到北京新东方学校。丈夫抱怨这样的投入产出比太低,他跟舒凤算账:"去新东方学两个星期,学费 4500 块,加上来回路费,算起来学一个单词得花多少钱?"舒凤则坚信自己的选择:"去新东方学习不是为了学几个单词,而是让孩子融入那个环境、氛围,让她喜欢上这门课程。"她女儿英语一直很好,从小学到大学,一直是班级英语课代表。她还给女儿报名参加了各类特长学习班,钢琴、古筝、长笛、舞蹈、指挥、健美操等应有尽有,并非是要贪多求全,而是希望女儿能从这些选项中找到最喜欢、最擅长的方向。女儿还上幼儿园时,舒凤就带着她出国游历,新加坡、马来西亚、泰国走了一圈,目的是见识外面世界的繁华。舒凤的一个教育理念是,人出去和不出去,境界(眼光)是不一样的。从小见过大世面的孩子,定下的人生目标就会更高远。

4.开放的教育期待

刘爱滨(王志民之妻)的教育理念则又有所不同。刘爱滨出身商人家庭,父亲从事五金球阀类的生意。刘爱滨回忆自己十几岁时,父亲给她一个地址,让她去那送货并把货款带回来。当时她心里很是打怵,但是经历得多了也就锻炼出来了。她说自己嫁到大安定村的时候,村里还很穷,父母不太乐意(自己嫁过来),而自己则抱着"穷不要紧,还年轻,能搏一搏"的心态,准备到这边来创出一番事业。

在这种家庭背景下,刘爱滨对受教育拿学历持较开放的态度。她对女儿的学历要求是至少上完高中,其他就不过多干涉了。以后或者上班,或回来做店铺,只要不违法就行。她跟女儿说,你要是想学习,想找各科辅导老师,我都可以花钱给你找,只要你有兴趣、有动力。但不要指望如果考不上高中,我会花钱给你买上,咱不能开这个头。

刘爱滨认为,如果孩子不是学习的料,硬拿钱去填,去追求学历,就是在糟践钱。很多家长不懂得怎么疼孩子,以为投入多就是对孩子好,其实不然。现在很多孩子抗压能力差,跟父母的娇惯溺爱有关。孩子犯了错,该批评就批评,经历摸爬滚打,社会适应能力才强。刘爱滨的女儿刚参加完中考,她就让女儿在自家店铺里帮忙,从早上九点忙到晚上十点打烊,亲身体会工作的艰辛。如果孩子愿意读下去拿学历,家里一定鼎力支持,但如果没兴趣拿学历,家里也不勉强。相比起拿学历来,接受工作生活的历练,培养吃苦耐劳的精神和闯荡创业的勇气,可能要更重要一些。

第七章　村庄管理的组织运行

一、农村管理形式的变迁

学界常把新中国成立以来村级组织与权力结构的变化过程大致分为四个时期[①]：一是政权初建与巩固时期(1954年之前)，二是合作化时期(1954—1958年)，三是人民公社时期(1958—1982年)，四是"乡政村治"时期(1982年至今)。大安定村70多年来的组织与权力结构变迁，比较典型地体现了上述变化过程。《黄河古镇》一书给出了1945年迄今历任村领导的名录，从中可窥见农村管理组织架构的变迁之一斑。

(一)1954年之前的政权初建与巩固时期

该段时期的村级组织主要包括村政府和农民协会。1945年日本投降，滨州地区很快获得解放，中国共产党全面实现了对当地村庄的控制管理。首先是设立村政府，这是新中国成立前后中共农村基层政权组织之一。1945—1949年，大安定村(村政府)有三届村主任，分别是张云荣、刘庆岭、李德仟。1949—1954年，村主任是张登尧、游泽恩，副主任是游传忠。其次是设立农民协会，农会的主要工作内容是土地改革，目标是发动和组织农民，巩固乡村政权。这一时期大安定村贫农会的会长是游广兴，成员代表有王悦增、张玉鹤、周玉和、游广德、吴存海。"土地改革和税率提高使国家政权空前地深入自然村。旧日的国家政权、士绅或地主、农民的三角关系被新的国家政权与农民的双边关系取代了。"[②]

---

① 参见黄荣华：《重组与嬗变：建国以来村级组织与村庄权力结构的变迁》，《武汉理工大学学报》(社会科学版)2014年第5期，第788—792页。

② [美]黄宗智：《长江三角洲小农家庭与乡村发展》，中华书局2000年版，第173页。

1953 年,全国大部地区完成土地改革,各地乡村政权已经普遍建立,农会也就悄然退出了历史舞台。

在村政府和农会的管理下,还有农村妇联、共青团、儿童团等新型农村组织的设立。大安定村里设有妇救会,会长为王爱荣、段美玉,妇救会的主要工作与拥军支前、移风易俗、土地改革相关①。大安定村还设有儿童团,吴即祥、张洪滨任儿童团团长,儿童团的设立与当时的战争年代密切相关。"由村政府、农民协会及其领导下的农村妇联、共青团、民兵组织等其他新社会组织,构建了一套新的组织体系,完全替代了国民党统治时期由乡村保甲组织、宗族组织、帮会组织和民间信仰组织构成的组织体系。"②

(二)合作化时期

这一时期的村庄管理组织主要包括行政村组织、互助组、合作社、村党支部等。如果说在国家政权建立与巩固阶段,行政村组织还具有国家政权机关性质的话,那么此时村组织已蜕变为乡政府下属或派出机构。合作社运动中,早期互助组还只是简单的农民间互助,农村治理与权力结构并未发生根本变化。1955 年大安定村成立了初级合作社,初级社的生产资料仍归农民个人所有,农民把生产资料(土地、牲口等)拿出来以参股入股方式加入初级社,在收入分配时参照村民的入股生产资料和劳动工分进行分红。1956 年成立高级合作社,参加者的生产资料则全部收归集体所有,主要按社员劳动工分进行分配。

大安定村合作社运动的带头人是张登泉(1929—1987 年),他 17 岁参军入伍,是中共党员,新中国成立后在滨县(今滨州市)公安局工作。1954 年张登泉转业回村,负责创建了大安定村初级社、高级社(高级社由大安定村、码头村、张茂村、马张村、孔家村、刘六村联合组成)并任社长。1958 年人民公社成立后,张登泉又调至何集联社工作。

现在的农村党支部也是合作社运动中出现的。新中国成立之初,中共的农村支部只到乡一级,合作化运动的一个重要后果就是将党的支部由行政乡一直

---

① 妇救会,即"妇女救国联合会",最初是抗日战争时期中国共产党在敌后抗日根据地成立的主管妇女参加抗日活动的组织,主要工作内容是宣传中国共产党政策,对妇女进行政治思想教育,解放妇女,维护妇女利益,动员组织妇女为抗战服务。抗战胜利后,妇救会仍得以延续,主要工作任务是拥军支前、移风易俗等。大安定村有记录的妇救会是在 1945—1949 年,这时工作内容已经跟抗日战争关系不大了。

② 黄荣华:《重组与嬗变:建国以来村级组织与村庄权力结构的变迁》,《武汉理工大学学报》(社会科学版)2014 年第 5 期,第 789 页。

延伸到村庄和生产单位。[①] 1957 年大安定村党支部建立，村支书由附近刘六村的刘洪文兼任，推测原因可能是村党支部建立伊始尚缺乏经验，仓促间不容易确定合适人选，就由外村有资历有经验的党员兼任。到 1959 年，党支书才改由大安定本村的刘玉吉担任。

（三）人民公社时期

人民公社具有鲜明的“政社合一、党政合一、政经合一”特征。人民公社制度的组织架构，由上而下主要分为公社、生产大队、生产队三个层级。公社相当于现在的乡镇，是多个生产大队的组合体，所辖人口常在 1 万上下。村级架构则主要是生产大队、生产队、党组织、贫下中农协会等。其中党组织（大队党支部）成为村级的一元权力中心。现在上年纪的老人对村庄管理机构还不习惯称呼“村委”，而是习惯性称“大队”，就是来自那时的遗留。1959—1963 年，大安定村大队党支部书记是刘玉吉，大队长是张云喜、张洪滨。关于贫下中农协会，根据 1963 年 5 月《中共中央关于目前农村工作中若干问题的决定（草案）》的要求，各地重新组织阶级队伍，建立贫下中农组织（贫下中农协会）。此事对村里张训周的人生影响甚大。他父亲当时在济南的山东省航运大队从事黄河驳船管理工作，1966 年从济南回到大安定村，原因是村里有些人出了事，而他们家也被评成了富农，至于怎么评上富农的，就不得而知了。由于富农身份，张训周的大哥没能上初中，张训周运气好点，上完了初中，但也不能上高中。张家孩子小小年纪就承受着巨大心理压力。1978 年党的十一届三中全会后，各级贫协组织逐渐退出，张家才算彻底从富农身份的阴影里走出来。

1962—1965 年大安定村相继由张安泰、吴即美任书记。1966—1968 年，主要由张加孔、王玉堂、任长德、张洪滨主持工作，材料中未见他们具体职务的记录，可能是与“文化大革命”初期的混乱形势有关。1968—1969 年，书记为张安泰，革委会主任是游传忠。1970—1977 年，大安定村书记由刘玉吉担任。

（四）1982 年之后“乡政村治”时期

“乡政村治”的主要意思是乡镇为基层政权，乡镇以下的村庄则实行自治。20 世纪 80 年代初期，原来人民公社制的公社、生产大队、生产队三级体制（所谓“三级所有、队为基础”）解体，人民公社变更为乡、镇，生产大队变更为村委会，

---

① 参见徐勇：《“政党下乡”：现代国家对乡土的整合》，《学术月刊》2007 年第 8 期，第 13—20 页。

生产队则变更为村民小组。村庄自治的组织机构主要是村民委员会、村党支部和村组社区合作经济组织等。自此村“两委”的农村管理模式长期延续了下来。

张登泉在大安定村“乡政村治”的转折过程中再一次成为领导者。原来在何集联社工作的张登泉,“文化大革命”期间遭迫害回到大安定村,在村里担任生产二队队长。党的十一届三中全会后,在拨乱反正、解放思想的大背景下,张登泉被推举为村党支部书记,在此岗位上从1978年干到1986年,后调至乡里任职,1987年因病去世。

人民公社大约是在1983年取消。张训周回忆,人民公社取消的时候,换成了乡政府,自己算是取消公社后的第一届村委会主任(此前主任是游传忠)。此后大安定村的村支书与村主任依次分别是吴即美、张训周,游传忠、张训周,张明利、张训周,张训周、张明利,缺岗、张光合,游贵恩、田崇光,王伦堂、张安光,张训堂、张洪滨,张洪杰、吴德恩。张洪滨回忆,1997年前后曾有那么段时间,大安定村是“空白村”(指村里缺负责人,村务废弛)。缺村务负责人的主要原因之一是这一阶段村务不好开展,极少有人愿意当村干部。后来上级发文件要求消除“空白村”,镇领导找到张洪滨希望他能够“老带新”,大安定村领导班子才重新建立起来,但由于各种复杂原因,这期间村两委班子的变动相当频繁。从2003起至2019年,村支书一直为张明华,村主任则有张训利、吴德恩、孔桂芳等。

自打改革开放后进入乡政村治时期以来,村民们开始各自谋求生活出路,势必造成村庄集体对村民的约束力逐年减弱,近几年来尤其如此。90岁的张洪滨感慨:“(以前公社对社员的管束力很强)现在村民都有自己的(生存)门路,都自由了,谁都管不着谁了!这样也挺好。”张明华说,村“两委”以前是行使管理职能,以后的趋势是往社区化发展,主要是行使服务职能了。

二、村“两委”的组织架构

(一)村党支部和村民委员会

大安定村现在隶属滨州市杜店街道办事处,村庄主要领导班子是村“两委”。村“两委”是设置在乡镇(街道)下一级行政村的组织机构,包括了“村党支部”和“村民委员会”。

"村党支部"是中国共产党在农村的基层组织之一,是农村一切组织和工作的领导核心,在政治上对于"村民委员会"实施领导,这是由中国共产党的执政地位所决定的。农村党支部的主要职责是:组织制定本村经济和社会发展规划,对本村重大事项和重要问题作出决策建议,审议村委会及其他村级组织提交的重要事项和村集体较大支出请示等,然后根据法律和有关规定提交党员大会(党员代表会议)或村民大会(村民代表会议)讨论通过,由村委会或其他村级组织进行实施,并负责对实施过程及最终结果进行监督、检查,发现问题及时纠正。在村党支部里,支部书记是领导核心,负责主持党支部的全面工作。按照规定,正式党员 3 人以上、50 人以下的基层单位,都应设立党支部。一般来说,800 人以下的村集体,党支部配备成员为 3 人,1000 人以上的村集体,党支部可配备 5 人成员。

村民委员会(简称"村委")则是乡镇(街道)所辖行政村经由村民选举产生的群众性自治组织。村民委员会的存在历史并不很长,1980 年,广西宜山、罗城两县的农民自发组成了一种准政权性质的群众自治组织即村民委员会。村民委员会的出现昭示着人民公社化以来农村生产大队行政管理体制的解体。刚开始,村委会主要是协助政府维护村庄治安,后来在村务方面开始向经济、政治、文化等方面扩展,逐渐升级成为村民自治管理的基本组织。村民委员会一般配备村委主任 1 人、副主任 1—3 人和委员若干人。村民委员会接受村党支部的政治领导。村委会主任(村主任)也就是俗称的"村长"。在村"两委"中,党支部与村委会有所区别,通俗点讲,村党支部更倾向于村庄的政治领导,村委会则更倾向于村庄具体事务的执行。但这也是大概而言,大安定村在村务处理时,村"两委"成员常常是一起上,并没有特别明晰的村支部与村委会之分。

(二)村"两委"的选举任职

无论村党支部还是村民委员会,都经由民主选举产生。但二者在选举上又有区别。村党支部包括村支书,是由本村全体党员民主选举出来;村委会的成员包括村主任,则由全体村民选举出来。村"两委"班子成员可以连选连任。

村"两委"的选举任期,以前一般是三年一届一选举,但从 2018 年开始,延长为五年一届。据 2018 年 12 月 29 日发布修订的《中华人民共和国村民委员会组织法》,村民委员会每届任期延长至五年。村委班子任期之所以延长,一个重要考量是三年周期太短,村"两委"决策的一些项目往往正在推动中就碰上了换届,如果村领导发生变更,项目就容易搁浅,前功尽弃。这种担心与考量很有道理,现实中我们也经常见闻因领导变更而致项目搁浅并造成较大损失的案例。村支书张明华跟调研组讨论过这个问题:周边很多村庄"两委"班子成员尤其主要领导更换频繁(原因不一,有时是个人原因,有时是换届选举),每一届的村"两委"任期都颇短,以致村庄很难作出并执行长远规划。这方面大安定村的情况要优越很多,2003 年迄今张明华一直任职村支书,有充分的时间制定长远规划,推进具体项目落地也能有持续性,相对于那些村"两委"班子频繁变更的村子,就更容易作出实绩。

村支书、村主任在年龄方面要求不十分严格,在退休年龄上有较大弹性。目前村"两委"里张明华、张训周、张训利、王悦策、张洪杰等人,都接近或超过 60 岁,精力上依然能够轻松胜任村务。按照规定,企事业单位一般是男性满 60 岁、女性满 55 岁退休,但该规定并不适用农村"两委"。其一是农村组织与企事业单位性质不同。村"两委"干部本质上还是村民身份,退下来就没有工资(或仅能领到少量退休金),不像企业尤其事业单位那样退休金比较优厚。其二是农村工作的关键是把村务做好。在村委有过长期历练、有丰富经验者,人脉好、有威望、有领导力,在村务处理上更具优势,60 岁退下来无疑是人才浪费。其三是农村空心化、老龄化。很多年轻人在村外工作生活,村务常只能由上年纪的村民承担。上述原因决定了并不适合一刀切地规定村干部退休年龄,即便勉强划定,也会对农村工作开展造成不利影响。

村"两委"成员来自农村基层民主选举,其实质是村民自治,上级政府对民主选举的结果予以尊重与承认。按规定,任何组织或者个人不得指定、委派或者撤换村民委员会成员,这是对农村民主的政策保证。村支书原则上需经由村内党员进行民主选举,但如确有特殊原因,也可由上级直接委任(2003 年的时候,杜店镇直接任命张明华为大安定村村支书)。

现在村支书兼任村主任(称"一肩挑"或者"两委合一")也正成为趋势。"乡镇党委与村党支部是领导与被领导的上下级关系,村党支部并没有成为自治组织,这一点与村委会的性质截然不同",必须探索一条路径做到"既能保证村党支部的领导权,又能实现村委会的自治权"[①]。在这种要求下,出现了对村庄管理"两委合一"模式的探索。2019 年发布的《中共中央 国务院关于建立健全城乡融合发展体制机制和政策体系的意见》再次提到,"强化农村基层党组织领导作用,全面推行村党组织书记通过法定程序担任村委会主任和村级集体经济组

---

① 黄荣华:《重组与嬗变:建国以来村级组织与村庄权力结构的变迁》,《武汉理工大学学报》(社会科学版)2014 年第 5 期,第 792 页。

织、合作经济组织负责人”。这一举措势必进一步集中村庄管理权力，加强党对村庄的领导。

村“两委”班子成员的待遇也有所不同。村支书由政府财政支付工资(仅在任职期间有工资，所以不是铁饭碗，而是类似于合同工)，班子里其他成员则不享受此待遇，是由村集体发给工资。主要原因是村“两委”成员不属于国家干部，而属于地方自治机构。村“两委”成员的主要收入还是来自自家所从事的生产劳动，由于村务工作占用了他们大量的时间、精力，所以会根据具体情况由村集体发给他们工资。但如果村里财务状况不佳，那他们就只能义务劳动。张训周说自己曾在村“两委”工作多年而拿不到工资，就是这个原因。待遇低乃至空白，这也是很多村庄干部干得断断续续、流失严重的重要原因。

三、村支书的核心领导力

(一)“超长待机”的村支书

2022 年暑期，调研组入驻大安定村，很快注意到村党支部班子的两个不寻常：其一是“超长待机”的村支书，其二是“不合规”的五人支部。

“超长待机”的村支书，指的是张明华(1962 年生人)从 2003 年履职村支书以来，历经多次换届选举，一直岿然不动，已在村支书岗位上主持村务近 20 年，真可谓“超长待机”了。如此长时间履职的村支书，不能说绝无仅有，也算比较少见了。从大安定村的历史来看，在张明华前，历任村支书的任职时间都不太长，有个别年份甚至出现村支书职位空岗。从杜店辖区各村情况看，村支书任职时间普遍不长，能够长期履职且履职近 20 年的只有二人，大安定村的张明华是其中之一(另一人是相公庙村的村支书)。至于“不合规”的五人支部，指的是按规定，800 人以下的村集体配备三人支部，1000 人以上的村集体方可配备五人支部，大安定村只有 500 多口人，却配备了五人支部，明显是“违规”了。

这两个“不寻常”激发了调研组对大安定村领导班子的强烈好奇，他们很想探讨村支书“超长待机”与“超规支部”两个现象的背后真相。

(二)在社会大学堂中历练

人非生而知之者，张明华 20 年在村支书岗位上岿然不动的能力，也非天生的。陆游有名言:“汝果欲学诗,功夫在诗外。”张明华在村支书岗位上体现的素养、资源与能力,都是其在社会大学堂中经多年历练得来的。

2003 年履职村支书以前,张明华从未有过当村支书、介入村庄管理的想法。1978 年高考落榜,无心在家种地的张明华被村庄前辈带着到城里务工,做过建筑、刷油漆、安装门窗玻璃、装饰等工作。到 1982 年,张明华开始跟朋友联手包活干,由此逐渐做大。1986 年,张明华进入当时的乡镇企业华建建筑公司,在其下属的装饰分公司任经理。2000 年后,张明华投身制造业,买地建起空心砖厂,上马机床厂(主营机床配件、丝杠等),效益比较理想……在社会大学堂摸爬滚打的这 20 年,给张明华后来长期履职村支书打下了坚实基础。

其一,张明华在此期间积极靠拢并加入党组织。在华建公司任职期间,作为中层干部的张明华跟很多党员同事打交道,时常旁听党员扩大会议。之前他对中国共产党的拥护还停留在学校书本教育层面,现实工作生活中的接触,使其对中国共产党有了进一步的认可和更深厚的感情。他从内心想靠拢党组织,积极提交了入党申请书,更热情地参加学习,华建领导对张明华的表现也比较认可。1993 年,张明华在华建公司入党。对张明华来说,这不是简单地获得一个党员身份,而是找到了主心骨,获得了力量源泉。个体的单打独斗,常会因力不从心而陷入迷惘,而有了党组织的靠山,心就定了,气就足了,做起事来信心稳固了。有了这个经验体会,张明华后来在村务工作中就特别强调党建引领,很多工作确实也就更容易推进。

其二,在此期间他积累了丰富的人脉。常年在社会上摸爬滚打,张明华深切体会到人脉的重要。当初多亏有人帮扶,他才有机会走出农村到城里打工;后来跟合伙人一起接工程,再后来处理各项公司事务,开饭店、办舞厅、办工厂的过程中,他又结交了大量合作伙伴,“朋友圈”不断拓展壮大。张明华深谙双赢的道理,在接受朋友帮扶时,他也在力所能及的范围内帮扶有事相求的朋友。例如,大安定村后来从事建筑外包的包工头,有相当部分是张明华从村里带出去的。乡里乡亲知道张明华在城里人脉广,经常找他帮着协调一些事,张明华也力所能及地予以帮助。因此尽管张明华不在村里住,其在大安定村的口碑仍然相当之好,这也给他后来在村里处理一些棘手问题很大助益。“合作共赢”“朋友多了路好走”,是正确的经验之谈。小到个人,大至国家,莫不如此。习近平总书记指出在国际上要做大中国的“朋友圈”;而有个别国家信奉“零和”博弈,将本国获利建立在别国损失的基础上。两种趋向之是非高下,从人脉的角度来看,一目了然。

其三，管理能力得到了历练与提升。领导的核心素养之一是较强的管理能力，在实践中提升管理能力堪称最好的途径。张明华的管理能力也在实践中历练提升。最初做打工仔当然不需操心管理，但这样永远也做不大。待到自己开始创业做起了包工头，受形势所迫，张明华只能在管理上投入大量精力。后来出任装饰公司经理，开设门市、办饭店、开舞厅、办工厂，凡此种种，都在督促其不断提升管理能力。所谓"读万卷书，行万里路"，张明华很少读管理学的书，但他在管理实践中多观察、多思考、多改进，在多年实打实的实战中，管理能力有了质的跃升。这种能力在后来村庄管理中发挥了重要作用。

其四，养成了敏锐而长远的眼光。"风口"和"红利"是现在比较流行的两个词。大概意思是只要能把握住时代的风口，就能极大地收获时代红利。张明华对此有着切身体认。1978 年，他高中毕业，当时村里绝大多数人还在守着几亩薄田以填饱肚子为目标，他却幸运地跳出村子，走上了收入优厚的务工之路。当很多同行满足于打工挣点小钱的时候，他又开始了自己创业承包工程。很多人沉迷于包活干的小富即安时，他又进入了华建公司，获得了稳定的业务来源。在此期间，他还看准了装饰材料的需求开设了门市部，看准了饭场的需求开办了饭店，看准了娱乐的需求开设了舞厅。当 20 世纪 90 年代全民下海、建筑领域竞争变得激烈时，他又跳出这片红海，投身如火如荼的制造业，开办工厂。当制造领域"内卷"严重，小企业难与大企业匹敌的时候，他及时地把工厂卖掉……综观张明华的创业历程，几乎每一步都踩准了时代变化的节点，享受到了时代红利。张明华在社会大学堂中历练出的敏锐而长远的眼光，在后来大安定村乡村振兴的实践中起到了关键作用。

百炼成钢，张明华就是在社会大学堂中，经过多年历练而成为精英。金子会绽发光芒，但前提是不能埋在土里，精英当然也需要能够大展拳脚的舞台。有的精英积极寻找舞台，有的精英在静待时机，跟他们不同，当时张明华专心忙工厂业务，压根没想到当什么村支书。他是在稀里糊涂、后知后觉的情况下，被"半强迫"地推上大安定村管理舞台的。

（三）接任村支书的第一战

2003 年，镇领导突然力邀张明华回村帮忙，其实是有个大大的烫手山芋要他来接。从 1981—2003 年，大安定村的土地分配一直没有作出重大调整。有的村民去世了，但家属拒绝把地退出；有的农户新添人口了，却又分不到地。村里的土地矛盾就这样逐渐激化。村"两委"多次谋划分地，但一开会说分地就有人闹将起来。连续几届村“两委”都束手无策,村支书职务成了烫手山芋,没人愿(敢)接。村里矛盾越闹越大,村民上访越来越频繁,镇政府对此颇感棘手。

镇领导经过村内调研,联系上了张明华,希望他能回村帮着处理分地问题。张明华起初并不想参与此事,但经过镇领导苦口婆心地劝说,他还是怀着复杂的心情答应帮忙,回村过问相关问题。

张明华先找到阻挠分地闹得比较凶的几个人,希望他们分地时能够克制一下,别再闹起来。对方虽不乐意,但碍于平时跟张明华关系不错,对他的建议,不说同意,却也没表示反对。

镇领导看到问题解决出现了曙光,迅速在未提前通知张明华的情况下,“专断”地把张明华的党员关系由城里迁回大安定村,又拟文件任命张明华为大安定的村支书。毫无心理准备的张明华不愿就职,镇领导又给他拍胸脯保证:“你就先干三个月,把村里分地这个事给解决了,到时你不想干村支书,写个辞职报告,我马上给你批了!”

张明华只好暂时接任村支书,在村里找人推动分地事务。经过张明华的先期谈话,阻挠分地闹得比较凶的几个人没再挑事,但村里三个生产队之间协调土地分配却成了最大的难题。大安定村当时仍保留有三个生产队,各队所占的土地情况不一,一队人均占地少,三队人均占地多。镇领导为杜绝后患,要求把三个生产队的土地全部收回集体,由村“两委”统一作重新分配。三队成员觉得这样一来自己利益损失太大,坚决不同意。靠自己的人脉口碑,张明华做个人思想工作尚能胜任,但要给三队集体做思想工作就力不从心了。

这时张明华的管理用人能力发挥了关键作用。张明华仔细分析,三队主要成员是张姓(和张明华并非同一支)和游姓,两个家族占了三队总人口的一半。这两个家族的工作能做通,剩下的事就好办多了。于是张明华分别在张姓和游姓中各找一名比较合得来的成员,委托他们做各自家族的思想工作。就这样跑了有十来天,三队最终勉强同意把地交出来。

怕夜长梦多,张明华迅速召集全村开会,宣布把三个生产队的地尽数收回,由村“两委”统一重新分配。刚开始很多村民还不信,但确实村里第二天就开始了量地分地。分地过程整体还算顺利,其间免不了有利益受损者说些难听的话,但也并没有跳出来闹事。这样张明华接手村支书职务,前后花了大约四十多天,把土地重新分下去,大安定村重又回归安静祥和。长期以来未能解决的土地问题,在半路出家的张明华带领下得以圆满解决,这也是张明华任村支书的成名一战。

(四)从推脱不掉到渐入佳境

张明华主持解决了本村的土地问题,算是松了一口气。他挂念自家工厂,就找镇领导说要辞职。不曾想镇领导"出尔反尔",说好不容易才把这个村(的事)"摁"下去,竭力劝说张明华至少干完这一届,"稳定稳定"情况再说。张明华拗不过镇领导,辞职的事就一拖再拖。待干到任期届满,张明华心想总算可以脱身了,没想到一换届选举,他又被选上了。

张明华确实不想干,镇领导又苦口婆心地劝说,张明华只好决定再干一届。但他提了个条件。当时村委班子就3个人,村务主要由党员担着,能不能给村党支部多配两个人,合计5个人,也好分担一下工作压力。这让镇领导犯了难,因为按规定,800人以下的村集体配备3人支部,1000人以上的村集体才有资格配5人支部。大安定村也就400来口人,配备5人支部明显超员。但不答应吧,张明华的工作就难坚持下去。最终经由杜店镇党委会讨论,出了个"特批"大安定村设立超规"5人支部"的文件。村党支部的超编,换来了村务工作处理的快速有效,这一"违规"就是近20年,估计还会继续违规下去。

张明华村支书第二届任期届满后,真的下决心要解甲归田。他在村"两委"换届选举中表示已完成镇领导交代的任务,自愿退出,不再参选。但这一退,原班子的一伙人急了眼,扬言:"你不干,我们也不干了!"直接撂挑子走人,选举就此一哄而散。张明华没想到会闹成这样,也傻了眼。镇领导又跑来给他做工作,张明华不想让镇领导下不了台,加之觉得"摊子"是自己造成的,就得自己负责收拾,张明华终于还是参选,并毫无悬念地再一次当选村支书。

自此张明华逐渐接受了担任"村支书"这一人生宿命。这时经过张明华为首的村"两委"几年间操持,村务工作早已步入正轨,他的工厂也由表弟帮着顶起来。张明华在主持村务过程中,渐入佳境,为村里工作似乎成为一种享受。从2003年迄今20多年,村"两委"成员时有进出变更,唯独张明华岿然不动地履行着村支书职责,堪称名副其实的大安定村"定盘星"。

(五)村庄干部领导力

张明华当初辞职时给镇领导推荐了几个接班候选人。镇领导听后笑了:"正因为都是干书记的料,这才坏事。都很有能力,谁也不服谁,各行其道,形成不了统一的领导核心,村子能不乱套?"好像的确是这么个理,身为一把手,需要多方面的素养,但最重要的素养,恐怕非"核心领导力"莫属了。核心领导力,说得通俗一点,就是能服众,有镇得住场子的能力。

张明华恰恰在核心领导力这方面得天独厚。他的核心领导力来源有三:其一,他在村里、市里都积累下深厚的人脉,很多人、很多事都能说得上话,威望比较高;其二,大安定村当年土地纠纷闹得那么凶,多少人有心无力、束手无策,而张明华运筹帷幄解决了这一难题,这就让大家都服气;其三,张明华主持村务期间,村"两委"干了很多实事,村庄治理井井有条,村民满意度高。大伙儿从心底服气、认可张明华。甚至有直性子的班子成员当面表示:"你要是干,我们就跟着你干,你要哪天不干了,我们也不干了!"五人支部之一的张洪杰私下里跟调研组讲:"张明华这个人,(办事)真厉害,不服不行!"

中华民族骨子里有着悠久而根深蒂固的天文信仰。中国人明白,满天星斗璀璨,都在围绕着北极星这一核心有序旋转,此理亘古不变。如果天上有了两个乃至多个北极星,那就乱套了。正如孔子所言,"为政以德,譬如北辰,居其所而众星共之",大到治国,小到治村,都是这个道理。张明华有核心领导力,所以能服众,受大家认可,就能形成坚强的村委领导集体,推行起村务来,也是所向披靡。

复杂的社会组织一旦探索建构起一种稳定高效的运行机制,要作出变更的代价实在太大,这决定了这种机制主体必然长期延续。在这里补充调研中偶然听说的一个花絮。有村民背后议论起张明华以后年龄大了,可能要退下来了,结果大家的共识是:退休不行啊,还得让他当啊!滨州市民政局的苏章田对此评论说:"这是村子和村民对张明华形成依赖了。"村支书张明华"长久待机"之谜的答案,至此一目了然。

四、村干部工作情况一览

(一)遥远的村务工作记忆

游传忠在1949年就参加了村务工作,当时在村里任副主任,算是村里的老资格。他说当年跟自己年龄相仿的那些干村务的,现在已经所剩无几了。张训周打趣说游传忠是"村宝",跟大熊猫一样,一定要好好保护起来。游传忠说起自己年龄大了,就跟黄河河务局的李耀庭(音)总结道:"老事忘不了,新事想不着。坐下就打盹,倒下睡不着。"现在游传忠自住一个小院,已年届90,耳朵有点背，腿疼，视力也不大行了。但老人仍然关心国家社会：“新闻节目一天看两次，还是担心乌克兰危机。俺这个年龄还是担心，一（打）起世界大战还了得吗？”外来单位有来大安定村搞社会实践、调查研究村庄历史的，往往被推荐去找游传忠作访谈。游传忠也很乐意，积极配合，知无不言。

有着多年任职村干部的经验，游传忠说话慢悠悠，气定神闲。新中国成立前后那段时间的村务经历，游传忠至今记忆犹新。比较早的记忆是 1945 年消灭土匪杜孝先，攻打鳌头周的事迹。游传忠尚能流畅地背诵那时的歌谣：

1942 年，日伪杜孝先，

盘踞鳌头周，剿共独立团。

1945 年，渤海军区令，

先打北镇街，后打蒲台县。

鳌头周，不难办，两个钟头完了蛋。

游传忠说起当年攻打杜孝先所盘踞鳌头周（在大安定村东北方向）的具体情况也是娓娓道来。1945 年游传忠才 12 岁，对此耳濡目染，也难怪到现在仍然印象深刻。“1945 年日本鬼子投降，大安定村就成了解放区了。八路军那时候就来了，这一年就不纳粮了，苛捐杂税就没了。到了过年节，人们高了兴了，就办杂耍，老百姓叫‘扮玩意’。”

从大安定村解放到 1949 年新中国成立的这 4 年里，大安定村积极参与到解放战争中，领到了不少任务。游传忠记忆中的是村里搞参军（大参军、补充兵员）、支前（绑担架、做军鞋等）。关于参军，那时是一人参军，全家光荣，戴着大红花参加欢送仪式，这一时期大安定村有不少青年男性参军。王悦文是革命烈士；张寿增参加过解放战争；李现祥（1925—2016）参加过解放战争；王希才早年参加国民党军队，后被中国人民解放军收编；张登泉 17 岁（大约 1946 年）参军，参加过济南战役……支前主要是淮海战役时期的支前。一个是担架支前，不但要组织村民绑（制作）担架，每个担架还得带上人（抬担架）赶赴前线抬伤员。另一个是军鞋支前，是组织村里那些利落的、有条件的中年妇女常年做军鞋，供应给前线战士。做军鞋需要用“样”，就是丈夫的脚有多大，就一直做多大的鞋子，同一个人做同样大小鞋子的效率更高。村里男人的脚大小不一，各家妻子做出的鞋子也各有大小，这样送到军队里就可以根据士兵脚的大小进行分配。

大安定村才解放的时候，就有了移风易俗运动，主要是放脚、剪发。“不让女孩子缠脚了。你说本来一个好人，（缠小脚）给搞成半残废，不能挑水，到井上站不稳，做啥也不行，到地里去也不行，就只能纺线织布！剪头发就是把女人头上的老疙瘩鬏子剪了去。你说这放开小脚不是好事吗？但是也有阻力，有对抗的，主要是有些女孩子的娘，她接受不了，真是封建老顽固，多年习惯成自然啊！怎么办呢？不下大力气不行，就得采用点硬手段。(反对解放小脚)比较狠的户，儿童团敲着锣鼓到她家去，把女孩子他娘给去了封建顽固，还要对抗的话，给她加上点罪，这就行(解决)了。"

1949年后，国家开始"铺摊子"(中央作出各种重要决策，地方贯彻落实，给各村布置各种各样的任务)，工作多的是，村务工作就更加繁忙复杂了。

"比较早的是搞供销社。供销社最初是公办民助，老百姓拿着十斤棉花入股，就发给你个(供销)社员证①。当时大安定村里是三十八户还是四十二户(入股供销社)，记不清了。"

"土地改革是一个比较大的事。土改时村里分成了四个工作组:丈量组、写算组、调解组、炊事组。丈量组管着重新丈量土地。原来的地(单位)是老亩，是二百四的亩。那时的亩挺复杂，垦利那边还有四百八的亩②。要论你这块地多么长多么宽，论多少步，多少尺，二百四十步长，一步宽，面积就是一亩地，取名叫二百四的亩。土地改革，全国都要统一单位成市亩。量地的时候，土地很分散，一个(地)主有十来块地，半亩、四分、一亩、二亩，没有大块，三亩地就算大块了，不是在一堆凑起来的面积，这样丈量土地就是个很大的困难。写算组负责文书(地契、土地所有证明)的整理计算记录。一个主多的有十来张文书，整个村得有七八百张文书。那时候也没有旁的工具，就是靠一个算盘算，靠一支毛笔往那里写，也是一个大任务。调解组是，邻舍与邻舍家因为地多地少闹矛盾，就需要调解组进行调解。炊事组，这些工作人员得吃饭啊，就负责敛粮食、烧炭、钱、灯油、炭火、做饭吃。土改是一个比较大的事。"

"还有爱国卫生运动。卫生运动主要是防止美国的细菌战，掺杂着(顺便)要保护小孩，普种牛痘，防止天花生斑子(斑疹)。旧社会小孩只要生了斑子，不死很少，病很难扛(过去)，所以卫生运动优先保护小孩。"为了搞这个事，游传忠专门被村里派去学习，回来当卫生员给村人接种。游传忠说:"菌苗(疫苗)就是那么长一点，跟麦秸一样那么细。卫生员使个大撅子针，在皮肤上划个十字，(皮肤)拉开再按个表皮，点上菌苗，他(受种者)就感染了(疫苗)。"讲到这里，旁

---

① 最初供销社的原始积累来自农民的入股股金，属于农民自己的组织。1958年农村人民公社化后，供销社就逐渐变成政府的一个部门或者全民大集体的企业。

② 垦利位于黄河入海口附近，有大片新形成土地，地广人稀，以前在丈量土地时为了省事，所使用亩的单位就会比较大。

听的张训周插话说，自已小时候就打过这个疫苗。

“还有就是扫除文盲、备战、五年计划、宣传《婚姻法》等工作，这都是国家铺摊子(下派村务工作)。《婚姻法》规定结婚年龄女十八，男二十，差一天也不行，要求很严。还有，不能让女孩子缠脚，小脚的女孩子要放脚，还有剪头发之类。现在说不完全了。”

“抗美援朝这一套就了不得了。那个时候(志愿军)军队不敛老百姓的东西，就是住下军队以后大安定村里给‘上慰劳’。主要就是烧水，烧一担两担的水。烧好了水就在路边上，买上一篼子馍馍也搁到路边上。行军的战士三一把、俩一团地(三三两两)，干渴了你就喝水，饥困(饿)了你就拿着馍馍赶忙走、赶忙吃就行。那个时候村里承担的这个工作就叫‘上慰劳’。不是说是(被迫的)，而是村子里愿意，老百姓乐意。马张村那边的渡口(早已不存)是解放后新成立的渡口，叫新开口，经常有从这里往西北方向行军的(奔赴朝鲜战场前线)。”大安定村里任常德的大哥任常胜，早年参加过抗美援朝，复员后被安排到河北省邢台市粮食局任副局长，退休后在大安定村近旁的库李村(其老丈人家)安度晚年。

(二)20世纪80—90年代的村务

游传忠讲:“我说的这些久远的事，知道(亲身经历)的人不多了。再往后的事就不用我说了，张训周这些年轻人就都有印象了。”

张训周(1958年生人)给调研组谈了20世纪80年代后农村基层干部开展村务工作的大致情况。他说，八九十年代村务工作难办，概括起来最难办的事有三:一是干工程(农户出工)，二是交公粮、收提留款，三是计划生育。

干工程就是上头派下工程任务，村里要出一定数量的人手去干，这需要村干部负责安排组织村民。每年得有两个月出工，工程的内容主要是开挖沟渠之类。那时候也没有现在的机械设备，全都是人手去干，人推人拉，村民们主要是在体力上辛苦，村干部则是心理、脑力上辛苦，因为安排村民出工有时会遇到不配合的。大安定村出工干工程干得还不错，1985年的时候干工程得了第一名。当时张训周还没入党，上级领导就推荐他入党，后因材料损毁被拖延了，到1990年才算正式入了党。

交公粮、收提留款是村务工作的又一项重要内容。交公粮的工作相对好做一些，老百姓基本能理解接受，交起公粮来还算顺利。收提留款以及交教育附加税等各种税则不然，很多都不愿意拿(出)钱的，经常是花上一年都敛不起来。

"敛钱和分钱肯定不一样,分钱这种事有时候还出毛病(矛盾),你跟他要钱更是难。有的户是不给,有的户是确实家里没钱。但上边管理区公社还催,说是要求三天收上来。别说三天了,三年都收不上来,公粮十天也敛不上来。"但是又不得不硬着头皮去收,村干部经常愁得没办法。进到户里去收提留,有的户就说很难听的话。有时候围着村转一晚上(村民白天多在外干活不在家)也就收上来 300 块钱。村民游希恩曾在大队里干过近 20 年会计,后来坚决不干了,退出原因他也直言不讳:"敛提留(款)太得罪人了!"

比敛提留款更难、更得罪人的,是推行计划生育政策。重男轻女、多子多福的观念在当时农村根深蒂固,那时候到处都有躲计划生育的。都是同村的乡里乡亲,村干部不愿也不敢做得太绝。面对违反计生规定的大肚子孕妇,他们常常睁只眼闭只眼,等孩子生下后,再罚款了事。即便如此"放水",还有很多超生后交不起罚款的,村干部又得到户里催收,实在穷的超生户,虽不至于扒房子,但拿粮食等财物抵账的事也偶或有之。有时冲突还挺激烈,村里民兵就得跟着。看个别贫困超生户实在可怜,村干部就说"这家人脑子有问题",每人拿 50 块钱罚款了事,但罚得严重的也有上万块钱的。村干部里违反计生的也不鲜见,张训周自己就因三胎而被罚了 1000 元,并为此辞职。村干部吴德恩家老大是闺女,按规定可以几年后再生二胎,但因提前生了二胎,也被罚了款。

村务工作不好干,但也有一些窍门经验。张训周总结了自己的经验。作为农村基层干部,首先你在村里得人缘好,得有群众基础,能跟人说上话。有的人缘不好的,上门做工作连农户家门都进不去,那还怎么做工作?所以村务工作一多半得靠人情。其次,你得真心实意地随时给村民们办事,这样群众就拥护你,你就(在村干部位置上)下不来。

张训周还向调研组说:"说出来你们可能不信,有的村民也不信。从公社取消后换了乡、区政府之后的第一届村委,干了这几届有小 20 年了,都没工资。你说没工钱,他们还不信。不是不想发,是村里真没钱,你能怎么着?村民选上你,你就得干,不干不行。养家糊口的收入来源只能是种地。到 2000 年前后,村里经济状况好转有钱了,才能够每年以过节补贴的名义给村干部发 600 块钱。"

即便拿不到工资,张训周为代表的村领导还是在责任感的支撑下坚持为村子服务。1985 年,吴即美和张训周一起贷款给大安定村小学建起来新校舍;1990 年,游传忠和张训周一起跑到鱼台县给村里调稻种……"老百姓信任你,让你当干部,你就得干!"

(三)2000年以后的村务

2000年以后,村干部的工作任务难度相对要小一些。农村出工、干工程的任务已经没有了;交公粮、收提留款也很少了,交公粮的事到国家取消农业税的时候就结束了,提留也是那个时候取消的。“大约是2006年,当时取消农业税,还给补贴,不要农民钱,国家还给你钱,老百姓可高兴坏了,说这是几千年来没有的事。计划生育也逐渐放开了,现在是鼓励生三胎。”现在农村工作相比以前好做了很多,村干部们终于熬出头来,不用再为干工程、敛提留交公粮、计划生育这农村三大难而发愁了。

农村基层干部的待遇也提升了不少。2000年修建滨博高速公路圈地,给了村里一定的补偿款。张训周等村干部的工资有了着落,每年能拿到以节日补贴为名义的600块钱,此后工资也是逐年增长。游传忠在村委干到62岁(1995年左右),办了退休,现在能拿2000多块的退休金。

村支书以外的其他村“两委”成员都不拿政府财政工资(只拿村里补贴),加之有时没什么村务,所以“两委”成员并无坐班要求,一般是安排人手值班,遇到比较大的事或任务,村“两委”成员才集合起来讨论解决。

调研过程中,张明华常提醒调研组要尽量少谈他个人,多谈一下村“两委”班子,“如果大安定村工作有什么成绩的话,那都是班子集体干得好”。

班子成员名义上各有分工,但实际工作中一下达任务,大家都不分彼此,一起上阵,快速高效地完成任务。班子成员之间关系比较和睦,相互信任,遇事一起商量着来。调研组看到,每天就餐时,调研组在里面的厨房兼餐厅吃饭,当天值班的班子成员则在大门口房间里围着茶几,边吃边聊,说说笑笑,其乐融融。张明华说,班子里的人都挺好,用农村人常说的话叫“大仁大义,没有小心眼的”。

承担村务的时候,班子里没有推诿扯皮的现象,安排下工作就积极去落实。调研组驻村调研,村里安排曾在东海舰队当大厨的张洪杰负责调研组伙食,张洪杰欣然接受,施展高超厨艺,尽心尽力为调研组准备丰盛伙食。张训利自封“后勤部长”,负责采购蔬菜食品,碰到天气炎热,还贴心地买几个西瓜供大家解暑。

再一个就是班子成员廉洁奉公。张明华略带自豪地讲:“很多村庄的领导班子因或大或小的经济问题受处分。这么多年来,大安定村从没有人因经济问题受处分。”

村“两委”班子有一个坚定信念:党和政府的所有政策,根本出发点都是为的老百姓好,具体实施过程中老百姓可能暂时不理解,这就需要“两委”班子耐心细致解释到位,更要以身作则发挥示范作用,最后老百姓还是能配合班子工作的。例如在骨灰上楼等村务推动中,刚开始也确实有部分村民不理解,但在村“两委”成员以身作则的带动下,最终还是给予了配合。

总之,这么多年来张明华带领下的村“两委”班子,关系融洽、态度积极、清正廉洁,村庄工作一直运转良好,给村里扎扎实实办了很多实事、好事,此处仅选几个典型事例介绍一下。

先说未雨绸缪留出机动地。2003 年大安定村分地时,就考虑到以后的新添人口会涉及分地问题,于是未雨绸缪地留出 40 亩作为机动地,有新添的人口,就从机动地里割出一块来进行分配,这样以后的分地工作就省事很多。暂时无须动用的机动地,承包给了几个农户,村里又可以获得一定的租金收入。

村里还很快结清了欠账。张明华刚履职时,由于早前各种原因,村里还剩下一些欠账,数目倒不大,但纠缠起来很麻烦。当时村里一分钱没有,这就要想办法找钱填补。张明华带着班子集思广益,想到村里还有几块荒废的湾塘,就找人来拾掇拾掇,把湾塘里的芦苇整一整,承包下去,这样每年村里又多了笔收入。当时,村里沟渠两边还有几十亩堆土的高地,村里就找人把高地平整起来,并把地里的树卖了,又获得了一笔收入。这样在短时间内,村里累积多年的欠账还清了。无论欠账的还是要账的,都算是松了一口气,村里关系就理顺了。

五、精神信仰与党建引领

(一)俯首甘为孺子牛的觉悟

前文说到当初张明华三番两次地推脱,不愿当村支书,其实有多方面的原因。这里再谈一个原因,那就是张明华清楚,村支书实在是一个“费力不讨好”的职务。村领导背后的艰辛与付出,很多人都想象不到。

村民吴宁宁讲:张明华 2003 年一开始当官时也挺难的,并不好开展工作。当时吴宁宁还小,那天她下了学回家,看到父亲和张明华正坐在那边喝水。有个村民喝醉了酒,想起张明华主持分地损害了他的利益,就跑过来跟张明华拍桌子,大声说话。农村里吵架的话很不好听,但张明华就像被骂的不是自己一样，自始至终微笑着跟对方说话。事后吴宁宁问过张明华："你有工厂、有钱，不差(村干部)那点工资，他说得那么难听，你怎么不生气?"张明华平静地解释："我生啥气？我要是也生气，那不就跟他一样了吗？都生气了，谁来当这个官，村里的事怎么办？分地牵扯到他利益了，他心里有气，憋着不好，我得让他把气出了，就没事了。"

至于张明华内心有着怎样的波澜起伏，只有他自己明白。在和调研组交流中，张明华不止一次提到相关话题。当年他跟镇领导请辞的时候，理由之一是干了一年村支书，感觉和群众关系疏远了。分地牵扯到部分人的利益，这些人虽然不表现出来，但是心里肯定是有气的。以前乡里乡亲见了张明华，叫哥的，叫老侄子的，特别热情，现在则不太客气，不爱搭理张明华了。再有一次在饭桌上，张明华感慨："以前在公司，职工见了我都是'张总，张总'地叫，到了村里任职后，在村里就感受不到那股尊敬劲了。"所以调研组觉得，张明华为人敏感又重感情，他喜欢乡里乡亲、哥们朋友之间的那种亲热友好、其乐融融的状态，但是任职村支书，却常常让他的这种期待成为奢望。

张明华讲：在农村里有些事，即便是毫无私心，出于公心，有的群众也不能理解。他还"假定"了这样一个例子：有人和张明华多年一直关系很好，后来因为姑娘嫁的那边条件不好，就想着把小孩的户口迁回大安定村。他的想法是让张明华给写封介绍信，再偷着盖个章，到派出所把户口迁过来，挺简单的一个事。但这事违背原则，张明华当然不能给办，开会讨论肯定通不过，就算偷着给办了，再有别人提类似要求给不给办？新迁进来的户口，分地分福利的时候怎么办？总之这事确实办不了。但不给办人家就不愿意了，本来关系挺好的朋友，经过这事就有点疏远了。时间久了对方虽然思想上也能理解，但见了面心里总归还是疙疙瘩瘩。

张明华讲：农村里的事太复杂，接触的都是沾亲带故的老少爷们，关系很不好处理。在农村当干部跟在机关单位当干部不一样，机关人员三年五年更换一个部门或单位是常有的事，就算因为工作关系跟人闹点矛盾，几年后就调走了，眼不见心不烦。村干部一辈子都待在村里，那些闹矛盾的，躲都躲不开。

1978—1986 年任大安定村支书的张登泉，是张明华的父亲。张登泉多年从事农村基层工作，充分体会到农村基层领导的辛酸。他早年就跟还是毛头小伙的张明华讲："尽量别干(当村领导)这个事!"当被问及是否希望自己后代也当村支书时，张明华明确地表示不希望。其实在本村历任领导里，张明华受的委屈还不算最大，他有能力有威望，有些事主面对他至少还能收敛着点。调研组了解到,之前曾有村干部入户做工作被打出门来的。哪届村干部的工作历程不是一部辛酸史呢?

2018 年,习近平总书记在主持中央政治局集体学习时指出:“我们党历来强调德才兼备,并强调以德为先。”对于村民,可以想当村支书,但必须得有心理准备,要有大付出、大牺牲的觉悟,要有俯首甘为孺子牛的境界,用官方的说法,就是要秉持中国共产党人的初心和使命。这样的要求说起来容易,做起来难。所以深知内情的张明华当初履职村支书,内心也是矛盾重重,经历了长期反复的思想斗争,最终还是共产党人的初心与使命占据了主导。张明华深知,既然选择了干村支书这条路,就得有甘于付出和牺牲的思想觉悟。正因为有了这个初心,这个准备,后来面对种种的矛盾纠纷,他才能一直坚持下来。

(二)农村基层干部的精神修养

吴德恩(1962—2020),中共党员,在村委干了十多年,前几年去世。从留下的照片来看,吴德恩身体瘦弱,据说在他病故七八年前,就已经查出癌症,他一边治疗,一边拖着病体继续工作,导致病情严重恶化。

吴德恩为人认真、负责。虽然身体状况不佳,但村里有什么事,无论多难受他都赶过去。他任村委会主任,村委开会他要去;他是党员,党员开会他也要去。生病的 8 年期间,除了最后住院实在没办法到村里,他从未因病耽误过村里的工作。家人回忆说,最后时刻他都说不出话来了,还从手机里找出村委群、党员群,看里边的消息。吴德恩眼里只有工作,家庭的事常被放到一边去。当年村里维修地下管道,吴德恩亲力亲为,三更半夜就去村里转悠,生怕有什么疏忽。施工队 6 点开始干活,他 4 点就会提前过去看着。

吴德恩满脑子想的是自己该承担的责任,想的是奉献。十几年前本地吴家修订家谱,吴德恩是其中组织者之一。那一年吴德恩带孩子去岔吴村参加祭祖,自费掏了好几千块钱,又给自家孩子出了 300 块的份子钱。吴德恩跟孩子说:“这个祭祖是祭祀祖先,不是来玩的,必须抱着崇敬的心情来!而且咱们祭祖不但不能白吃白喝,还得顾着别人。咱们多拿一点钱,让别的经济不富裕的人也能有条件来祭祖。”吴德恩特别注重亲情。他生病时家里给买了一些营养口服液补养身体。等出院时他基本没喝几瓶,而是把大部分营养液都带回家来,给自家大哥(吴沈阳)的孙子喝。说是当时看见小孩子挺喜欢喝的,就特意把口服液留下来给孩子。

吴德恩很不愿意麻烦别人。生重病家里困难拿不出钱的时候,吴宁宁想去搞水滴筹，跟吴德恩表达过这个意思，吴德恩坚决不同意。他不希望被同情，不喜欢麻烦别人。后来的水滴筹还是吴宁宁偷偷瞒着他搞的。

吴德恩还有一个特点是爱看书学习。他在世时，家里有个专门的办公桌，桌子上是各种村庄管理方面的书。去世后，家里人就把这些书都烧了给他。

吴德恩为人正直，但有时正直到了“过分”的程度。闺女吴宁宁想在村里入党，按说吴德恩在村委任职，吴宁宁入党可谓近水楼台。但吴德恩不同意，他说自己在村委，不能给孩子提交入党申请书。“你想要入党也可以，先想想自己给村里干过什么事，要是给村里作出修路、提供就业机会等贡献，就有资格入党了。”吴德恩常教育孩子：先把自己的利益放一边，不要什么都谈钱，很多东西比挣钱宝贵得多。要能给村集体工作，让整体富裕起来，大家就都好起来了。吴宁宁从 23 岁提交了入党申请书，吴德恩扣着申请书在自己的办公抽屉里有七八年，等吴德恩去世，吴宁宁的入党申请书才提交上去。

这里提及一个反面案例，就是当年力推张明华任职村支书的那位镇领导。该领导后来官场得意，一路升迁，但就在 2020 年，该领导因严重违纪违法问题被调查，这在当地引起了不小的震动。获悉此事，张明华心情颇为复杂：该领导算是张明华的伯乐，他在杜店镇的时候，因工作原因跟张明华交往，二人称兄道弟，关系比较密切。且此人在工作上确实有眼光、有魄力、有手段，如果能够保持党性，严格自我要求，绝对是一名优秀的党员干部。可惜没有如果，该领导在前进道路上忘却了初心，迷失了方向，不以奉献付出为荣，反以奢靡腐化为乐，终究造成了人生悲剧，成为广大党员干部当引以为戒的反面教材。

在调研组驻村期间，正碰上大安定村组织党员和部分群众冒雨奔赴孟良崮红色教育基地开展党建，调研组里的孙靖尧、商文磊两名同学也跟随前去接受教育。活动中，大安定村的几十名党建参与者重温了革命先辈为国为民浴血奋战的可歌可泣事迹，多次为他们甘于奉献牺牲的精神动容，大家重又经历了一次红色精神的洗礼，初心与使命感更加坚定。张明华深知：作风建设永远在路上，党建工作永不能松懈。作为农村基层党员干部，务必要不忘初心，牢记使命，充分发挥党建引领的作用，才能保证每个人行走在正确道路上，保证各项工作运行在正确轨道上。

第八章　村民基本保障及权益

一、村民的基础收入保障

(一)分红收入与养老金

土地是农民赖以生存的根本,以前年代村民们土里刨食,靠种地获得收入,现在大安定村的土地已基本流转出去,村民的土地经营权被转让,名下有地,然而无地可种。名下有地的村民每年获得一定的土地使用权转让费。转让费也成为村集体、村民的重要收入来源。

村集体又有发给老年村民养老钱的规定。从2006年起,大安定村对超过60岁的老人每月发给30元的生活费,现已涨到每月60元。

老人(年满60岁)还可领到养老保险金(这是国家发的),一个月200多元不等。村民60岁之前需要每年缴纳养老保险费用,交够一定的年数或金额才能在60岁后领取养老保险金。有村民跟调研组说,她现在一年自费交着300多块钱的养老保险金。

部分村民有退休金。从编制岗位上退下来的干部、教师退休金相对高,退休工人的退休金相对低一些。退伍军人也有相应补贴,张训堂当兵退伍已近50年,退伍补贴三个月一次打到卡里,以前每月是1200元,现在金额他也记不太清了。

(二)老年人的从业收益

虽然不用工作,钱也基本够花了,但吃苦惯了的村里老人闲不住,有劳动能力者常做一些工作以增加收益,贴补家用。

1.保安与环卫工

村干部讲,村里 60—70 岁的老人,大部分是干绿化(环卫),70 岁的(男性)多干保安或门卫。年龄再大没法干了,就回村里待着。这个时代的一个好处是只要你想干,就能有活干,周围的绿化、给单位看门等,职位还是挺多的。

近些年来各地出现了很多绿化岗位,并雇用了不少老年人劳动。对此有部分人想不通:绿化的树木青草,没什么经济价值。就算景观好看一点,但离成为景点也相去甚远,还耗费了大片土地,这不是浪费吗?对此,五人支部里的张洪杰谈了自己的理解:"国家富了,老百姓富了。有的人说(国家推进的包括绿化在内的各种工程),真是拿着钱糟蹋。我说这说得也对也不对。国家(要是)不搞建设不搞项目,老百姓没处见钱(挣钱)去。你别管那个项目怎么着,你想你去干个活,国家就给你钱。国家不搞项目的时候,你想想你往哪里干活(挣钱)去?有工干,有钱赚。这叫以工代赈。有些人说那些钱直接发给老百姓(该多好)?那也不行,会助长人们偷懒的习气。西方国家福利高,就都懒了,一到夏天就停工,都出去旅游了。以前的时候西方工程多,打工的就能挣钱,那时候中国工程少,就没机会打工挣钱。现在中国的工程多了,老百姓都能打工挣钱了,出去干一天挣的钱,能扛一袋子面回来,一个月都吃不完。以前那个(工程少的)年代老百姓卖力气少吗?不少,但挣不着钱啊,没处挣钱去!"

2023 年 1 月 10 日,国家发展改革委发布了新修订的《国家以工代赈管理办法》并定于当年 3 月 1 日开始施行。以工代赈是一项扶持政策,指政府投资建设基础设施工程,受赈济者参加工程建设获得劳务报酬,以此取代直接赈济。以工代赈政策从 1984 年开始启动实施,在带动群众就业增收、激发内生动力、改善欠发达地区生产生活条件等方面发挥了重要作用。仅以 2022 年为例,各地以工代赈带动了 500 多万名群众实现就地务工。在当下稳增长、稳就业、扩内需的大背景下,以工代赈更具重要意义。

不过年龄与疾病常成为以工代赈的障碍。调研组碰到好几名村民因为腰腿疼而被迫放弃绿化工作。在草地里弓背弯腰拔草,长时间保持这种姿势对于腰腿健康确实并不友好,建议绿化管理部门予以重视,并出台一定的预防保健措施。年龄也常常成为务工障碍,主要是用人单位担心务工者年纪大了,一旦出事后牵扯不清,不如干脆把年龄大者拒之门外。有村民反映,其本来在高速公路上干活,到了年龄就不让去了。单位在雇用员工时有自己的免责考量的确无可厚非,却也断了上年纪村民的一条营收之路。

被拖欠工钱也是令部分村民挠头的问题。调研中有好几名村民反映,干绿化被拖欠工资好久了。园林公司欠他们一个人一万五千块钱(一年的工钱),总共欠了他们30多万元。他们联合起来打“12345”市长服务热线,答复说是让联系律师事务所,但他们又找不到地址。还有人建议他们找清欠办公室,法院给他们找了个律师,律师费是(拖欠金额的)5%,能给代理打官司,但需要先交律师费才行,额外每个人还要交200元的诉讼费给法院。他们担心交上打官司的钱,还是拿不回工钱来,就这么一直拖着。他们前几天还去问了一下,说是这个月给发钱,但他们觉得够呛,因为以前也是这样今日推明日,看来还是得另想办法。欠钱的是一个个人的公司,其绿化项目是承包的,老板把上级拨下来的钱拿去别的地方投资了(收不回来)。不过干绿化拿不到工钱不是普遍现象,在其他公司干绿化的,能顺利拿到工钱。

2.中草药与劳作收入

也有以采收中草药材作为副业的。调研组看到几户村民在地上晾晒一种长茎的草,称为“茶棵子”,说是可以做中药,泡茶喝可以保健,外边有来村里收购的。调研组查询发现,茶棵子原来就是罗布麻,是治疗高血压的常用中草药(罗布麻片的主要原料)。村民们说这些茶棵子是野生的,得到芦苇地里去找,忙上一天找到的茶棵子能值几十块钱。调研组还碰到有村民在村里国槐下采摘槐米,槐米也是中药材,有清肝泻火之用,也有外边人进村收购。在附近张茂家村北公路两边的绿化带就有不少结满了槐米的国槐,有村民说园林管理人员不让摘,怕会折损国槐。

还有通过其他劳作获取收入的。村民王玉枝因腰疼干不了绿化,就在家里编织装篮球的那种网子。这个活是由惠民县来的人组织的,把线送到村里来,村民编一个网子的手工费是4毛钱,一天(闲暇功夫)能编20来个,能挣个“馍馍钱”。另有村民在附近土地流转出去后成立的农业园里干活的,是按小时来算工钱。

3.种植、养殖庭院经济

农村住户多有一定面积的庭院。不少村民在庭院里种植蔬菜瓜果,能部分满足日常食用,且食材纯天然。也有在家养几只鸡下蛋吃的,自家土鸡蛋比起养鸡场鸡蛋,明显味道更好、更有营养。庭院经济本质上是以往自给自足小农经济的一种延续或残存。

4.老年村民的存款习惯

大安定村村委大院的传达室,挂着一块“青岛银行存款代办处”的牌子,这是村里与青岛银行合作设立的代办点。代办点由村里的张进国负责,主要为方便村里那些行动不便、表达沟通不畅的老年人办理存款业务。

村里老年人在存款上还是以安全稳健为主。自己有了点闲钱一般都是存进银行,认为这样最保险。他们不精通网络,对于网络银行、网上支付之类也不太了解。这样倒也好,大大减少了受骗的可能。可能由于看电视里的网络诈骗、理财诈骗、集资诈骗的新闻多了,各种预防诈骗的宣传又多,加之老年人手头积蓄不太多,村里受骗的老人较少。

二、弱势群体的生活保障

(一)五保户的生活状态

“五保户”的叫法很多人耳熟能详。五保户常见于我国农村,五保户制度是对无依无靠的老人、儿童的一种保护,是社会主义制度下的一种福利和人道主义救助。五保户由来已久,游传忠说,打一开始解放,大安定村里就照顾鳏寡孤独。这些人入了社之后就是五保,哪五保呢?就是“吃穿烧住用”。当然这个概念现在已经不合时宜,现在的五保主要是指“保吃、保穿、保医、保住、保葬(孤儿为保教)”。

根据《农村五保供养工作条例》(2006年颁布),五保供养对象主要是农村中无劳动能力、无生活来源、无法定赡养扶养义务人或虽有法定赡养扶养义务人,但无赡养扶养能力的老年人、残疾人和未成年人。

吴瑞光是村里的五保户。他70来岁,孤身一人,没有老婆孩子。以前他不在家(村里)住,在张明华的推荐下,在城里的恒基置业干保安。2021年9月吴瑞光身体出问题,住了两个月的院,2022年5月回到村里。住院的时候,恒基置业给他拿了三万块钱。吴瑞光的病主要是心脑血管(脑梗)问题,现在口齿不清,走路不稳,一只眼睛失明,耳朵有点背,与人交流稍有困难。但他生活还能基本自理,声音比较洪亮,中气挺足,这是很多心脑血管病人的共同特点。

因为脑梗后身体不好,吴瑞光的保安工作做不下去了。一方面,单位担心吴瑞光要是在工作岗位上有个三长两短,不好交代;另一方面,吴瑞光也不想让工作几十年的老单位扯上麻烦,又想到老了总得叶落归根,就要求回村安度晚年。

吴瑞光村里的老宅子早已是危房,国家拨款给他盖了三间新房子住着。吴瑞光新房子的面积不算大,但挺结实,铝合金的门窗,水泥涂抹的外墙,屋里也干净明亮。西边紧挨着新房子还有两间破败不堪的土坯房,里边堆了乱糟糟的柴火、木板、被褥等老旧杂物,土坯房门框上钉有 2020 年 6 月杜店街道办事处监制的"危旧房屋警示牌",提示该房屋"禁止使用,严禁居住"。吴瑞光的院子很简陋,除了靠大街的一面,其他三面没有围墙(也没有必要),进出院子的大门也只是简陋的木栅栏门。

按规定,五保户有集中供养和分散供养两类,由五保户本人自愿选择。集中供养一般是住进养老院,这种情况不发五保金;分散供养则发给养老金,采用投亲靠友的方式,由亲友照料其生活起居。调研组在村委会议室里看到一份几年前签订的《农村散居五保供养协议》,由杜店街道、大安定村委、五保供养对象李现祥三方共同签名,较详细地规定了各方的权利与义务。

吴瑞光属分散供养的五保户。在基础收入方面,村里每个月除给他 60 块的养老钱外,还多发 200 块,另外国家每个月还发 1400 块,生活上算是绰绰有余了。至于照料者,吴瑞光在村里还有个兄弟,兄弟也得了脑梗,说是比吴瑞光还严重。吴瑞光现在由侄子家照料。吴瑞光的房子里家用电器比较齐全,电视是自己在城里上班时买的,空调则是侄女家给装的。

吴瑞光说侄子对他比较孝顺,照料得不错。吴瑞光生活基本能自理。他早年在酒店干过十年,会炒菜,一天忙完三顿饭,再洗洗衣服。晚上去东边桥上拉拉呱,生活过得还算惬意。吴瑞光这样阐述自己的人生态度:"老了,先享受享受就好了。人就得看开了,心胸放开阔,不要想那些乱七八糟的事。欢乐也是一天,苦恼也是一天,为啥不欢乐呢?"吴瑞光还说自己赶上了好时候,比以前的病人(命运)强太多了。

(二)贫困户的生活状态

调研组在街上跟村民闲聊,看到张进国领着杜店街道的办事人员进贫困户张素针家里走访。调研组不失时机地跟着办事人员进到张素针家。张素针家收拾得干净整洁,一看就是讲究人。堂屋墙上贴着一张"巩固脱贫攻坚,推进乡村振兴"的连心卡,上面记录着贫困户张素针的基本情况。

张素针的帮扶责任人是杜店街道的胡淑敏。张素针家庭人口是 1 人(丈夫以前是干装修的,40 来岁去世,已经 13 年了),分户子女数 1 人(张素针有一女儿,嫁在本村)。致贫原因是因病(张素针患股骨头坏死,走路不方便,较少出门,只能走到院子门口),贫困识别标准为国标。在帮扶方面,三保障及饮水安全情况条目里注明：享受教育帮扶0人，基本医疗保险落实1人，住房安全情况为安全住房（由于头两天刚下了雨，工作人员询问了屋顶是否有漏水或损坏的情况，如果有就负责免费维修。调研组此前在另一贫困户家就见过了因屋顶漏水而前来维修的场景），饮水安全情况为安全。其他政策落实方面，享受低保1人（即张素针本人），享受计生奖扶1人，高龄补贴0人（张素针当时64岁），享受残疾补贴0人，转移就业0人，公益岗0人，享受优抚政策0人。

下面还贴着对张素针2021年的帮扶情况。上面显示，张素针家已脱贫，脱贫年度是2017年年底，脱贫属性是已脱贫，贫困户属性为低保户。目前健康状况为残疾，无劳动能力。2021年，张素针享受的帮扶措施是有线电视安装、纳入低保、残疾办证、免费健康查体（墙上还挂着一个黑色的健康扶贫资料专用包，单位显示为杜店街道卫生服务中心），商业补充保险，居民医疗保险减免。另有2021年家庭收入汇总表，其中计划生育金1200元，低保金4719元，养老保险金2138.16元，其他转移性收入里，非空白项有低保户电价补贴98.4元，残疾生活补助1346元，经济困难老年人补助960元，失地保险金37.68元，赡养费200元。

张素针说，除了股骨头坏死，自己的胃也不好，血压高，放在以前年代就过不下去了。也就是政府帮扶得好，医疗、有线电视、天然气，都给低保户报销。这些都得感谢共产党！

（三）低保户评定及帮扶难度

五保户、低保户、贫困户有所不同。五保户就是前文吴瑞光那样无劳动能力、无生活来源、无法定赡养扶养义务人的人群。贫困户是以家庭为单位，人均年纯收入低于社会平均收入，贫困户收入标准各个地区有所差异，一般是几千元的标准。低保户包括没有任何经济来源、没有任何劳动能力、没有赡养人的人群，也包括长期失业，家庭收入低于低保标准的人群，或者有工作但收入仍低于标准的人群。

2020年年底，中国已经全面消除贫困，两千万建档立卡的贫困户已经完成了脱贫。但仍有五年的过渡期，所以仍可享受一定补助。张素针的信息上显示为已脱贫，因为其家庭收入已超过贫困户标准，但仍属于低保户，享受低保待遇。

现在对于低保户的评定，已经实现了网络大数据化，评定更加客观，基本排除了人为操作的干扰。村干部说：今年的低保户又去了一大批，得有七八成，很多低保户都达到收入标准了,脱贫了。标准都有硬性指标,比方说 53 岁不能办特困,必须满 60 周岁才能申请特困。再比方说孩子有房(商品楼)、有汽车(比如小轿车),就不能算低保了。以前虽然也有这项标准,但具体情况不好核实,执行起来也没那么严。现在所有信息上网,实行大数据管理(张素针家里张贴的 2021 年收入汇总表,正是低保户信息上网进行大数据评定的具体体现)。打上家人名字,所有的(收入财产)数据都出来了,捂也捂不住。这样既客观公平,村干部也省了很多劲,所以村干部还是欢迎低保数据上网的。

帮扶贫困户也有比较难办的。村干部们说起一个帮扶笑话,当事人不是大安定的,是邻村的一个低保户。腊月二十六社区人员到他家扶贫,给他送去了三桶油、三袋米。他站在门口说:"怎么才来啊?"让帮扶人员哭笑不得。

虽然根据家庭实际困难程度评定五保户、低保户理所当然,但关于贫困补助偶尔也有攀伴的。有人抱怨吃低保每个月才 400 多块钱,人家五保户一个月 1400 块,这么一对比,就觉得不平衡。这也启示我们在帮扶的同时,是否还有必要配合作一些解释与心理疏导?比方说:"人家五保户没有子女,又没劳动能力;你虽穷,但毕竟还有子女帮衬。要是跟五保户交换,你愿意换吗?"答案当然是不乐意。这么换位思考,心里的那点不平衡也就能理顺了。

三、村民健康与医疗保障

(一)旧农合时代的农村医疗

1.旧社会农村缺乏医疗保障

旧社会时,在广大农村,个人付费(自费)往往是唯一的医疗融资方式。但农民普遍贫穷,难以负担医疗费,生病后或者没钱看医生,或者有点钱但因农村缺医少药而求医无门。大安定村及周边地区民众看病还是以中医中药为主。那时附近的码头村、刘六村、洼李孙家都有中药铺子。看病的时候,请先生(有的先生依附于中药铺坐诊,有的则独立坐诊)诊脉辨证开方,然后拿着方子到中药铺按方抓药,回家熬药,千百年来一直如是。但是,由于贫困,广大农民在生病后更多的还是小病靠挨,大病靠命。总体来说,农民的生命健康缺乏医疗保障。

2.医疗资源的集体公有化

医疗保障制度从根本上说要解决两个核心问题:一个是医疗机构(人员)配备,一个是医疗费用的融资。中国农村医疗保障的建立,也正是在解决这两个核心问题的过程中艰难摸索前进。新中国成立后,加强广大农民的医疗保障成为医疗领域的努力方向。医疗改革也是从"医疗机构(人员)配置""医疗费用融资"两个方面展开的。

1951 年,国家开始对农村医疗资源进行掌控和调配,把原来散落的乡村医疗从业人员整合起来,成立了"联合诊所"(其本质是对原本私有的医疗资源实现掌控,力争其为民所用)。联合诊所性质还属私有,农村基本还是要自费医疗,农民找医疗机构确实方便了(缺乏医务人员的问题缓解了),但仍要自己承担费用(很多农民仍然承担不起医疗花费,医疗融资问题并未改善)。这一时期国家对于医疗强大的管控介入能力也开始体现出来。最典型的表现是爱国卫生运动。新中国成立后,在医疗方面逐渐演变成西医为主,中医为用。中西医各有所长,西医在防疫(疫苗)方面具有明显优势。1952 年 3 月,国家成立中央防疫委员会(后为中央爱国卫生运动委员会),领导和组织反细菌战,加强防疫宣传工作,在全国范围内开展了爱国卫生运动。在国家号召下,大安定村也参与到以粉碎美帝国主义细菌战、消灭疾病等为主要内容的爱国卫生运动中,其中一个重要工作内容就是给儿童普及接种牛痘,以预防天花这种对婴幼儿危害极大的烈性传染病。大安定村派出游传忠学习种菌苗(疫苗),回来后给本村儿童种痘。普及种痘的成效很明显,到 1956 年,天花在国内几乎绝迹。

1954 年后,在医疗机构配置上,医疗人员下沉到农村;在医疗费用融资方面,由集体和村民个人共同承担。公社时期的一个鲜明标志是乡村医生的出现与壮大。合作化运动之后,公有化成为主导倾向。与此相适应,农村医疗资源也摆脱以往的私有制,实现了公有制。各地生产合作社集合了本合作社内的初级卫生人员(非脱产),兴办了保健站来为本社社员进行医疗服务,医疗真正成为公共卫生事业。1958 年人民公社成立后,国家又在县里设置县人民医院,在公社设立公社卫生院(相当于现在的乡卫生院,由原来的联合诊所、保健站、区卫生所合并而成),在大队(村里)则设立保健室(相当于村卫生室,配备保健员、接生员和保育员等)。到 20 世纪 60 年代,县、乡、村三级农村医疗卫生体系基本形成,医疗机构(人员)配置的问题基本得到解决,农民就医有了去处。

在医疗费用融资方面,公社化伊始,曾倾向于医疗费用全部由集体承担。1959 年的《关于人民公社卫生工作几个问题的意见》里提道:目前主要有两种形式。一种是谁看病谁出钱(个人拿钱),一种实行人民公社的社员集体保健制度(集体承担)。并认为,应该以后者(集体承担)为宜。但看病不花钱会造成沉重的财务负担。因此在农村实现医疗保障,需要集体、农民个人双方的共同投入与协作。

3.“乡村医生”承载的旧农合

正如“民办教师”承载了那个年代的农村教育一样,“乡村医生”是那个年代农村医疗保障的绝对主体,合作医疗主要是通过乡村医生来完成的。对乡村医生的理解,可以与对农村民办教师的理解相参照,二者有着本质的相似。因为无论乡村医生,还是民办教师,都不需要从业证书(医师证和教师资格证),都是在农村地区生产力不够发达、经济不够富裕的客观条件下,借助村庄集体所有制的资源配置优势,解决医疗与教育方面的人才与经费问题,以更好服务于广大农民。合作医疗是建立在互助合作基础上的集体福利事业。其资金在很长一个时期来自两方面,一是农民个人和家庭出资,一是各级集体出资。

具体分析起来,乡村医生也是大队社员,平时跟其他社员一样参加生产队集体劳动,当社员有医疗需求时进行医疗救助。乡村医生不挣工资,跟社员一样计算工分(因为有专业技术,乡村医生工分比普通社员略高),据此到年终参加本生产队的决算分红。民办教师与乡村医生相似,也是大队社员,在本村小学为大队的孩子们提供教育服务,跟社员一样计算工分,根据工分参加年终分红。可见乡村医生和民办教师,人是大队集体出的,费用(工分)也是大队集体承担的,相当于大队集体在一定程度上(并非完全)为社员们的医疗和教育买了单,这是社会主义集体制给农民的一项福利。

大力培养乡村医生的原因是当时农村医疗人才相当短缺。在培训乡村医生时,首先要选政治可靠过硬的。乡村医生主要是到县级医院进行一段时间的学习、实习,学会一些简单的打针吊水、常用药使用,能够治疗感冒、肠胃炎等常见病,会操作针灸等技能,这样就能胜任农村的医疗工作了。村民张明广的记忆中,乡村医生是1970年后出现的。大安定村的乡村医生是游秀泽(1955—2016),有那么十几年,大队社员有什么小灾小病,多是由他来诊治,可以说他一肩挑起了大队的医疗卫生工作。游秀泽已去世,村民对他的记忆是:“原来是个乡村医生,那时候重点放在农村,他是自己学的,中医、西医、内科、外科、小儿科都明白。后来干着干着就没了(去世了),已经七八年了。”乡村医生的优势有两个方面。一方面,乡村医生本身就是社员,住在村里,这大大方便了社员就医;另一方面,乡村医生由生产队补贴,治病收费很低,让社员们看得起病。乡村医生制度下，医疗水平未必有多高，但在当时艰苦的经济条件下已是最佳选项。

4.20 世纪 80 年代后农村医疗合作的萎缩

20 世纪 80 年代，伴随着家庭承包责任制实行，人民公社制度废除，已有的农村合作医疗也不可避免地萎缩。原因之一是支撑农村合作医疗这一集体福利的经费已经得不到保证，之二则是诸多医务人员放弃医疗行业去从事其他行业。一些乡村医生参加考核，124 万人中仅有 64 万人取得行医资格，农村医生的数量减少了一半。到 80 年代末，农村合作医疗的参与率跌至 4.8%，农民看不起病，因病致贫的情况又加重了。大安定村的乡村医生游秀泽也受到这种形势裹挟，他后来自己开了个诊所，算是开始单干了。到 20 世纪 90 年代，国家又开始重视农村合作医疗，并出台了一系列措施推动农村合作医疗建设。

（二）村民的健康疾病情况

现在农民健康状况比起以前的困难年代要好很多。有人说现在人的体质不如以前的人，其实是一种误解。在困难年代，条件所限，农民缺乏健康意识，很多人有个头疼脑热不舒服往往不在意，以为熬一下就能过去，所以知道自己身有疾病的并不多，除了病得很严重者，一般不认为自己有什么病。现在的人则比较讲究，有不舒服就去医院，更是经常体检，反而显得患病的比以前多了。是以“现在人健康情况不比以前”的观点，其实是一种错觉。有的村民说：以前的人到了六十来岁，就已经衰老得没法看了，现在六七十岁的，看着还是挺年轻。原因就是现在生活好了，医疗条件好了。当然调研中，村民尤其是中老年村民，还是普遍反映身体有这样那样的毛病。所谓“幸福的家庭都相似，不幸的家庭则各有各的不幸”，不同村民往往各有各的身体毛病。

目前心脑血管疾病已成为人类健康第一杀手。大安定村村民里最多见的也是心脑血管疾病。有已经发病造成问题的，如前面的五保户吴瑞光。脑梗后遗症的表现是行动不便、口齿不清。也有的村民脑梗后看上去恢复得不错，外表看不出来，但是自述走道不行，脑子发涨。有的村民做心脏搭桥手术有十一年了，没法干重活。有的村民并未发生脑梗，但是头晕脑涨（高血压）到需要住院的程度。有的身患多种慢性病，哮喘、肺心病、轻微脑梗。有的村民才 58 岁，表示身体“三高”（高血压、高血脂、高血糖）都有，一直在吃药控制。

腰椎、颈椎病等劳损性疾病在村民中也很常见。尤其在以前从事农活等重体力劳动的村民群体中更多发。有村民 70 岁了，看上去还挺年轻利落，但她说自己去年还能干绿化，现在得了腰椎病，干不了了。身体其他方面还行，血压也正常,就是手有时候发麻。

还有一些人得了发病比例不高但治疗较棘手的疾病。前文所述的股骨头坏死,调研组在村里就碰到了两例,有一例做了置换,另一例一直没有置换,现在行动不便。还有人得了红斑狼疮,目前尚缺乏特效治疗方法,需要一直吃激素维持。

令人谈之色变的癌症是人类健康的一大威胁,因癌症离世的村民不在少数,但也不乏经过科学治疗实现康复的。有村民自述十多年前得了大肠癌,他说住院的时候同病房的病友都“走了”,就剩他自己。他最终经过手术治疗,至今已经十多年,算是已经康复。可能是上了年纪的缘故(77 岁了),身体看上去较瘦弱,行动颤巍巍。有人 2009 年查出食道癌,到北京的大医院做了手术,手术很成功,过了一段时间回医院复查,大夫说完全治好了。他讲自从经历了那次病,很多观念发生了变化,工作上不再像以前那样拼了。

(三)村民就医选择的偏好

讨论医疗话题,免不了要涉及中医、西医的对比。中医作为传统文化瑰宝,似乎应该更受老百姓信任才对,但调研组发现,大部分村民还是倾向于求助西医。有村民表示:“中医慢,都知道中医能去病,但太慢了。去中医院也是用仪器看病。这边人们稍微麻烦一点的病一般是去青医(滨医附院)、(滨州)人民医院。进去以后透视、磁共振、彩超,先做上一圈,医生不大敢担责任,不检查就不给用药。”也有求助于中医的,多是西医没有好的治疗方法,如前述的红斑狼疮病人,前几年慕名到上海某名中医那里开药,好像是有效果,但也并没有根本好转,现在还吃着西药维持。调研组翻看村民们正服用的药物,其中也不乏中成药,吴瑞光吃的治疗脑梗后遗症的药品中,就有中药通络胶囊等。

张瑞琦刚从山东协和学院毕业,学的是医学影像专业,正奔波于各地参加招考。他认为医疗和教育将会是以后大火的行业,因为老年人需要医疗,孩子需要教育。

村民们在选择医院时往往有求大、求心安的心理。严重一些的疾病,先是在市里的滨医附院、人民医院检查治疗,更重的疾病与治疗,例如心脏搭桥、癌症手术之类,则一般都会选择到北京、上海等大城市的大医院。这种看重病大病习惯往京沪大城市大医院跑的倾向,让这些医院常常爆满,导致了看病难。究其背后的心理原因,人们病重时求的是保险与心安,其他地区医院的医疗水平可能并不次于北京、上海大医院,但存在不确定因素,而北京、上海大医院的水平肯定高，人们宁可多花钱，宁可麻烦，也不愿冒险。滨医附院已明确告知吴德恩家属不要再浪费钱治疗了，其子女仍然要求转院到北京的大医院，考虑的是北京大医院是最后的救命稻草，如果那里也治不了，也就认了。不去趟北京治疗的话，以后想起来可能会后悔，就无法心安。

（四）新农合与医疗费报销

2000 年之后，新型农村合作医疗（新农合）逐渐建立普及。合作医疗所需的资金，旧农合是个人出一点，集体出一点，而国家不出钱，不属国家医保。“新农合”所需资金，则是个人出一点，集体不出，国家出一大部分。

严格来讲，新农合不能算合作医疗，而是全民医保的一部分，比起原来的旧农合，其给予农民的福利保障更强。旧农合制度下，在村（大队）里看病很便宜，但到乡卫生院、县医院看病也不能报销。新农合制度下，一般来说小病报销很少，大病报销比例较高。这也可以理解，因为真正让农民惶恐不安的，不是感冒发烧类的小病，而是大病重病。前面提到某村民十多年前到北京做心脏搭桥手术，花费 10 万多元，报了 2 万多元，据说当时还有二次报销没有去报。现在当事人每个月要吃药维持，月药费在 600—700 元，新农合能给报销一半费用。另一村民十多年前做大肠癌手术，前后花了 25 万元；如果是现在，新农合医保更完善了，经济压力会小很多。

现在世界上较发达的国家和地区，针对农民和低收入者推出的医保，都类似于中国的“新农合”。但是也不能单纯地说新农合就优于旧农合，任何政策都是有特殊时代性的。新农合的大背景，主要还是经济发展，国家富裕了，能够给农民和低收入者更好的医疗福利。

到 2012 年，新农合在大安定村实现了全面普及，全村 106 户 404 位村民全部实现了参保（当时数据）。新农合的参保费用本该由农民自己出钱，但大安定村村民讲，费用由村集体承担了，村民不必出钱。现在 65 岁以上村民每年享受一次免费体检，医院给每个老年人建立起健康档案。这又是一项集体医疗福利，进一步加强了村民健康保障。

大安定村现在没有卫生室，村民们小灾小病看病拿药，一般是去东边张茂家村的卫生院，距离也不远。新冠疫情期间，卫生院也承担起周边几个村的全员核酸检测任务。据村民说，现在买药能够报销 50%。但按规定，只有去张茂家村那边看病才能给报销，其他地方不给报销，而张茂家村卫生院有些药没有，就没法在那里买药报销，对此群众不满意。到大医院的话，一般来说只有办理住院才能报销。吴瑞光说,他治疗脑梗时住院的费用给报销了,出院后自己买的防治脑梗中成药却没给报销,一盒70多元,也算个经济负担。

四、村庄的基础设施建设

(一)道路交通

现在大安定村的外部交通已经非常发达便利。村子西北方紧挨着滨博高速的滨南出口,车流量比较大。滨州市规划建设的纵横公路网,其中南北向的渤海二十一路、渤海十八路,东西向的南海路,黄河大道,056乡道,距离大安定村都很近,路况新且好,大安定村的地理位置可谓四通八达。有村民说,以前道路刚建成时,从大安定村到市政府那里,开车十几分钟就到了,不过现在各路口装上红绿灯,就要花费二十多分钟了。因为交通便利,村民们经常出门到十几里远的地方(以前的年代,这十几里路感觉也挺遥远的),说是骑上电动车,一会就到了。

大安定村的内部主干道路比较便利。南北方向有两条半主街道,东西方向有一条主街道,主街道比较宽敞,硬化路面,可并排通过两辆汽车。路两旁设有下水道,上铺预制板,方便村内排水。这几条主干街道以前是土路,坑洼较多,雨雪天气出行尤为不便。2000年,当时的村支书张洪杰等人争取了上级政府拨款3万元,加上村里每户筹资20—30元,将村庄主街道铺设成了柏油路。2001年,在村庄街道安装路灯22组,方便夜间出门。2012年,滨州经济开发区纪委的任建军入驻大安定村担任"第一书记",他帮助引资对原来柏油路改造修整,工程由华海筑路工程有限公司承接,总造价229776.3元。

(二)居住环境

2014年前,大安定村还有少量村民居住在老破旧房子里。村里对鉴定为危房的六户予以危房改造扶助。危房改造资金包括房主自筹和集体扶助两个来源。补助方面,修缮加固补助不低于0.5万元,低保户、贫困残疾人家庭重建房屋补助不低于1.6万元,其他贫困户重建房补助不低于1.4万元,建档立卡贫困户在同等条件下户均补助多1000元。经过危房改造,所有村民的住房安全得到保障,安居乐业里的安居已经实现。

早年农村厕所使用不便，甚至成为许多疾病的温床，这种情况一直到 2016 年滨州启动农村改厕才算终结。2016 年滨州市《政府工作报告》里列出的“十大民生实事”之一就是改造农村厕所。计划用两年的时间，改厕 77.3 万户，到 2017 年实现全市无害化卫生厕所全覆盖。厕所改造过程中，上级政府给大安定村每户 1000 元的资助。到 2018 年，大安定村农厕改造工作全面完成，三格式无害化卫生户厕成为村居标准配置。新型农厕无异味、无蝇蛆、不渗漏、不污染地下水，显著提升了居民的生活舒适度。

在生态环境方面，大安定村的周边环境已建设、绿化得整洁漂亮。村庄东南方是美丽宽阔的黄河大道，村庄东北边不远处是风景优美的南海水库，村庄东边不远处有引黄水渠。周边地区绿化率较高，春夏秋季，目光所及，满眼青翠。大安定村本身的绿化主要集中在村西北的水塘、村南的水塘、村南的天成观周边、村东北的树林等，住宅区的绿色植物相对少一些，多是村民家自种的蔬果、观赏或可食用的花草树木。由于村西紧邻高速公路，有些农户也受到一定的噪音困扰。

村容村貌得到很大提升，侵占公用地面的违搭乱建被拆除，旧时农村常见的草堆、粪堆、垃圾堆早已不见踪影。以前村里没有垃圾箱，垃圾随意倾倒，既不美观，还易造成污染，现在村里已配备专门的垃圾箱（从 2012 年开始，大安定村的生产生活垃圾由滨州经济开发区公用事业管理局负责清运），并聘用了专门的保洁员负责打扫村内街道卫生。

追求安居是几千年来中国人的一种执着，无论生死皆要有安居之所。从前，村民们称呼风水师为看阴阳宅的，阳宅是活人的宅院，阴宅是人死后安息的坟地（林地）。大安定村的坟地经历了两次搬迁，现在村里已没有坟地，去世者的骨灰都已免费迁入滨州经济开发区的人民陵园。

（三）水电燃气

用水方面，2001 年之前，村民用水多来自分别位于村南北的两口老井及各家自打的地下井，水质得不到保障。2001 年村庄花费 2 万元在村东南角打了深水井，安装压力泵，铺设输水管道，把井水输送到各家各户。2005 年，南海水务公司开始供给大安定村自来水（来自黄河水净化），水费由村集体统一承担。2015 年为解决用水高峰期供水不足问题，村里又安装了 3 台供水加压装置，保证了 24 小时不间断供水。2018 年，在村委大院东南角安装了直饮水装备，墙外开通两个水龙头，一个龙头出矿泉水，一个出纯净水，供村民做饭、饮用。直饮水费用也是由村集体承担,村民凭水卡可以不限量取水。有因拆迁而租住在大安定村的外村村民,只要手持本村水卡也可取水,他们说自己村庄并没有此项免费直饮水福利,对大安定村村民表示了羡慕之意。

大概 1978 年左右,大安定村实现了全村通电。但那时农村普遍存在着电压不稳、经常停电之类问题,所以煤油灯、蜡烛仍然是日常照明的标配。2002 年,滨州市启动电网改造工程。2008 年,滨州市深化农村电网改造,大安定村对全村电线作了更换和加粗处理,换上了新型优质的变压器。2014 年又将原来 30 千瓦的变压器更换为 400 千瓦的大型变压器,从根本上消除了用电高峰期电压不稳的情况。

村民们以前烧火取暖做饭,用柴火,用煤炭。柴火、煤炭用起来不方便,污染大,危险性也大。根据 2017 年的《滨州市清洁取暖改造工作实施方案》,从 2017 年 7 月到 2020 年消除市域内散煤取暖,实现以集中供暖、气代煤、电代煤为主的清洁取暖全覆盖。2017 年 10 月,与大安定村同属杜店办事处的张八寨村实现室外管道通气,这是滨州市第一个管道通气村。此后不久,大安定村也实现了通气。村民对调研组说:"以前是搂柴火做饭,现在不让用(烧柴火的)大锅了,改用燃气了。见年(每年)送暖的时候都要检查(有无用柴火、煤炭的),暖气用的也是燃气。"原来冬天是老人难挨的季节,很重要的一个原因就是取暖困难,现在也有了很大改观。村民说:"现在社会好了,老人也跟着享福了。"调研中,偶尔也遇到有老人不用燃气,仍用柴火,原因是过日子节俭习惯了,说是能省一个是一个,省下钱来给子孙用。

(四)村民文体活动场所

2006 年,大安定村投资 70 万元在村北建设了村委大院。村委办公楼有上下两层多个房间,包括图书阅览室、民兵之家、文体活动室、儒学讲堂教室、党员活动室、电子阅览室、远程教育室、科技普及室等。到图书阅览室借阅书籍的村民并不太多,民兵之家设备齐全,但民兵活动也不比以前年代频繁,主要还是与时代环境有关(电视、网络、手机逐渐普及,人们获取信息的方式逐渐多样化,图书就被冷落了;农村里发生冲突已经比较少见,民兵的用武之地也就不多),这也是大部分村庄的普遍情况。不过即便如此,大安定村依然对这类设置进行了保留。儒学讲堂教室倒是用得多一些,教室里电脑、投影仪、黑板等配置齐全,墙壁上有宣传传统儒家文化的挂画。前几年大安定村与某传统文化学堂联合举办的文化大讲堂每周在这里宣讲,村民参与听课与各种活动较为踊跃,后因疫情和学堂搬迁,讲堂停办。

大安定村的室外锻炼健身器材场地(小广场)有两处,一处在村委大院内部的东侧,另一处在村南原大安定村小学的南墙外。器材包括单杠、肋木架、秋千等。但调研组看见前来锻炼健身的村民寥寥无几,村民们似乎更乐意聚集到村东头的广场,或者就在自家门口街道上坐一起谈天说地。锻炼健身器材并未充分发挥用处,可能跟健身养生知识普及不到位有关。

2019 年,大安定村投资在村东头修建了文化广场。广场铺设水泥地面,东北侧为棚子,下有石桌石凳等,还配备有照明灯。文化广场的选址考虑到周围绿树掩映,环境宜人,并且距离村庄住宅区有一定距离,不易造成噪音扰民。广场建成后,很快成为村民聚集的主要场所。一到晚上,广场上便挤满了人,有唱歌的、有跳舞的、有闲聊的、有打扑克的,煞是热闹。村民开会也多在此地。文化广场俨然成为村庄的地标性建筑之一,村人在描述具体位置时,也常以文化广场为参照坐标。

五、商品流通与物流服务

(一)村内便民超市

村民使用日常百货用品一般从村里的两个超市购置。一个是紫璇超市,在村东口路北,另一个是雨彤超市,在村庄东西向主街道与东侧南北主街道交叉口附近,改自民房(在北墙上开了个门)。

紫璇超市的前身是村民游希恩于 1983 年在村中心位置开办的小卖部。游希恩说,以前村里有集体供销社承担商品售卖,改革开放后,村民自己开设小卖部蔚然成风,集体供销社逐渐退出历史舞台。游希恩的小卖部经历两次搬迁,于 2000 年年初搬迁到大安定村东首现在的位置。雨彤超市是 1990 年前后开办,此前的经营者为张维维(女),2010 年张维维出嫁,超市由其母亲和弟弟接手。

两个村庄超市售卖日常百货,方便了村民生活。以前村里人多,生意还是不错,但随着村庄空心化,销售额随之萎缩。老板抱怨:“生意不大行了,村里没大有人。”现在送货司机都不大乐意往农村超市送货,就因为采购量少。在村里居住的中青年一般白天在外工作,晚上回家,需要什么商品顺便就在外边购买了带回村。村里的老人比较会过日子,是价格敏感人群,所以农村超市里进的货档次一般不很高,价格相对便宜。老板并非不愿意进高档次的货,但消费者不买账,就只能随行就市。

比较大件的或有较高档次需求的商品,村民们一般到城里的大超市如银座超市等处采购。大超市商品的档次高一些,种类也齐全,村里超市没有的蔬菜肉类,在大超市都有售卖。比较近的银座超市离大安定村7.5公里,以前还算遥远,但现在道路方便发达,骑电动车一会儿就到了。

(二)集市与外来商贩

农村逢集仍然在村民生活中占据重要位置。村民们赶集主要是采购日常蔬菜肉蛋。大安定村不逢集,最近的集在西北方的刘六村,三天一逢集;再一个是张管集,初一逢集。

从前,走街串巷卖东西的外来商贩屡见不鲜,现在随着购物更加便利,货郎早已销声匿迹。调研组在村里只见过一次卖西瓜的汽车驶过,村口大路上倒常见西瓜摊,仅此而已。村里经常能见到来收购的商贩,有收旧棉花套子的,收狗的,收茶棵子、槐米等中药的。这些商贩以其走街串巷的辛劳,帮助维系着村子与外部的货物流通。

现在无论在城市还是乡村,常有一些团队打着做活动送福利的旗号,聚集一群中老年人听讲座搞推广,目的是售卖一批品质与价格不符的产品,也算一种打擦边球的诈骗。这种行为的触角也伸及村里,但总体并不很多。

六、村民的情感寄托类型

有个哲学上的追问:人活着的意义到底是什么?如果通俗一点,就是人的情感可以寄托在哪里?通过访谈,我们发现大安定村村民的情感寄托主要有以下几类。

(一)将孩子作为情感寄托

传宗接代、养育孩子、光宗耀祖,是中华民族几千年来的执着追求。以前的贫困年代,农民传宗接代为的是养儿防老。现在物质生活水平极大提高了,养老问题已不再特别令人焦虑,把养育孩子作为情感寄托的比例则大大提升。

村里街上能经常碰到一位 90 多岁的老人坐那里跟人聊天，她是张洪杰的母亲。调研组还记得第一次见到老人，她开口第一句话就是“我有七个孩子”，然后说起“前面那个房子是老儿家的，现在村里自己的后代有几十口子人”云云。调研组明显感受到老人儿孙满堂的自豪感，或许对她来说，养儿育女，组成这么一大家子人，一个大家族，其人生就有了意义。

老人对张洪杰从大城市上海调回老家滨州的态度很具代表性。张洪杰是老人的大儿子，20 世纪 20 年代在东海舰队当兵，兵役期满幸运地留在了上海工作，成为令太多人艳羡的大上海人。但在 80 年代初，张洪杰觉得在上海照顾不到家人，兼之家庭联产承包后分地到户，他就打报告申请从上海调回滨州原籍。张洪杰说，当时上海市的户口特别金贵，全都是打申请往上海调的，就没有要从上海市往外调的，所以自己一打报告马上就得到了批准。张洪杰从大上海回到滨州(那时还是滨县)当工人，有人说张洪杰要是一直待在上海，现在妥妥的是成功人士。对此张洪杰倒也看得开，觉得留上海还是回滨州，各有各的好处。调研组就此事询问张洪杰的母亲：“你愿意张洪杰留上海还是愿意他回来?”老人坚定地回答：“回来好!”

人各有志，有的人以事业为重，有的人则以家庭为重，这都是人生意义的喜好与选择，选择对错的标准，不在别人，而在于自己的切实感受。现在有一个流行的说法：“你家那个没出息的孩子，其实是来报恩的。”的确，有太多父母含辛茹苦培养出有出息的孩子，结果孩子远走高飞。反倒是那些“没啥出息”的孩子能留在父母身边守候陪伴。张洪杰过得还不错，但比起大上海的工作，还是差了太多火候。他放弃那么多人求之不得的上海人身份，选择回老家陪父母陪家人尽享亲情之乐，纵然以得失论之，也只能说有得有失。

(二)各样的兴趣爱好

兴趣爱好是重要的情感寄托。村民周洪策是个典型的例子。他 2003 年从工厂办了内退。他在工厂上班时非常忙碌，生活充实，退休后受不了那个清福，在家闷得难受。所以他又折腾着养牛、养鸡。后来身体条件不允许了，待在家里又闷得慌，于是找到一种新爱好——钓鱼。说起钓鱼，周洪策眉飞色舞、滔滔不绝，表示自己经常到村南的湾塘钓鱼，也常去黄河边钓鱼。钓友很多，在黄河泄水闸那里，一溜钓鱼的，一个挨着一个，排得满满当当。也有人到南海水库偷钓的，钻进防护的铁网子，晚上六点开始打窝，第二天早起能钓 60 多斤……对周洪策来说，钓鱼就是图个乐子，钓着钓着就上瘾，钓上鱼就高兴，旁边人也会羡慕。周洪策钓鱼却不吃鱼(没有功利性),钓到的鱼或者送人,或者就撒回水里放生了。他鱼竿有 20 多根,平均得 100 多块钱一根,再加上买鱼食等,这样算下来钓鱼算是一项花钱的爱好。但沉迷于钓鱼后不闷得慌了,这就是有一门爱好的好处。村里张小辉工作闲暇也常去钓鱼,打窝之类的术语张口就来,他还买了器材搞摄影。有自己兴趣爱好的人,无疑是幸福的。

村里一王姓村民则喜欢唱歌。到他家调研时,他刚跟工友在外喝了酒回家,捣弄了半天音响,给调研组献唱了一首,唱得很不错。他身材不高显瘦弱,在外从事墙体粉刷。家里两个儿子,快到结婚年龄,还是有不小的经济压力。他家女主人一个劲说自己喜欢女孩,调研组刚开始还觉得她这个年龄没有重男轻女的观念,倒是挺开明,过后才明白过来,女主人更可能在操心儿子婚事。艰辛的工作之余,这位王大哥的主要爱好就是喝点小酒,再就是唱歌。有人建议他开直播,他不干,"就是自娱自乐"。可能沉浸在歌唱中,有一种超脱与轻松。很多村子都有一两个这样沉迷乐器或唱歌的村民,他们没有大富大贵,平凡普通,但在音乐中找到了心灵的栖息地。

退休教师王秀云讲,她最喜欢的,一个是小孩子,另一个是养花,还有一个是唱戏。她当教师时,跟孩子打交道是一种幸福,退休后照看双胞胎孙子孙女,含饴弄孙,又是一种幸福。她打理鲜花,什么仙人掌嫁接蟹爪兰,火龙果枝条嫁接之类,忙得不亦乐乎。再就是喜欢唱戏,一展歌喉。

养宠物也是兴趣爱好之一。调研组在村民李道明家里看到窗户上挂着俩鸟笼子,里面养了四只鹦鹉。他说养鸟就是个爱好,能够解个闷。养狗也是种乐趣,村里的多肉植物园里养了几只小泰迪和哈巴狗跑来跑去,看见陌生人靠近,汪汪叫上两声,算是履行了看门职责。老板说:这些都是流浪狗,看着可怜就养着了。园里还有两只猫,也是捡来的,老板喂了它们几天就留下了。"猫狗也是一条生命,既然领养了,就得照顾好,让它们吃饱不受冻。"老板不愿把狗拴起来,希望狗能过自由的生活。村里街道上也常有狗跑来跑去,品种多样,以前农村占据主流的土狗("中华田园犬")比较少。可能农村氛围使然,没见有村民和城里人那样遛狗,甚至抱狗于怀的,想来村民对狗的认知,还是看家护院的帮手,而非情感寄托的宠物。

至于旅游,年轻人喜欢满世界去跑,上年纪的村民则少有那份兴致。百无聊赖了,老人一般骑上车到黄河边、秦皇河湿地公园转一转,听人唱戏、聊天。有老人说:"旅游不是好差事,70 年代到过北京旅游,体验并不好,很赶很辛苦。要说出去参观、学习技术可以,不然就没意义。现在黄河边上那么漂亮,自个儿骑车四处逛逛就算旅游了。”

走在村里，经常看到门前街道边坐着马扎三五成群闲聊天的村民。上到国家大事，下到东家长、西家短，聊得不亦乐乎。有时候没话题了，大家也舍不得散，就只坐那沉默着。这时你如果从他们面前经过，下一步的闲聊就会围绕着你展开。调研组几乎每天都能看到张安昌老人。老人快 90 岁了，老伴已去世，孩子住在城里。他耳背，跟人交流费劲，在家里闷得慌，又没条件像周洪策那样培养一门兴趣爱好，只能每天在村里闲溜达，也常到其他村民家里坐坐。老有所乐，也应该作为一个重要的农村问题受到关注。

（三）自发的民间信仰

信仰在本质上是一种情感寄托，这种寄托比起一般的兴趣爱好，要更高大、更严肃、更终极一些。

民间信仰的一个核心内容就是信神。游传忠说：“信神（本质上）就是个依靠的事。”1949 年以前，老百姓没有不信神的，信神好像是老百姓的本分。“老百姓信神就是一个信天（玉皇大帝）、灶王，家家户户都有（供奉），没有不行。过年了，竖上一个天地牌，在黄表纸写上字‘天地三界十方万领神位’，就是说哪一方的神仙也都上这来（中国传统的多神论体系），老百姓烧香烧纸你（神仙）就来领（神争一炷香，神也需要香火）。家家户户都有灶王爷，灶王是当家的，一家之主，就是一张画子，哪里烧火（灶台）就贴哪里。腊月二十三小年，把旧灶王（画）烧了，这就是灶王爷上天了。贴的灶王画两边有对联，‘上天言好事，下界带金银’，横批是‘一家之主’。信神也没有什么大害处，事还是该咋办咋办，有病也是该咋看咋看，不依靠那个神。但也有让信神耽误的，原来的病，痨干病（肺结核、干血痨），本来是能去医院治好的，就是一信神给耽误了。一解放全都取缔了。不管是什么道门，国家（政府）不允许。”

现在的大安定村，传统的神灵信仰已几乎不见踪迹。且大安定村并非个例，周边村子也多与之类似。这可能与本地破除迷信、移风易俗贯彻得比较彻底有关。说起灶王爷类的信仰，上年纪的人还有点印象。有女性村民讲，她 70 年代初嫁到村里来，就没见过贴灶王爷画之类，那时候就都不信了。

但骨子里对于“依靠”的本能需求，仍然促使群众不失时机地去寻找、确定某种信仰载体。围绕着附近南海水库的观音神像，就发生过一起“民间信仰”的典型事件。滨州市规划建设的四环五海，其中五海之一的南海（水库）就在大安定村东北不远处。因为叫南海，当时相关部门就在南海水库立了一尊南海观音的塑像,也算一个应景之所。有附近村民讲:“南海观音像立起来后,就慢慢滋生出一批信众,形成规模了。牵头的是个退休的,召集了男女老少去拜观音,兴旺的时候有200多人。信众们三步一磕头,两步一作揖,南海好几里地,一天就转过来了。领头的还给人看病,说医生看不好的病他都能给看好。有不少捐钱的,跪着烧香祷告,钱都放钱罐里,(牵头的)也是为了营利。参加者也有年轻的,家里啥活也不干,就知道去拜神,也有闹得离婚的。这叫拜佛吗?歪门邪道!后来市里公安系统以烧纸焚香污染水源为由,过来把观音像弄走了。观音神像本身没问题,(牵头的)是利用了这个神像,来搞歪门邪道!”

“当谋事在人,成事也在人的时候,现在还在宗教中反映出来的最后的异己力量才会消失,因而宗教反映本身也就随着消失。”[①]现代社会给予了人们更完善的保障,这在很大程度上瓦解了宗教神灵的存在基础,所以相比以前,现在村民中的信神者已经少了很多。但是现有的保障,离恩格斯说的“谋事在人,成事也在人”的理想状态毕竟还是有一段距离。在当前保障所触及不到的地方(例如医保提供了重病的治疗保障,但在抚慰患者心理方面则难以顾及),人们有时还是会陷入安全感缺乏之中,会本能地去寻找心理依靠。这时如出现前文所述打着神灵旗号宣称能够消灾解难的牵头人,就很容易吸引到一批信众甚至造成群体影响。这个阵地,我们不去占领,就会有别人去占领。在科学昌明的年代,如何探索出一条给民众带来依靠、安全感的先进路径,是时代给我们的一个新课题。

① 《马克思恩格斯选集》第3卷,人民出版社2012年版,第705页。

第九章　第一产业的悲欣交集

一、盐碱干旱与稻改棉改

黄河灾害可分成直接灾害与间接灾害。直接灾害是前文已详述的洪灾、凌灾，特点是来得猛，去得也快；间接灾害则是土壤盐碱化，其特点是来得不那么猛烈，但属于钝刀子割肉，持续时间长，导致粮食减产进而威胁村民生存，其危害其实不比洪凌灾害小。

（一）沿黄地区的土壤盐碱化

以前，地处黄河三角洲的滨州地区（那时叫惠民地区），给人的第一印象往往是盐碱，不少人提到滨州（惠民地区），都说那里盐碱严重。这种说法固然偏颇，倒也并非空穴来风。滨州（惠民地区）确实有盐碱化相对严重的时段与地区。“滨州市盐土类面积为 11hm^2（1hm^2 为 10000 平方米，即 1 公顷），占土地总面积的 16％，境内除邹平县外，其余各县区均有分布，其中，以无棣、沾化 2 县面积最大。主要集中在无棣和沾化 2 县的中北部，滨城区和阳信县的部分乡（镇）也有分布。”①

当时惠民地区的滨县、沾化、无棣、利津、垦利（利津、垦利当时属惠民地区，20 世纪 80 年代初东营建市，划入东营市），都有土地盐碱程度比较严重的地方，当地人称为“碱场洼”。有流传的民谣：“碱场洼，天地大。没树，没草，没庄稼。春天白茫茫，秋后红荆条。”又有民谣：“春天白茫茫，夏天水汪汪。村头光秃秃，只有几墩红荆柳。”现在人们听着歌谣像在看一道苍凉的风景，但当时人唱起来却是可以想见的无奈悲怆。盐碱地区，大多数作物，如玉米、小麦等，难以生长，

---

① 陈淑清：《滨州市盐碱地的治理与开发》，《河北农业科学》2009 年第 13 期，第 94 页。

产量低,仅适宜种植盐地碱蓬、红荆条等植物;盐碱稍轻的地区可以种植棉花,但棉花是经济作物,又不能当饭吃。这无疑给当地农民生存构成了严重威胁。

滨州地区的土地盐碱化,"由大气降水,黄河水侧渗,引黄灌溉、排水不畅、蓄水工程渗漏、风暴潮侵袭、海水倒灌等多方面原因造成,不断发展,均与地下水位的起伏波动密切相关"[①]。要理解地下水位对土壤盐碱化的影响,最重要的是了解"毛(细)管现象",举个直观的例子,一条干毛巾的下半段浸入水里,上半段悬垂在水面之上,很快会出现水面以上的毛巾也会湿润的现象。之所以如此,因毛巾里的细缝是一种"毛细管",水会由于毛管力的作用上升。与此同理,一块土壤放置于水中,水面以上的土壤也会出现湿润现象,这也是因为土壤里的孔隙形成毛管,毛管力推动水分在土块内部上升。由于矿物质(盐碱)溶于水,地下水位上升必然带动深层土壤的矿物质(盐碱)同时上升,水分蒸发以后,这些矿物质滞留于表层土壤,就造成土地盐碱化。不过地下水沿毛管上升程度有限,土壤学里地下水开始能够升到地面的深度叫"地下水的临界深度"。地下水位在临界深度以上,土壤才易盐碱化,地下水位在临界深度以下,则不易盐碱化。土壤学还认为,"黏性大的土壤比沙性大的土壤的临界深度距地面可能远些"[②]。

根据土壤学对盐碱地成因的解释,大致可确定大安定村的土地盐碱化,与海水倒灌、风暴潮侵袭的关系并不密切(因其距离海岸线颇有一段距离),主要还是气候特点、黄河水渗漏、引黄灌溉等引起的。

从地域气候看,滨州地区"雨季集中,夏季降水多,蒸发量大,溶解在水中的盐分容易在土壤表层积聚;另外,夏季多而集中的雨水,使大量可溶性盐随水渗到下层或流走,春季地表水分蒸发强烈,地下水中的盐分随毛管水上升而聚集在土壤表层,这是主要的'返盐'季节"[③]。从黄河水渗漏看,黄河下游悬河导致黄河水位远高于沿岸村庄的地下水位,河水由高到低渗漏过去,导致地下水位升高而产生盐碱化。"由于河床的不断淤淀,相对地增加了临背河的悬殊,引起了背河地下水位的上升,造成了背河低洼土地的盐碱化,给沿堤一带的农业生产带来了不少困难,比较严重的地区,部分群众产生了悲观情绪,生产积极性受到挫伤。"[④]至于引黄灌溉引发盐碱,是说引黄灌溉过程中,种地时大水漫灌的不

① 刘传孝:《黄河三角洲盐碱土结构与工程治理》,黄河水利出版社2020年版,第1页。

② 姜岩主编:《未腐解有机物与土壤培肥》,吉林科学技术出版社2005年版,第390页。

③ 陈淑清:《滨州市盐碱地的治理与开发》,《河北农业科学》2009年第13期,第94页。

④ 于庆山:《抓好稻改工作,变盐碱地为良田》,《黄河建设》1965年第5期,第27页。

当操作方式导致地下水位上升而引发盐碱化。

大安定村村民回忆：那时候一到了春天（春天是主要的“返盐”季节），真是四面一看白茫茫，脚踩上去就跟踩在雪地上一样。要在上面种点庄稼真是太难了。“碱场洼”的盐碱景象不是大安定村独有，不是滨州地区独有，而是黄河下游（地上河）两岸村庄普遍存在的现象。长篇小说《宏图》里，真实形象地描述了距滨州几百公里远聊城地区的一处“碱场洼”景象：“古运河从南向北，爬过东平湖，趟（蹚）过黄河，扑入鲁西大平原，中间有一段河床，由东向西摆成横河……南北几百里，全是低洼盐碱地，人们称作‘碱场洼’……冬春白茫茫，夏秋水汪汪，是个雁过不歇脚，兔子不拉屎的地方……白茫茫的迷雾遮盖……也许以为这远远看去白茫茫的迷雾，定是狂风搅起的雪粉。其实不然，这白色的粉末，是盐碱地里的天然特产——硭硝。在缺雪少雨的冬春两季……无风时地上像下了一层霜，一刮风……天空便蒙上了灰白色的雾障。”[①]

（二）与盐碱抗争的方法汇总

新中国成立后，盐碱地区都在摸索抗争盐碱的方法，“做了一些尝试，比如放淤压碱，挖截渗沟，放水洗碱等等，近来有的地方做了台田……”[②]此外，“改种水稻”也是黄河下游沿黄村庄普遍采用的抗盐碱促农业生产手段。这些方法看似五花八门，但原理无外乎降低地下水位、冲洗并排出盐碱两种。

“放淤压碱”又称“放淤改土”“（引黄）淤改”等，是引用黄河水对治土地盐碱化的一种方法，古人早有发明运用。《梦溪笔谈》就有用此种方法改造盐碱地的记录，新中国成立后国家在沿黄两岸盐碱化灾害严重区推广了这种方法。“放淤压碱”的主要内容是，让含泥沙量高的黄河水在盐碱地上发生泥沙沉积，这样其一可以增加土壤养分（黄河水泥沙中含有一定量的氮磷钾有机质，沉积后肥效可维持 2—3 年，大安定村即流传着“黄河水淹一遍，几年不用施肥”的说法）；其二，沉积的泥沙能形成十几乃至几十厘米的淤泥层，淤泥层的含盐量低，相当于把盐碱压下去了；其三，水分能够把原来盐碱地的盐分或冲走排出，或冲入土壤下层，又进一步缓解了盐碱化（但此操作如果不当，易导致地下水位上升，也可能加剧盐碱化）。放淤压碱培厚土层，效果明显。现在大安定村东北方位仍有一片不小的洼地种满树木，但树木都长得瘦小，卖不出好价钱，远不如宅基地那边垫高的土层上长的树木那么高大壮实，由此可见垫高土层的防盐碱化（也

---

① 聊城地区《宏图》三结合创作组：《宏图》，山东人民出版社 1976 年版，第 1 页。

② 于庆山：《抓好稻改工作，变盐碱地为良田》，《黄河建设》1965 年第 5 期，第 27 页。

有防涝功能)作用。

“挖截渗沟”是指为了免受邻区地下水侵入,开挖拦截地下径流的排水沟。背河洼地容易遭到河水下渗,使得地下水侵入,造成地下水位抬高而产生盐碱化。通过挖截渗沟切断地下径流,将河水下渗的地下水阻挡且排走,这就阻止了洼地地下水位抬升,因而有助于防治盐碱化。

“放水洗碱”指的是引水冲洗盐碱化土壤,将土壤里的盐碱溶解出来,然后将水排出。根据盐碱严重程度冲洗1—4次,洗碱时要“先洼后高”,防止高处盐碱冲洗到洼处。洗碱完毕后的水要通过排水沟排掉,防止周围土壤盐碱化。1957年3月14日,新华社就放水洗碱在当时的惠民专区(滨州地区)得到推广还专门发了一篇新闻稿《打渔张引黄灌溉渠放水洗碱》(打渔张在黄河大安定村段下游几十公里,属滨州博兴)。

“台田法”与前述的“放淤压碱”异曲同工,都是加厚田面土壤层。台田法是从四周挖土垫高中间地面,中央台田高起,离地下水临界深度较远,故不容易返碱。四周形成的排水沟渠,可以排除积水,降低地下水位。

(三)大安定村的“稻改”探索

1.引黄灌溉工程

农作物种植需要大量灌溉用水,这就催生了引黄灌溉。不过新中国成立前,虽然紧邻的黄河有着充足水量,但却一直没能被滩区(大堤)以外的村庄充分利用,可谓守宝山过穷日子。新中国成立后,国家大力推动了利用黄河水资源灌溉。

大安定村属张肖堂灌区,灌区渠首在张肖堂村,离大安定村很近。张肖堂灌区在1955年10月开工(最初为虹吸引水,1979年改为引水闸),1956年5月开灌。引黄灌溉的发展过程并非一帆风顺,也曾导致黄河水泥沙沉积难以处理,尤其遇到大涝之年涝碱相随,会加剧土地盐碱化。但总体来看,引黄灌溉对灌区农业生产起到巨大的促进作用。据统计,张肖堂灌区“开发前平均亩产粮食70公斤,棉花20公斤,1990年平均亩产粮食256公斤,棉花34公斤”[①]。

大安定村村民反映,引黄灌溉的引水地在张肖堂那边,上面装电机抽水,由于黄河下游是地上悬河,水面高于两岸村庄,所引河水可以自流到村。为了灌溉,大安定村开挖了直一、直二、直三共三条沟渠作为引水主干道。后又从主干道上顺出较小的支道沟渠往各家稻田引水灌溉。

---

① 山东省水利史志编辑室编:《山东水利志稿》,河海大学出版社1993年版,第533页。

引黄灌溉为大安定村及周边村庄改种水稻提供了灌溉条件。“1958 年发展引黄灌溉……惠民专署及各级县政府均建立水稻(稻改)办公室予以组织推动，当年改种水稻 2200 公顷。1962 年引黄灌溉区停灌，稻田废弃或改种旱田。1962 年，胜利油田……引黄河水在盐碱地上试种水稻并获得成功。1964 年特大洪涝后，秋末惠民专署再次组织发展水稻种植。1965 年，改碱种稻 3267 公顷。”①

2.“稻改”浪潮及效果

政府在沿黄两岸盐碱化严重地区推广“改种水稻”是做过充分考量的。

其一，种植水稻有利于改造盐碱土。引黄灌溉为水稻种植提供了用水保障，并能进一步改良土壤。“经验证明，在盐碱地上种植水稻，可以加速土壤改造过程。其主要原因是：田面长期被水淹灌及水稻生长期间需要较大的灌水量，这样使土壤中盐分不断被淋洗，从而加速了土壤脱盐速度，淡化了地下水，消除了土壤盐碱化的发生条件。”②根据实验数据，“据河南省农业厅在西师营测定，种稻一年后 0—10 厘米土层盐分含量由 0.48%下降到 0.18%，种稻第二年下降到 0.15%；10—15 厘米土层在种稻一年后，盐分含量由 0.37%下降到 0.17%，种稻第二年为 0.23%；30—50 厘米土层盐分含量在种稻一、二年后由 0. 31%分别下降到 0.19%和 0.16%”③。大安定村村民对种稻脱盐原理的描述更加朴素直白，说是“稻田里的水把碱给‘压’下去了”。

其二，黄河下游地区气候条件适合水稻生长。在温度方面，该地区 4—9 月完全符合水稻育苗、插秧、分蘖、抽穗开花、成熟各发育阶段所需的温度(东北地区气温低于黄河下游地区，也仍然有适宜水稻生长的温度，且产出了非常有名的五常大米)。

其三，在日照时间方面适合水稻种植。水稻是喜光植物，山东地区年平均日照时间大约 2100 小时，优于长江至南岭地区的年平均日照时间 1200 小时(传统观念常认为温暖湿润的南方地区更适宜种植水稻)，更适合水稻生长。

那时惠民地区农科所成立了一个稻改指挥部，带来了一批农业技术人员，在大安定村驻扎了两年。游传忠还记得其中有一位地区委员(已记不得姓名)，一个叫袁玉安的技术员，还有两个大学生小王、小崔。在技术人员不辞劳苦的帮助下，大安定村村民学会了育秧、插秧、捆秧等水稻种植技术。

---

① 田家怡、闫永利、韩荣钧等:《黄河三角洲生态环境史》(上)，齐鲁书社 2016 年版，第 634 页。

② 辽宁省水文地质大队编写:《怎样寻找开发和利用地下水》，辽宁人民出版社 1973 年版，第 128 页。

③ 徐启章:《种稻改碱技术》，《农业科技通讯》1981 年第 10 期，第 2 页。

村民张洪宾记忆中,大安定村开始大面积改种水稻,主要还是在 20 世纪 60 年代。大安定村改种水稻虽然屡遭波折,但总体来讲不断扩展。进入 80 年代,水稻产量更是迅猛增加,在 1985—1987 年的产量评估中,大安定村水稻产量达到 25 万公斤。大安定村的水稻增产并非个别现象,而是本地区的普遍现象。"博兴县小营公社有 4.2 万亩耕地,大部分是盐碱涝洼地,过去正常年景粮食单产 200 斤左右,遇灾年只有几十斤……改种水稻以来,连年增产。1978 年,全社粮食平均单产 600 斤,总产 2330 万斤,比稻改前的 1970 年增长了 5 倍多。"①

大安定村出产的稻米质量好,口味上乘,在 20 世纪 80—90 年代成为当地颇有名气的"大安定黄河大米",这算是大安定村打出的第一个产品"品牌"。只是后来村里改种棉花,加之再后来的土地流转,大安定村早已不再从事农业种植,这一品牌未能持续多久。

沿着大安定村南的黄河大道自西向东到张肖堂村,右拐通过黄河浮桥,进入黄河大堤以南的地界(属滨州高新区青田街道),一望无际的大片稻田顿时映入眼帘。公路旁边也常售卖正规包装的当地大米(标识一般是黄河大米、小营大米),也算是本地的一个品牌特产。黑龙江有"五常大米"品牌,"大安定黄河大米"早已不再种植生产,但滨州市若谋求打造"黄河大米"的全国知名品牌,似乎也是个不错的主意。

3."稻改"里的探索试验

改种水稻的过程中,大安定村承担了一些稻改的探索与试验(育苗和育种),试验不算很成功,但农业生产本就是在不断试错中蹚出新路的。

第一个探索是育苗。大安定村的土壤条件并不好,有盐碱化的,有沙化的,在当时技术条件下,都不适合水稻育苗。稻改指挥部的技术员教给村民们育苗技术:先是浸泡稻种至芽出来一点(微微露白),然后往田里撒种。这时遇到了问题:沙土地暄软,一见水却变硬,种子不好往地里钻。迎风撒种有助于种子下落时力道变沉往土里钻,但这样又容易被风把种子带到同一个地方拥挤生长,效果仍然不佳。游传忠对这次探索努力的评价很委婉:"虽然取得了成功,但仍然存在很大问题。"

第二个探索是(水稻杂交)育种。这次大安定村里仍然派出了有文化、学习能力强的游传忠外出学习水稻杂交育种。育种技术很麻烦,分成母本(不育系,能接受花粉)和父本(恢复系,能开花产粉),父本、母本秧成排交替种植,但种植时间不相同(因成熟所需时长不同),等父本、母本都进入花期,就可进行授粉杂

① 黄河水利委员会山东河务局编:《山东黄河志》,内部资料,1988 年,第 462 页。

交。由于父本、母本不易分辨，导致杂交试验难度很大。当时参加水稻杂交试验的有十个村，仅大安定村获得成功，但种植了 2 亩，仅产出了 35 千克稻种，并不具备实用意义。

20 世纪 80 年代，除了种植水稻，大安定村还种植过浅水藕。浅水藕的藕和叶短小，坐藕深 30 厘米左右，适宜水深为 15 厘米的浅水，具有高产特点。浅水藕所需浅水与种植水稻所需的浅水类似，所以改种浅水藕无须对农田作出大的改动。浅水藕属于水生蔬菜，不同于水稻属于粮食，种植水稻是谋求温饱，种植蔬菜则对应着进一步的生活改善。或者说，通过种植水稻已基本实现了“碗里有饭”，但离“兜里有钱”还差得远，种植浅水藕就是为了让大家“兜里有钱”。种植浅水藕也是政府所推广的项目，当时滨州地区有不少村庄推广种植浅水藕。大安定村的浅水藕种植计划由张登泉领导制定，由张训周具体落实。不过浅水藕的销售途径是个大问题，听说村民王伦堂等种植过浅水藕，并曾外出到青岛等地销售，但效果不佳。

（四）黄河断流与改种棉花

滨州地区有种植棉花的传统，尤其 1970 年，周恩来总理会见了滨州杨柳雪镇的棉农代表，说要“拿杨柳雪镇做半个旗帜，我们提倡粮棉两个都高产”。之后，滨州棉花种植得到进一步发展。

大安定村由种稻转向种棉的原因是黄河开始缺水。大安定村在水稻稳产高产持续了多年后，到 20 世纪 90 年代却又遭遇了黄河断流、灌溉困难的难题。“黄河下游自 1972 年出现自然断流现象，持续到 20 世纪 90 年代末：70 年代共有 6 年发生 86 天断流……80 年代共有 7 年 105 天断流……90 年代，黄河下游断流呈现加重趋势，共有 9 年 900 天断流，每个断流年平均断流 100 天，即在全年近1/3 的时间里，下游都处于干涸状态，1997 年，黄河下游利津水文站断流更是多达 226 天”①（进入 2000 年后，在各方统筹努力下，黄河断流情况已得到根本改善，实现了连续多年不断流）。黄河断流严重影响了滨州、东营等地依靠黄河水灌溉地区的水稻。包括大安定村在内的大量沿黄村庄只好改水田为旱田。

转折点是 1997 年的大旱，大安定村村民对此记忆犹新。当时黄河断流严重，人们可以直接从黄河这边走到那边去。看到自己种植的水稻严重缺水，村民纷纷打井浇水，田地分散的一户就得打好几处井。井一般打七八米深，插入塑料管子，安装上自吸泵，以柴油机驱动。刚开始效果还不错，但田里灌上水，

---

① 李政海等：《黄河下游断流研究进展》，《生态环境》2007 年第 2 期，第 686 页。

往往撑不上一天,接着就渗下去了,跟筛子一样,抗旱效果很差,当年水稻长得很不好。且打井抽水的成本很高,原来正常年份水费不过一亩 7—8 元,后来抽水抗旱,每天抽水,用上柴油机,费用就高多了,投入与收入不成比例。村民让黄河断流与干旱折磨得苦不堪言,纷纷将水田改旱田,转种小麦、棉花等,到了 1998 年,村中的水田就几乎绝迹了。

棉花以耐盐碱与耐旱能力成为大安定村及周边村庄水田改旱田后的首选作物。棉花不是粮食作物,而是经济作物,是重要的"工业原料作物"。因为盛产棉花,滨州本地曾有很多棉纺厂,大安定有村民说其曾在棉纺厂工作,后来棉纺厂倒闭了(因为当地没棉花了)。改种棉花的收益也还不错,村民回忆说,那时候种棉花一年(一家)也能有万把块钱的收入。

大安定村改种棉花后,大约持续了有七八年。逐渐就有土地被村民抛荒,再过几年土地流转,大安定村农作物种植的时代就结束了。

二、农业生产方式的变迁

(一)生产工具的进化及意义

从新中国成立到现在,大安定村农民从事农业生产的劳动工具,发生了极大变化。

20 世纪 50 年代,农民劳动工具还都很原始,这与我国当时落后的农业状况相对应。那时候,大安定村农民劳动靠人力、靠牛马等牲畜。运大件东西主要用牛拉的铁瓦大车(类似地排车、排子车);犁地松地用耠子(要用牛马拉);开沟、下种则用有两个扶手的耧;滚地压地用碌碡;墩地用石头墩子;家用运输使用手推独木轮车(后来改进成橡胶轮)。可单人手持的农具有刨地用的镢头、铲沙土用的铁锨(铁锹),松土、翻土用的犁,归拢、分散柴草用的木耙子,平整土地用的钉齿耙(铁耙),铲除浅草用的锄头,收割庄稼用的镰刀等。上述农具大多依靠人力或畜力,其广泛使用也催生了对木匠、铁匠等行当的需求。村里任家曾干过木匠,张明广则从事过铁匠行当。

新中国成立之初,要说用上现代农耕机械,村民们不是不敢想,而是根本想不到。游传忠还记得,第一个五年计划期间,国内有赴苏联的代表团回国后四处宣传,曾给村民们展示了拖拉机、收割机这些洋玩意儿的图样,让人瞠目结舌。60年代，公社里有了拖拉机站，张洪杰当兵前在公社农机站（拖拉机站）干临时工，拖拉机站的任务是给村里耕地，也只有生产队集体才用得起。那时候村里配备了一些高级的农耕机械，还用上了铁制双铧犁，特点是可用两头牛一起拉，耕得更深，速度更快，比传统的耠高级些。再后来又出现了耕子犁，为单铧，效率更高更省劲，受到村民欢迎，这种犁一直沿用到80年代。

20世纪70年代，已经出现了脱粒机，包括玉米脱粒机、水稻脱粒机、小麦脱粒机三种，机器仍然归集体所有。

20世纪80—90年代，村里出现了小拖拉机（手扶拖拉机），村民多用来犁地。这种机器价格合适，单个农户也能购买，体积小，灵活易调头，适用于单家单户的农耕作业。这时诸如拖拉机、抽水泵、机动车辆等，不再只是集体才能拥有，而是逐渐走进寻常农户家。

2000年以后，村里的农业生产基本实现了机械化。耕地使用旋耕犁，播种用播种机，收获用收割机，运输使用拖拉机或三轮车。大安定村的平原地貌，为农业机械的普及提供了便利条件。

从长远来看，机器逐步取代人力、畜力是必然趋势。大安定村村民从事农业生产，由新中国成立伊始的靠拼体力，逐渐演变成人只需操作机器即可。以前需要几十上百人累死累活干的农活，在大型机械的加持下，一两个人就能轻松完成了。农业机械化极大提升了生产效率，将农民从繁重的农耕作业中解放出来，其意义不仅在于减轻农民体力负担，更在于让农民腾出精力投身到更重要、更有价值的事情中（如受教育、务工、消费）。

（二）农业生产组织形式的变迁

1.小农经济生产方式

小农经济就是个体农民经济，以生产资料个体所有制为基础，主要以家庭为单位，是依靠自己劳动满足自身消费的小规模农业经济。土改之前乃至之后的几年里，小单位运营的小农经济是农村的主要生产组织方式。尤其土改后，广大农民获得了农具、土地等基本生产资料，农业生产积极性随之大大提高。毕竟地是自己的（不再是给地主当佃户受剥削了），生产的粮食越多，自己收益就越多，一分劳动有一分收获，这最简单的道理农民岂能不懂？

“自留地”在本质上也是小农经济的遗存。自留地指实现农业合作化（土地公有）之后，考虑到社员们种植蔬菜、园艺作物需要，分配给农户社员的，由个人拥有使用权和收益权的土地。自留地面积不大，占比一般不超过当地人均土地面积的5%。

人民公社(集体劳动)时期,自留地在绩效上明显高于集体地。“1957年之前,自留地的粮食产出约占当时农业总产出的4.5%,在1960年和1961年,分别达到7.7%和7.3%,而此时的自留地不超过土地总量的5%……一位老人回忆说‘一亩(自留地的产量)可以抵两亩(集体地的产量)’。”[①]大安定村村民记得当时自留地的亩产量要高于“公家地”(集体地)的亩产量,可惜因为盐碱化问题产量也并不很高,再加上每人能分得的自留地仅1分(0.1亩),对于生活口粮的帮助,相当有限。

正因为对“自留地”优势有认知,后来推行家庭联产承包责任制的时候,包括大安定村村民在内的大部分农民都能够乃至乐意接受,推行起来也就相对顺利。

2.集体劳动方式的得与失

小农经济生产方式也并非没有弊病。个体农民经营势单力薄,生产资料往往并不完备,抵抗灾害的能力较低,又无力进行技术升级改造,加之经营者自身素质不同,很容易走向贫富两极分化。

“合作化运动”对小农经济的弊病有所弥补。合作化早期的实际生产过程中,几家农户互助合作,有效解决了劳动力及生产工具缺乏造成的问题。该时期,自愿合作的原则得到遵守,规模适中,农民集体劳动带来了农业生产效率的较大提高。据统计,1952—1956年,全国粮食年均增长14.1%,农业总产值年均增长4.82%。

到高级社阶段,原本农民私有的土地、牲畜、大型农具等生产资料收归集体公有。农村开始实行“政社合一”的治理方式,实行“三级所有,队为基础”的经营方式。三级是指生产资料和产品归公社、生产大队和生产队三级所有;队为基础,是指生产队为基本核算单位。这一时期,大安定村成立了村大队和生产队,全村农户划分为三个生产队:一队约40户,吴即美为队长;二队约40户,王华唐为队长;三队约30户,张加兴为队长。三个生产队模式的影响甚至一直持续到2003年张明华主持大安定村重新分地。

集体劳动的生产组织方式的优势不可否认。最大优势就是规模优势,独门独户,几家几户办不到的事,集体能够办到。国家在农业基础设施领域大量投入资金,建成了较强大的农业生产运行体系,加之政府积极主导农业技术推广等一系列措施,使农业生产条件大为改善,这都是小农经济所望尘莫及的。以

---

① 胡艳萍:《“集体地”与“自留地”的绩效比较及原因分析》,《北方经贸》2010年第5期,第22页。

大安定村的受益为例:引黄灌溉(集体开沟挖渠)提供了充足的灌溉用水,上级配发各种先进农具推进了农业机械化,上级还给予各种技术指导(如稻改等),集体支撑起了村办小学教育的福利、乡村医生的医疗福利……这些给村民们带来巨大利益的大事,绝不是小农经济生产方式能承担的。

在20世纪80年代实行家庭联产承包责任制后,集体的介入也仍然必不可少。那时为了提高水稻产量,要购买合适的稻种,村干部游传忠和张训周一起赶往千里远的鱼台县,立下合同,贷了多达10吨的稻种,这不是独家独户的小农经济所能胜任的。这个买稻种的场景,跟柳青长篇小说《创业史》(1959年刊载第一部,讲述农村互助合作的历程及其优势)里"梁生宝买稻种"的片段如出一辙。种子站问他们对稻种的要求,游传忠和张训周也不熟悉稻种的名堂,就说:"你给俺啥算啥,就两个条件,产量高,好吃(米质好)。"后来水稻技术员袁玉安了解到此事,说:"一个村去弄种子,那像个事吗?"于是他把这事揽下来,拿着合同去鱼台那里领种子回来,稻种先不要钱,村里分下去,再敛钱交上来。这一时期种植技术也得到了提高,实现了稻改时做不到的"小苗育秧",村民们种植水稻更加得心应手了。到90年代,黄河因干旱而频发断流,仍然是上级与集体给村民们出主意作引导,改种棉花、打井抗旱等,这些都显示了集体的优势。

集体劳动生产方式的劣势也很明显,主要体现在容易使人"搭便车",分配不公,极大挫伤农民的劳动积极性。古人对此早有认识。《滥竽充数》寓言里,南郭先生之所以能混杂在吹竽的集体队伍里装模作样吃白食,就是因为集体劳动中偷奸耍滑磨洋工比较容易。生产队劳动评价的制度是工分制,一个整劳力(成年男性)出工一天10工分,女性、老人、孩子出工一天的工分少一些。工分制貌似公平,但"出工不出力""磨洋工"的情况相当普遍,并且难以根治,反而导致了不公平,损害了劳动积极性,造成生产劳动效率低下,粮食产量长期上不去。

1958年,深植乡土的作家赵树理在反映公社集体劳动的农村小说《锻炼锻炼》中,塑造了"小腿疼""吃不饱"这两个在集体劳动中偷奸耍滑的落后农民(当时评论界委婉称之为"中间人物")。类似"小腿疼""吃不饱"的农民,在集体劳动时期的农村屡见不鲜。当时,张洪滨担任大安定村的生产队长,他回忆,集体劳动,确实有任劳任怨很能干的,但也有偷奸耍滑的。有个别社员,净挑轻快又有好处的活干,苦活重活能推就推。有天早上到了出工时间,左等右等有个社员还是不来,只好寻到他家里,对方推脱说正在准备工具,收拾收拾就上路。

3.家庭联产承包生产方式

党的十一届三中全会以后,小岗村分田到户的改革成功经验(分田到户后,当年粮食总产量66吨,相当于全队1966年到1970年5年粮食产量的总和)得到官方认可。1980年,邓小平公开肯定了小岗村的"大包干"做法。同年9月,中央下发的《关于进一步加强和完善农业生产责任制的几个问题》从政策上肯定了包产到户。

大安定村时任大队书记张登泉对政策变化有着敏锐嗅觉,他意识到"大包干"是必然趋势,马上谋划推动本村实行土地联产承包责任制。大安定村实行"大包干"据说是周边村子里最早的。

推行包产当户的过程并非一帆风顺。大部分人也明白"包田到户"比"集体出工"效率高,毕竟有"自留地"的产出比对。三个生产队中的二队、三队很快接受了"大包干",签订了合同,实现了分田到户(每人大约一亩地),按照合同,除上交国家规定的粮食外,剩下粮食全归承包者个人所有。但还剩下生产一队不愿搞"大包干",个中缘由,可能是思想保守,留恋集体主义,也可能夹杂有一些利益考量,现已不得而知。

待到来年,分田到户的二队、三队粮食生产不出意料地获得大丰收。村民有个显夸张的描述:包产到户后两户村民的收成,抵得上未包干生产队的全队收成!这么一对比,未推行大包干的一队社员们不干了,没多久把地也给分了。

大安定村的大包干,为我们提供了"联产承包责任制"与"集体劳动"优劣(此处的优劣是相对的,指哪种生产方式更适合当时生产力发展水平)对比的典型案例。家庭单位与集体单位不同,"家庭是一个集生产、消费、教育和抚养子女于一体的社会基本经济细胞,是一个十分紧密的经济利益共同体,具有持久的稳定性,家庭成员之间最少利益摩擦和目标差异……成员之间很少计较每个人的劳动付出与劳动收入,在家庭内部进行分配,节省了分配的成本"①。家庭联产承包责任制一方面保留了农村的集体所有制,一方面又让农民成为生产经营的主体,极大提升了农民的劳动积极性,解放了农业生产力。

4.规模农场产业化模式

随着生产力进一步发展,家庭联产承包责任制也逐渐暴露出一些弊端。

第一,农村公共事业较难维持。公共事业需要集体的共同投入,但在包产到户制度下,"如果我出资而他人不出资,则我可能会得不偿失;如果他人出资

---

① 周义邦:《建国以来农业生产组织方式的变迁——集体行动的视角》,《湖北经济学院学报》(人文社会科学版)2012年第9期,第41页。

而我不出资，则我可以占便宜、搭便车……纳什均衡使得公共产品供给出现短缺、公共福利无法提高。譬如，当前农村的农田水利工程年久失修、道路桥梁设施弃置，城市公用设施毁损、'卫生死角'长年积压等"[①]。第二，家庭承包经营模式不敢面对新技术的风险不确定性，难以做到技术提升。而且集体相比于家庭，更易有财力购置新技术与大型设备。第三，家庭承包责任制反而导致了承包责任人的"不负责"。因土地使用权在承包人手里，即便荒着不种，外人也不好干涉，如果承包人有了更好的挣钱门路，就会弃耕导致土地荒废。由于农村的空心化和人口老龄化，大量分配承包出去的土地有名无实、丢弃成荒，造成了土地资源的极大浪费。大安定村也未能免俗，2010 年以后，外出打工挣钱已成为中青年的主要收入来源，因打理不过来兼之种地收入太少，很多责任田被抛荒浪费了。村民张加民讲，他在外面有主业收入（砂土运输），家里的地就不想种了，想转给别家种，但是没人要，免费给人家种，都没人接手！

时代要求出现新的经营主体和生产组织模式，用来代替已不合时宜的家庭联产承包责任制。主要发展方向是推动农村农业的产业化经营。新型农业生产经营主体，包括有文化、懂技术、会经营的专业大户、家庭农场；或者大规模经营、具有较高集约化程度和市场竞争力的农民合作社、农业企业等。这些主体通过"土地流转"手段把分田到户的责任田收拢起来，采用现代工业的管理方式进行农业生产经营，生产效率比起家庭单位来，可谓天壤之别。大安定村的土地流转出去后，多用于道路与绿化，也算是一种专业大户（环境与交通部门）的规模经营。在大安定村东北道路大转盘往东不远路北（村民说那边的地是林家村的），坐落着一家家庭农场，名为"福地果蔬园"。该果蔬园隶属仟技禾农业科技发展有限公司，大门一侧挂着"壹号农耕文化园""蒲公英亲子农场"等牌子，听说大安定村有村民在这里当小时工。

从新中国成立前后个人单干的小农经济，到（公社生产队）集体经营，又到包干到户的联产承包责任制的家庭经营，再到农场的产业化（集体）经营，看起来像画了一个圈（个人—集体—个人—集体），但其实是螺旋变化上升的过程。可确信的是，"集约化、专业化、组织化、社会化相结合的新型农业经营体系"，必将成为农业生产的主导。

① 周义邦：《建国以来农业生产组织方式的变迁——集体行动的视角》，《湖北经济学院学报》（人文社会科学版）2012 年第 9 期，第 41 页。

三、土地情结成明日黄花

(一)耕者有其田及其背后

1.土地改革的意义

1947 年 7—9 月,中共中央在河北西柏坡召开全国土地会议,制定了《中国土地法大纲》,规定废除封建性及半封建性剥削的土地制度,实行“耕者有其田”的土地制度。此后,土地改革在广大解放区轰轰烈烈开展起来。

土地改革为解放战争的胜利提供了坚实的群众基础。通过土改,亿万农民分到了土地等生产资料,获得了政治、经济上的解放,进而迸发出强烈的革命热情,愿意为保护自己的家园、土地、财产而战。广大农民踊跃参军,积极参与战争后勤,大安定村这一时期有不少青年参军入伍奔赴前线,在战场后方的村民也踊跃参与支前。游传忠回忆:“从解放(1945 年大安定村解放)顶到建国是四年,这段时间大参军,补充兵员,补充的兵员戴着大红花,一人参军,全家光荣。支前的是绑担架,做军鞋,绑担架还带着人,得有抬的(人)。做军鞋是选村里中年妇女利落的有条件的,常年做军鞋,鞋样是丈夫的脚多大,就做多大的鞋,到军队也有大脚小脚……”

1950 年 6 月,毛泽东在中共七届三中全会上评价土改:“我们的胜利是从哪里来的呢?就是靠这一万万六千万人打胜的。这一万万六千万人给了他们什么东西呢?他们为什么能够发动起来呢?为什么能够组织这么大(三百万)的军队呢?就是因为在这一万万六千万人中间进行了土改。”[①]

2.寺庙实为大地主

土地改革以前,大安定村是典型的封建土地所有制。全村大约 1000 亩土地,其中村北龙吉寺的庙田占 100 亩,村南玉皇庙有庙田 50 亩,其余为村民所有,此外还有部分盐碱地和荒地。

这里一个有意思的事实是:村里最大的地主不是某家某户,而是寺庙。很多人心目中,寺庙是四大皆空,不食人间烟火的清静场所,和做生意买卖完全不搭边,但事实并非如此。龙吉寺和玉皇庙不但有规模庞大的庙产土地,而且还像地主一样将自己种不过来的地租给佃户并收取地租。不过寺庙有庙产其实

---

① 转引自金冲及:《刘少奇传(1898—1969)》(上),中央文献出版社 2008 年版,第 545 页。

也容易理解，和尚、道士说到底还是凡人，想要维持生活，也需要尽可能置办产业，有些做得好的寺庙就逐渐积累下家业。寺庙拥有庞大庙产的现象不是个例，例如“南岳衡山寺庙……土地的来源主要有四个方面：寺庙僧道们的购置；政府的施舍和拨置；官绅名士和善男信女的捐舍；对民间土地的强占和寺庙僧道们的垦殖。南岳衡山寺庙地产……到了清末民初，其土地面积达到了当时衡山县耕地总面积的16%”[①]。这一寺庙占地比例与大安定村寺庙所占土地比例基本一致。对于寺庙，从宗教与神灵的角度去看是一种景象，从经济运作的角度去看，又是另一番景象。

大安定村的龙吉寺，民国时期已逐渐衰败，在当时“庙产兴学”的潮流中被征占部分建筑作学校，另有部分建筑倒塌。1947年“黄河归故”时，龙吉寺的主体建筑被扒，土石方被拿去加固黄河大堤，此后再没有恢复。龙吉寺的最后一名住持据说叫宏泰(音)师父，后来不知所终。除了和尚，游传忠还提及当时村里有个道士孤身一人，想着在大安定村里落户，其老家是滨县大河于村的，合作化以后才让他走了[②]。后来游传忠等人去城里开会，有时还去他那里坐坐。

3.土地兼并与土地公有化

土地改革实现了均贫富，均田地，消灭了地主剥削阶级赖以存在的所有制基础。但问题并未一劳永逸地解决，因在土地私有制下，新的土地兼并又会产生，新的地主阶级又会产生，这一趋势难以避免。新中国成立之初李准的小说《不能走那条路》讲述了均田地的“土地兼并”问题。农民张栓因倒卖牲口欠了账，他想卖掉土改分得的土地；农民宋老定土改后有了点积蓄，就想买下张栓的地(土地兼并与集中开始重演了)。后来宋老定在儿子、共产党员宋东山的劝说下，不再买地，而是拿出钱来帮张栓一起走互助合作的道路。

土地改革虽然让农民站在了同一起跑线上，但每个人的能力不同，有人跑得快，有人跑得慢，又会逐渐产生贫富差距，进而导致农民间的土地买卖，导致土地重新兼并，产生新的地主。只要土地还是私有的，就永远无法根除土地兼并与地主阶层的产生，土地公有化才是唯一解决方案。我国的土地公有化过程，经历了互助组、初级社、高级社三个阶段，到1956年就实现了由土地农民私有到土地集体公有的转变。

---

① 张齐政：《南岳衡山寺庙地产的形成及其估算》，《长沙理工大学学报》(社会科学版)2006年第2期，第81页。

② 20世纪50年代合作化运动开始后，社会舆论认为出家人不事生产，于国家建设无益，全国各地出现了敦促和尚、道士还俗成为公社社员的风潮。大安定村的道士被遣送回老家，是这一风潮在本村的具体体现。

土地公有制下,农民拥有土地使用权,但没有所有权。这样的好处有二:一方面杜绝了农民间的土地买卖与兼并;另一方面建设公共项目需占用土地时,不会受到大的阻力。与中国相比,印度没有经历类似于中国的土地改革与土地归公,大部分土地归私人所有,导致很多像高铁这样的重大建设项目在征地问题上步履维艰,严重阻碍了社会经济发展。

(二)在艰难求生存的年代

村民们讲,大安定村曾是"滨县第一贫困村"。主要原因还是土地盐碱化,难长庄稼。"村民们完全吃不饱,靠供应证领到国家分配的供应粮,能够勉强吃8个月,每人每天8两地瓜干、棒子(玉米)等粗粮,逢年过节才能尝到珍贵的白面。要说起来,上边对大安定村还是挺重视,每回放下救济款来,就没有不给大安定的,但还是吃不饱。"这种情况,在1959—1961年达到了顶峰。

据村民们回忆:"那时候在生产队里一天分8两粮食(10%细粮,30%玉米,其余都是地瓜干)。食堂里馒头跟火柴盒那么大,光吃野菜,吃糠咽菜都不够了,饿得受不了。榆树皮都扒干净了,树叶子也都吃了。没饿死就是命大。就这种(晴)天,冬天坐那里都不愿意动弹。村里死了人都没人抬,(没力气)抬不动。"仓廪实而知礼节,饥饿面前,什么纪律都是摆设,有村民在生产队负责粮食保管,喂着6头牛,队里分给些地瓜干喂牛,他就偷吃点,确保饿不死。面对严重饥荒,村民们开始各自寻找生存出路。

张明广跟着父母移民东北农场寻找生路。张明广1946年生人,1960年考上初中,就上了一年,1961年放暑假后就没再去上了,跟着父亲去了东北。"东北的条件比山东好,那时大安定村去东北的不多,是周边村子有人上东北谋生,我们一家就跟着一起去了。我父亲有点技术,到了黑龙江一个县城的工厂,后来厂里也不大稳定,1962年的时候开始下放(农村)。那时在县城里的消费是高价烟、高价粮,工资不多,粮食还贵,一斤粮食就一块来钱,到饭店吃一顿饭得15—16块钱(那时候的高工资也不过百十块钱),接受不了,所以就下放去了农村。刚去的时候没落下户口,是临时户口,后来通过函调调查了一下出身成分,两年后才正式在东北农村扎了根。东北农村能吃饱,也已经没有荒地,都是集体的地,生产队集体耕种,挣工分。秋天卖了粮食,按工分红,去除了吃的粮食,烧的柴火,剩下多少再分钱。那时候大安定村这边不行,(因为盐碱化)一个工才值几分钱,领不着钱;东北那边土地好,收入还算可以。那时候外边到东北落户是根据需要来的,没有技术不好落。东北地区有很多山东人,大部分是解放前逃荒过去的，也有建国后过去的，主要是1960年前支援边疆建设，到东北的林区当工人。”张明广在东北待了20年，1982年回到大安定村，只他自家回来。他的父母和兄弟都定居在了东北，父母去世后也葬在东北。现在到山东农村，常常能碰见几个操着东北口音的村民，他们多是当年闯东北的山东人后代，看到现在山东经济比东北好，他们就叶落归根回到山东。

村民吴沈阳也曾跟父母到东北大城市务工谋生。吴沈阳1955年生人，小时候家里困难吃不饱饭，父母带他离村到东北打工。先是到了抚顺，后来去了沈阳，在外边待了不到两年，7岁回到大安定村。那时村里去东北打工的有六七个人，在那里自己找活干，有刷油漆的，有学电气焊的。吴沈阳父母是靠刷油漆来挣口饭吃。

村民王悦策则跟父母去南边山区讨饭。“小时候生活苦，三年困难时期，全国人吃不饱、穿不暖。当时年纪小，只是记忆中有点印象。那时吃食堂，到了1961年才分开，自个家做饭，家家户户吃糠咽菜。8岁时，就跟着父母渡过黄河到南边的山区要饭[①]。当时黄河没有桥，就附近一个渡口有两条船，过去黄河可能是到了临朐（年纪小记不清了）要饭（那里是山区，山里物产相对丰富），就靠好心人的施舍把那段日子熬了过去。”

张登泉则带领部分社员到外地捡拾野豆子运回大安定村。当时大安定村地里粮食产量少，张登泉带上几十号人到东北边的利津洼里去捡粮食（野豆子）。据查询，野豆子可能是豆子的原始野生品种，粒小扁，褐色或有花纹，是一年生草本植物。此外还有野豌豆、野绿豆，属多年生草本植物，牛羊猪很爱吃。也有说是胡豆的，不能做豆包，只能做杂面。张登泉他们捡拾的野豆子可能是大杂烩，只要能吃的都行。

（三）土地争夺的种种纠葛

盐碱土地虽然打粮食少，毕竟也是聊胜于无，多一分土地就多一分生存下去的希望。正是因为祖祖辈辈土里刨食的基因深入骨髓，加之饥荒年节艰难求

---

① 20世纪60—70年代，黄河三角洲地区出现过成规模的外出要饭行为。很多要饭者自称来自惠民（地区）或者广饶（今属东营）。一般认为，山东吕剧（以前民间曾称为叫花子戏）于清末同治年间发源于黄河三角洲的博兴与广饶交界处，当地一批民间艺人以曲艺乞食，可见黄三角地区的乞食传统由来已久。广饶（当时属惠民地区）地处黄河最下游，因地势低洼，易遭受盐碱洪涝等灾害，农闲时节常有村民成规模地外出要饭。目标地一般为胶东地区或鲁中山区。据王悦策回忆，过黄河的渡船以及往鲁中山区去的汽车上挤满了人，很多是外出要饭的，可见这一行为在当地已成规模。随着农业生产的大大改善，这一现象在20世纪80年代逐渐消失殆尽。

生的惨痛经历,村民们有着视土地为命根子的深深执着,甚至围绕争夺土地发生种种纠葛。

土地集体经营的生产队模式下,村民们没有资格对土地抱有奢望,而 20 世纪 80 年代伴随家庭联产承包责任制的实施,他们心里压抑已久的对土地的占有欲强烈迸发出来。由于土地质量不同,分地时因地好地坏造成的争执在村民间时有发生。村民们近乎疯狂地在自家分得的土地上尽心侍弄庄稼,这片土地也不再辜负村民们的期望,给予了他们温饱的馈赠。村民说:"分开地以后大都种上了水稻,引黄河水灌溉,一家四五口子人,能收获一万多斤稻子。从此就能吃上馒头吃上面了,生活就好了,没有压力了,粮食吃不了就卖钱。再往后水稻不种了,改种棉花,一年也能有个一两万块钱。"

很多在外面谋生的村民也借分地的东风回归大安定村。已在东北待了 20 年的张明广,听说大安定村开始分地到户,就动了心,一问家里老人,都愿意他回老家,而叔叔张登泉(时任大队书记)也支持他回来,于是就在 1982 年从东北迁回了大安定村。远在上海的城里人张洪杰,之所以打报告要调回滨州,照顾家人是一个原因,家里分了地,有了安身之本可能是更重要的原因。

有的村民开始承包村里的土地。毕竟每人分配到手的土地也就一亩多,满足温饱尚可,再想多点收入就不够用了。游希恩早年在村委当会计,村里一直欠着他一部分补贴,正好村里有几块荒废的湾塘洼地,就承包给游希恩作为补偿。游希恩在承包的洼地里挥汗如雨,每天忙到精疲力竭,终于将其改造成农田,背后的动力,就是他对田地的深深热爱以及对富足生活的向往。

土地争执最激烈的时候,在第七章讲述张明华成为村支书的前因后果时已有详述:从 1981 年到 2002 年,大安定村的土地分配一直没作出大的调整,几十年前分配给每个生产队的土地面积,一直延续未变。在这期间,有的村民去世,但家属不愿退出耕地;村庄新添人口,却分不到地。20 世纪 90 年代末,村里已有六七十口人分配不到耕地。无地的村民迫切要求分地,另一部分村民则不想让出多余的土地,矛盾就这样激化了。哪怕杜店镇政府出面主持,村委开会只要一提分地,就会有人闹将起来,几届村委班子都解决不了问题[①]。分不到地的农民开始不断上访,新中国成立以来一直安分守己的大安定村成了镇里的"刺头村",问题源头就是农民对土地的无比执着。后来张明华临危受命,想方设

---

① 1997 年以后,国家开始了第二轮土地承包,有效期为 30 年。新的土地承包客观上需要农村根据村民户口人数重新分配耕地,这一过程势必导致部分村庄产生土地纠纷,重新分地难以推行,这应该就是大安定村这次土地纠纷的背景。

法、运筹帷幄，总算把土地收回，重新按人口分配下去。

（四）农田抛荒与土地流转

2003 年还在为分配田地争执得不可开交的村民，可能完全不会想到，就在 10 年后，他们当时视为命根子的土地，又被很多人弃之敝屣般地抛荒了。

土地抛荒的原因简单到不能再简单：村民们慢慢发现，打工比种地挣钱多很多。不止一位村民给调研组计算打工和种地的账："辛辛苦苦种地一年，又是种子又是化肥还耗劳力，一亩地一年就算挣 1000 块钱吧。出去打工少的时候一天 200（块），这三四年能达到一天 300 多块的光景，就算把地都撂荒了不种，出去打上三四天工就把种地一年的钱挣回来了，你说谁还愿意种地？"于是在重分土地七八年以后，村里田地撂荒得越来越多。很多农民已经名不副实，只在户口本上是农民，却已经自发地不再从事农业生产。

国家鼓励推行的"土地流转"给大安定村的农业生产画上了句号。土地流转即土地使用权的流动转让，拥有土地使用权的农户把使用权转让出去，由其他（大规模的）经营主体来经营。2004 年出台的《关于深化改革　严格土地管理的决定》就规定了"农民集体所有建设用地使用权可以依法流转"，2014 年出台的《关于引导农村土地经营权有序流转　发展农业适度规模经营的意见》，则明确要求发展土地流转和适度规模经营，争取在 5 年内完成承包经营权的确权。

国家推进土地流转是基于生产力发展的现状，对生产关系作的一次调整。首先，随着农业生产力迅速提高，必然要求农业生产的规模化经营，原来独家独户承包的小地块，不利于推广规模化经营，致使生产效率偏低；其次，由于经营小块土地的收益低，大批的土地承包户外出打工，导致大量田地抛荒，造成土地资源的严重浪费。当旧的联产承包责任制生产关系已严重阻碍农业发展时，土地流转的改革也就势在必行了。

大安定村的土地流转，基本是在政府主导下实现的。现在村里 1000 多亩耕地已基本流转出去，剩下村东还有 200 多亩林地，一小部分荒地，再就是宅基地了。流转出去的土地，一亩地一年给予 1000 多元的补贴。按规定，村集体从中抽取一定比例作为村庄公共事业资金，其余再分发给转让了土地使用权的村民。村里流转出去的土地，主要用作公路建设及绿化，不过村北流转出去的土地尚未得到充分利用。调研组在那里看到稀稀拉拉种了一片玉米，当是个别村民觉得土地荒废了可惜，随意播撒了一些种子。村庄东北方公路大转盘往东不远，倒是有一处果蔬园，村民说那边是林家（村）的地，由几个农户承包下来。开发区本来打算在那盖楼,已经打好了地基并剪过彩,后来因为种种原因停工了。地基也就给铲平了,种上了玉米、麦子,至于经营状况不得而知。

现在村里老人可能还会怀念过去那种地的岁月,但多数人并不觉得惋惜。有的村民还在家外边的小块荒地上,或者就在庭院里,种植一些蔬菜(粮食作物已经很少种植),供给日用。村东一直到张茂家村北,还有一片林地没有排水沟,下雨淹死不少树。村民任常德在那边种了数亩棉花。现在种地不是为了生存,要么是习惯使然,要么纯粹是为了打发时间。调研组在张小辉家东边的临街房墙壁上看到一块印着"三农信息服务,益农信息社"的牌子,但是进到屋里却看到张小辉家的老粗布工厂作坊,跟农业生产并无关系。

2022 年 5 月,一则中国科学家"用二氧化碳合成淀粉"的新闻引起广泛热议。再过几十年,粮食不用耕种,直接在工厂合成,也不是没可能。合成淀粉在各方面当然比不过种植出的粮食,却能彻底解决粮食安全问题。谁又能想到几十年后农业生产会是什么样子呢?

大安定村的土地流转过程比较顺利。村民如果回忆起 2000 年前后那几年,大家为了田地而争得面红耳赤的场面,不知会不会有种恍若隔世之感。

山东作家赵德发的长篇小说《缱绻与决绝》,讲述了鲁东南地区某村庄农民近一百年间"土地情结"的变迁历程。小说里农村社会的婚姻、革命、土改、互助、合作社、大包干、大开发……归根结底,不过是围绕着"土地"问题的各种折腾以及伴随其间的悲欢离合。为了争夺或者保有土地所有权,大地主连亲生女儿被绑架索要赎金,也绝不动卖地筹钱的心思;中农封二辛苦多年攒下几块大洋,就等着有机会买别人的田地,他儿子封大脚夫妇付出巨大代价,就为在石头窝里开出一小片田地;无地可种的贫农搞起了"农会"以争取"永佃权",后来又参加土改分掉了地主土地,却又引起还乡团的血腥报复。围绕着土地使用方式,先是农民买卖土地导致土地兼并重新出现,这一问题通过合作化运动、土地收归集体而解决;再就是人们在土地充公、办合作社、集体劳动、家庭联产承包等问题上一再博弈。最后,大家"土地情结"瓦解,村民封运品不再种地,而是办厂致富,他甚至"孝顺"地给一辈子视土地为生命的爷爷办理了城镇户口(剥夺了爷爷的土地);对土地始终热爱的封运垒却一直穷困潦倒;村里的青壮年大部分外出打工,大片土地无人过问;政府从村里划出 500 亩土地建开发区,却一直未能动工……

"缱绻"指的是农民以前曾视土地为生命,"决绝"说的是农民现在那么绝情地疏远了土地。《缱绻与决绝》类表现农民近百年来"土地情结"变迁的故事,在包括大安定村在内的各个村庄舞台上，同步并分别上演着。

四、畜牧业的兴起与退出

(一)畜牧业兴起及生意经

20世纪90年代以前，大安定村的畜牧业一直发展不起来。集体劳动的时候，村里生产队也有人负责饲养大牲畜，但都是养来耕田从事生产，跟补充肉类蛋白质、改善生活并无关系。村民家家户户倒是会养几只蛋鸡来贴补家用。家里来客了也会奢侈地炒上俩鸡蛋，更多则是把鸡蛋卖了钱，购置油盐酱醋等生活必需品。在粮食都吃不饱的年代，农村养殖业注定不成气候。

畜牧养殖业的兴起，是生活实现温饱后的必然。“米袋子”指的是粮食供应，“菜篮子”则指蔬菜，也包括肉蛋禽鱼。当粮食问题已经解决，对蔬菜、肉蛋、禽鱼的需求必然水涨船高，农村畜牧业也就随之兴起了。

吴兴光(1959年生人)是大安定村畜牧业的开创者之一，也是村里靠养殖致富的代表。他早年在滨州市里承包工程，后因工程甲方拖欠工程款，遂放弃了工程，回大安定村另寻致富门径。他意识到随着生活水平提高，鸡蛋的市场需求会不断攀升，就在村里发展了养鸡业。刚开始养鸡还是比较谨慎，从500只开始，后来规模越做越大，高峰时可达20000只。鸡饲料的花费占投入大头，以养鸡数量较少年份的6000只为例，一年的鸡饲料费用需60万元(每只鸡100元)。养鸡的收入来源有三：一是鸡蛋，二是鸡粪可当肥料出售，三是把产蛋少、淘汰下来的老鸡当肉食鸡卖掉。总体来讲，其养鸡收益比较可观。

王悦策(1955年生人)给调研组详谈了自己的“养鸡经”。第一，尽量养蛋鸡而不要养肉鸡。肉鸡生长周期短，两个月必须出栏，没有缓冲期，不管当时市场价多少都必须马上卖掉，否则每天的饲养成本就让养殖户承受不住，所以肉鸡养殖风险较高。蛋鸡因可以长期产蛋，并没有急切出栏的需要，即便当肉鸡卖，缓冲期也能够比较长。肉鸡饲养还需要激素，而蛋鸡则不需要。第二，饲养蛋鸡一定沉得住气，做好一两年赔钱的心理准备，学会放长线钓大鱼。鸡蛋价格会有波动，有时候价格太低，售价低于成本价就会折本。但鸡蛋价格降到一定程度必然反弹，有折本的年份肯定就有挣钱的年份，总体算起来，还是挣钱的年份多，所以值得投入。“养鸡是比较辛苦的，投入大，又累。一只鸡仔养到开始产蛋,投入得有15元左右,如果没有充足资金,很难坚持下去。养的鸡常生病,就得请兽医给看,后来经验多了自己也基本能处理了。夏天时候,鸡很容易热死,就得开风扇,白天还行,晚上就得时刻记挂着风扇可别不转了,操心受累睡不好。以前是人力养鸡,后来引入了自动化,省劲了很多。但自动化装置要较多的资金,还要定期检查维修,算起来也是一笔不小的投入。"

大安定村"两委"也积极支持村民通过养殖业发家致富。张明华任村支书后,在村东南划出一片区域来专门搞养殖。2003年,村里组织村民到淄博市周村区学习养鸡技术经验,又有十多户村民加入了蛋鸡养殖。

搞养殖也有赔本风险,周洪策在这方面有过惨痛教训。2003年,周洪策从工厂办了内退,正好村里鼓励发展副业,搞养殖场,闲不住的周洪策也投资进入。"第一年搞养殖,贷款4万元,买了4头牛,一头1.5万(元),喂了3个月,牛喂孬了不下崽。想处理了又卖不上价。最好的那头牛一天能下70斤奶,1500块钱让农场买去了。其他的牛七八百(元)处理了,太瘦了。搞了几年养殖没啥收入。我养过奶牛、黄牛、猪。大白条猪一个200多斤,肥得很,卖不了,人家嫌胖。后来给老姑家孩子六毛钱一斤买了去。那几年是光赔没挣。后来开始养鸡,总算步入正轨有了正收益,一直养到2019年。鸡蛋的销路不很发愁,一般是往市场里送,一斤鸡蛋成本加上两毛钱,基本都能送出去。总起来说,有成功有失败,有挣钱有折本,不过这也是创业的常态。"

(二)环保与畜牧业的退出

畜牧业及工业发展都受到政策的巨大影响,比如环保政策。

2019年,杜店街道办事处下通知,要求本地所有养殖业一律停产。该街道对滨城区的环境影响比较大,尤其南海水库是滨州市重要的生活、工业水源,畜牧生产过程中会使用各种药物,并产生大量家禽排泄物,都可能对本地水质造成不良影响。在本地区取缔畜牧业,固然会有一定经济损失,却也是环保的必然要求。在2017年春夏之交,大安定村的养鸡场也确曾因鸡粪导致异味的问题遭到过村民投诉。

政府对养殖业户的损失给予了适当补偿。按每只蛋鸡12.5元的标准对养殖场进行了补偿,至于大棚与养鸡设备,则另有补偿标准。现在大安定村东南角原来的养鸡大棚已基本拆除推平。村民游庆泽还住在那边房子里,圈养着几只羊和鹅,仅够家用。大安定村的畜牧业画上了句号,在畜牧业挣钱与环境保护大局之间,总得有个取舍。

第十章　第二产业特色与务工

一、农耕之外的谋生传统

(一)传统手工业的退场

1.祖师庙与百工信仰

传统手工业又称“百工”,原意是指主管营建制造的工官,后来延伸为各种手工业者和手工行业的统称。传统手工业的门类众多,主要行业有30多种,诸如棉纺、印染、木竹、藤柳、榨油、版画、火柴、火药、制皂、香烛、酿酒、醋酱、制烟、糕点、皮革等。即便传统的所谓自给自足的农耕社会,老百姓的生活与生产也远做不到自给自足,仍然要仰赖“百工”提供的各种产品和服务。

安平镇兴盛时期,由于经济的虹吸效应,各路手工业者云集于此,手工业相当繁荣,周边十里八乡的百姓纷纷到此采购各类手工业商品。安平镇曾经香火旺盛的祖师庙是那时手工业兴旺的见证与标志。听大安定村的老人讲,祖师庙里曾供奉了58位行业祖师的牌位,诸如煮盐始祖夙沙氏,木工的祖师爷鲁班,纺织业的祖师黄道婆,桑蚕业的祖师嫘祖等,涵盖了手工业的诸多门类,成为当时周边手工从业者的朝圣之地。

待到安平镇因黄河水灾降格成安定街,手工业的兴盛也就大打折扣,只能算勉力维持。在经历了一次次黄灾、战乱洗礼蜕变为普通的大安定村后,手工业的盛况也就成了明日黄花。村里间或还有一些手工业者,但也基本上不成规模。当然本地手工业的衰落乃至退场,屡遭黄灾是一方面,但归根结底更是工业化冲击与替代之下的大势所趋。现在大安定村的手工业已基本无存,就如那早已化为尘埃不见踪迹的祖师庙一般,退出了历史舞台。祖师庙因战乱与年久失修而破败不堪,早已少人过问,最终坍塌。1949年以后,庙址被规划成宅基地用于村民建房。我们只能从上年纪村民的口述中,如获至宝般地捡拾本村手工业运作的部分历史碎片。

2.木工匠人的传承

大安定村老一辈村民不乏从事木器加工业者。本地木器加工业可谓由来已久。安平镇兴盛时期,木工行业非常兴旺,木匠们不仅要应对民众对家具、农具的各种需求,每年还要修补大量来往的木船,维护本地众多庙宇里的神像与门窗等。镇上开了好几家木工坊,有的甚至代代传承。

大安定村民游顺宅(1937年生人)家里是祖传几代的木匠。他还记得那时跟着师傅做学徒,需要先到祖师庙去作仪式,拜祖师爷鲁班(在技术传授方面,古代讲究师徒如父子,到祖师庙作仪式的目的,是希望在祖师爷神灵的监督下,保证师徒间关系的长久而紧密)。游顺宅因是跟着父亲学艺(父子关系肯定牢固),加上那时祖师庙已经破败,就没有到庙里作仪式。

游顺宅擅长做的木器主要有桌椅板凳、簸箕、推车、车轱辘之类,盖屋时的木工活也干。木工活首要讲究个牢靠耐用,一件木器传用几代人的说法,并非虚言。结实耐用的基础上,再讲究一点美观,比方在上面做个花边或装饰线条之类。

新中国成立后进行农业、手工业、资本主义工商业的三大改造,身为手工业者的木匠游顺宅加入合作社后,负责集体生产队的马车维修、房屋修造、农具制作与维修等工作。

游顺宅在壮年时期,靠做木器养家。做好的木器主要拿到附近的刘六集售卖,但那里人流顾客相对少一些。人流多的集市是几十里外的北镇大集。每逢北镇大集,游顺宅头天夜里就要备好售卖的木器出发,全程扛着大量的沉重木器步行,很是辛苦。在凌晨两点左右抵达后,就要抓紧在集市上占据一个好位置,静待天亮老百姓来赶集购买。时至今日,木匠手艺的传承早就难以为继。游顺宅有两个闺女,都已外嫁,女孩子不擅长干这种力气活、技术活,并没有跟着父亲学木匠手艺。此外村里任长德的父亲也是木匠。任长德回忆说,在三年困难时期,老百姓对木工的需求也大大减少,父亲当时在外面干活,回来后就躺倒了,很快去世。那时候任长德也就17岁左右,并没能传承下父亲的木匠手艺。

当然木匠手艺的失传,归根结底还是现代工业的挤压所致。游顺宅感慨,以前做床、八仙桌、书桌、木门之类,基本都是用的榫卯结构,做出来的木器牢靠耐用。现在木器加工厂做出的木器，连接处都是用的钉子、螺丝、角铁、结构胶等，在牢靠度上并不耐久。传统的木匠手艺产品在品质上固然有优势，但在效率与生产成本上难与现代木器加工厂匹敌。再加上现在生活好了，人们甚至不等家具坏掉就扔了换新，传统手艺产品的耐久优势也就难以发挥。久而久之，传统木匠（以及与之类似的篾匠、石匠、铁匠、铜匠等）手艺也就断了传承。

3.木版年画的传承

大安定村的游家还曾传承有版画手艺。游传忠说他的祖上是木版画的手工艺人，原住北边的前游村，考虑到安平镇交通便利，商业繁荣，为了业务发展，迁往安平镇定居下来。在他记忆中，制作木版画分为起稿、刻板、印黑、套色（shǎi）、施彩等工序。木版画的精细度不高，在造型上比较夸张，线条粗犷，主要人物比例大，次要人物比例小。用色上喜欢大红大绿，非常醒目，图个喜庆。木版画主要用于制作年节时张贴的床头画、灶王老爷画等，以及附近寺庙里的神佛画像。数百年来，老百姓就在木版画传达的美好生活愿景的熏陶中孜孜以求地生活。时移世易，由于现代印刷业的发展，木版年画也逐渐退出了市场。安平镇的木版画和惠民清河镇的木版年画，乃至鼎鼎大名的潍坊杨家埠的木版年画，本质上并无不同。只是绝大多数地区的木版画都如安平镇的木版画一样消失了（与此类似的还有剪纸手艺，大安定村的游義恩就擅长剪纸），仅剩个别地方的木版年画借着文化遗产保护的东风得以留存，作为那个年代的生活记忆，展示给现在的人。

4.老粗布纺织的今昔

粗布纺织也是民生必需的一种手工业。以前老百姓的衣服被褥，往往是自家买了布匹，自己或者请裁缝制作而成。那时候很多妇女以逛集市买布匹、存布匹为人生一大乐事。

生产队集体劳动乃至之前的时期，村民穿的衣服多是村里妇女们自己缝制的。解放战争时期，村里妇女就各自比着自己丈夫的鞋样子大量做鞋，交上去拥军支前。她们做的帽子多是毡帽，呈古铜色。那时候本地还流行做一种棉鞋，方言称“蒲窝子”，有高低筒，保暖效果很好。但从本质上讲，这些手艺是与自给自足的传统小农经济密切适应的，随着近现代社会分工的细化，逐渐淡出村民生活也是必然趋势。

安平镇时期，镇上有一些弓房用来弹棉花、压棉花，从事老粗布的纺织加工业。老粗布是纯棉制作，具体工序是加工好棉花后，由妇女们纺线、织布、染色（当时布料颜色一般是单调而成本低的蓝色、青色），形成布匹。随着现代纺织业(化纤产品)的崛起,并以其物美价廉占据市场主流,传统的老粗布行业受到了很大冲击。不过现在人们转而追求布匹的自然健康,沉寂已久的老粗布行业又迎来了第二春,大安定村的张小辉家目前就从事老粗布产品生产与售卖,生意不错。

5.因地制宜的制硝业

制硝也曾是大安定村村民赖以维持生计的一种重要手工业。硝就是硝酸盐,是制作黑火药(用于制作鞭炮)的重要材料,众所周知的"一(份)硝二(份)硫三(份)木炭"口诀,就是说的制作黑火药的原材料配比。有点年纪的农村人都能记得老土坯墙上常常会长出一些白毛(白色结晶),那就是潮湿土坯中析出的硝酸盐(老土坯易进水潮湿,水分溶解后土坯中的硝酸盐带到墙表,水分蒸发后就在墙面留下了看上去像白毛的硝酸盐)。那时农村孩子喜欢把这些白毛刮下来制作黑火药玩。不过土坯墙的硝产量毕竟太少,盐碱土才是硝的原材料来源。

由于近海,地势低洼,加之黄河地上悬河影响,大安定村的土地盐碱化比较严重。以前,春天土壤泛白色盐花的现象相当普遍,一刮起风来,就像雪花漫天飞舞一样,遮天蔽日。靠山吃山靠水吃水,盐碱地虽然不好,却也并非一无是处。土壤里泛出的这些白末,主要成分之一就是硝酸盐。绞尽脑汁寻找生计的村民们,因地制宜就地取材,形成了一股制硝的潮流,提取出来的硝一般是由国家统一收购。安平镇制硝已有不少年头,到 1949 年以后,大安定村仍存在单干或者合作的制硝户。到了人民公社时期,大安定村生产队组织了集体制硝,制出来的硝由国家统一收购,制硝作为一种集体副业,在一定程度上缓解了大安定村的贫困,村里当时也涌现出几个制硝的知名人物。

制硝工艺大致如下。第一步,在盐碱化了的土壤表面,用扫帚收集碱土(白色的盐花)。第二步,把碱土与草木灰充分搅拌装入沙瓮,浇入大量井水搅匀,放置一段时间,等待土壤沉淀,硝盐充分溶解到水里形成碱水。把碱水倒出存放。再重复浇水、沉淀、倒水的流程,如是者三次,形成头水、二水、三水,原材料所含的硝盐也就提取得差不多了。第三步是熬硝,把碱水溶液熬制 10 个小时左右,捞起析出的盐分,等待水凉。第二天早晨,水盆内部边缘会形成一层碱盐结晶(俗称碎子)。第四步,把积累的结晶(碎子)加入少量水胶和水放进锅里熬制三四个小时,至铲勺舀水可挂(粘)在铲勺壁上为止。这时拿秫秸皮儿,把锅里的液体滴在上面,晾凉后成固态,就算到火候了。这样熬出的白色晶体称"荒硝",再继续熬制晾凉,就算成硝了。整个制硝的过程比较烦琐,其中涉及二水、三水的重复利用,上面也未能详细讲明,但熟能生巧,做得多也就轻车熟路了。

到了1975年,大安定村集体的制硝业务基本停止,仅剩个别村民自发地零星制硝。20世纪80年代,由于大安定村一带大规模种植水稻引水压碱,盐碱化得到了很大改善,碱土原材料越来越少,村里的制硝业也就完全退出了。

除上述手工业传统之外,大安定村以前还有过香油坊,当时的性质属于集体经营,挣了钱要交给村集体,香油坊现早已难觅其遗踪,村里的年轻人都不晓得曾有这回事了。大安定村往东北几里远的南海水库岸边,有一个香坊王村开发成了旅游村落,不清楚其地得名是因为村里曾经有香坊还是有油坊而名声在外。20世纪50年代大安定村还尝试办过豆腐坊,但因为地下水质的问题而未能成气候。

(二)村民外出务工

1.跳出农村当工人

面朝黄土背朝天的农民当然无比渴望走出农村,当工人、领工资乃至成为城里人。20世纪80年代初,路遥的小说《人生》就是关于农民子弟高加林想方设法甚至出卖灵魂要成为城里人的故事,在当时引起了社会轰动。要走出农村,除了读书升学,招工也是一条路子。人民公社时期,各地区偶尔会有工厂招工,招工名额分配到各个公社,并下发给下面的各大队、生产队。不少农村青年盼望借着招工的机会走出农村。但要想被选中也是有条件的,一般都要出身好,以贫下中农身份最佳,有时还有文化水平要求。

村民周洪策(1951年生人)是某次工厂招工的幸运儿。他回忆说:大概1969年的时候,滨州西边有个大窑厂在社会上招工,就奔着各生产大队招人。大安定村的大队下面有三个生产队,一个生产队分了一个招工名额。当时去了厂子里还不是正式工,是临时工,但粮食、关系什么的都从村里带过去了。到了1970年就都转成正式工,成为名副其实的工人阶级了。当时干活比较累,拉坯拉土很艰苦;工资也低,一天一块四,一个月40来块钱。

当兵转业是农村青年跳出农村的另一条门路。大安定村的周志勇(1949年生人),1969年当兵入伍,在部队表现良好,不断上进,后来担任了班长,服役期间获4次嘉奖。因为在部队的优秀表现,1974年周志勇因病回乡后被安置到滨县杜店镇政府工作,1977年转为正式国家干部,算是通过当兵实现了阶层跃升。张洪杰(1949年生人)在1969年20岁时候入伍,他坦言当兵的目的之一是"吃口饱饭"。张洪杰入伍后进入东海舰队,部队转业后有幸到上海远洋公司工作,

1986年申请回滨州老家,被安排在化肥厂。后来化肥厂经营不善,50岁以下工人一次性结清遣散费,张洪杰卡着50岁的点办理了内退,现在每月能领几千元的退休金。前述的周洪策在招工成为正式工后的当年,也响应号召报名参军。村子有几个当兵名额,竞争也不激烈,很多人不愿让孩子当兵,家里就一个小孩的更舍不得。周洪策家里人口多,兄弟五六个,家里没什么阻力,就去报名参军。“现在当兵需要一定文化程度,那时候农民只要身体好就能去当兵,当时在杜店做的体检,过关了,厂里开了个欢送会,就坐上车去部队了。退伍时根据‘从哪里来到哪里去’的原则,应该回到大窑厂,但大窑厂已经解散,人员分流,就被分到了二棉厂的基建科,一直干到2003年内退。”

这里有一个比较普遍的现象:很多曾经红红火火的工厂后来都解散或倒闭了。那么多的农村青年通过工厂招工成为工人,但带领他们跳出农村的这些工厂,在时代与市场的风雨飘摇中,大多数却没有坚持下去。那些以为跳出农村找到工厂就是找到依托的人,在工厂倒闭后是否有何去何从的惶惑?张洪杰和周洪策还是幸运的,他们办理了退休,能按月领取退休金,还有一些不那么幸运的招工工人,不知他们回想起当年从农村逃离,是否有些许后悔呢?

2.个人的外出务工

外出务工也是部分农民谋生的一种手段,山东地区的方言“扎觅汉”,指的就是外出务工(不过多指外出给人干农活,尤其在农忙时节)。

吴文光(1936—1987)家就有外出务工的传统。吴文光青年时期家境贫寒,为了谋生到东北去打工,他家孩子在耳濡目染之下,也很早就外出务工。外出务工比起常年困守于农村土里刨食的村民来讲,算是有了更好的出路。吴沈阳(吴文光的大儿子)回忆:大约1961年,吴文光带着当时年仅6岁的吴沈阳到东北抚顺、沈阳去打工。当时大安定村出去打工的有五六个人,有学(干)油漆粉刷的,有学(干)电气焊的。吴沈阳跟着父亲在东北待了不到两年,家里人非让回村,就回来了。因为在沈阳待过,所以回来上学就取学名为吴沈阳。因为受到父亲打工的影响,吴沈阳上了四五年学就不上了,大概到了1970年就跑到蒲城、北镇找活干临时工了。

吴沈阳起先去的是蒲城建筑社,在那里干了不到2年,转到北镇继续干。那时北镇规模还不大,再后来又到了附近的杜店建筑社。大安定村也曾组织有运输小队,是用地排子车拉砖石料。当时的地排车相当于现在的大货车,挺有档次,档次高到杜店公社设有地排车交通管理站,相当于现在的交通局。那时候哪个地方搞建设需要砂石料,就跑去交通管理站要,管理站充当中介平台的角色，安排名下的地排车队负责运输。地排车运输砖石料也比较辛苦，一开始全凭人力拉，后来才改用畜力（毛驴）。买毛驴的钱，队里出一部分，个人再出一部分。那时候一头毛驴得三五十块钱，好的能有六七十块。吴沈阳他们拉砖头拉沙，到过博兴、店子。拉了有一年多，村里运输小队就解散了。吴沈阳还去大湾给窑厂推过土。大湾是一片不小的水域，在现在的滨州市审计局北边，目前已改建成彩虹湖公园景点。那里原来并不是湾，而是烧窑取土形成的大湾。当时吴沈阳是用推车子（独轮车）推土，下大力气，从阴历十月份干到腊月二十五，一个半月，挣了三五十块钱回来过年，买了菜面包水饺，也就只能吃一顿水饺，接着又得换成粗粮吃。

"买工分"是生产队集体劳动时期的特有现象，这是当时外出务工者的常规操作。那时农民归人民公社的生产队管理，想从村里出去打工挺不容易，需要找人，由村里出具介绍信才行，关键还得花钱买生产队的工分。吴沈阳那时干临时工一天能挣一块二毛五，其中一块钱拿出来买工分，剩下的两毛五就是多出来的收入，靠这个来帮衬家里的生活。可惜好景不长，干了三年，村里就不让外出干活了。大安定村的买工分现象一直持续到 1980 年。据张明华回忆，他在 1978 年高考落榜，1979 年跟着吴文光到城里打工，那时候出去干活，得有点关系才行，并不是谁想出去就能出去的。村民还是归生产队集体管理，所以仍然要买工分。张明华当时的月工资是 37.5 元，需要拿出 20 元来给生产队买工分，这样村里生产队就给他计 30 个工（全勤），等生产队分粮食时就按照工分来分给他。张明华大概买了两年工分，这之后工分制就废止了。总体来说，外出务工仍然辛苦，但比起在生产队参加集体劳动挣工分来，在经济方面总是要宽裕一些。

二、大安定墙体粉刷产业

（一）房地产建设的风口

建筑内外墙粉刷（建筑涂装）属于近代兴起的产业，是伴随着近代、现代建筑的大量出现而兴起的。改革开放以后，各种基础设施建设、住宅房地产建设开展得如火如荼，内外墙粉刷业也借助着房地产建设迅猛发展的时代风口，获得了巨大的市场收益。

1982年滨县北镇改为滨州(县级市),到2000年又升级为滨州地级市。这几十年间,滨州市由一个普通乃至有些寒酸的小县城,成长为现代化的城市,发生了翻天覆地的变化。这个变化过程,为建筑业以及相关的内外墙粉刷行业,提供了巨大的机遇与市场。

吴沈阳不厌其烦地给调研组描述记忆中(20世纪70—80年代)的北镇:"那时从(现在的)渤海七路下来,路西是电影院,东边是百货公司(站),往北黄河二路路口有个烟草公司三八商店,再往北是地委行署,黄河四路,渤海七路,南边是地区一所,北边是地区二所(招待所),往北是百货大楼。老北镇没大有事(规模很小),百货公司、电影院……也就那么几个地方(有可观之处)。"

但说短不短、说长不长的三四十年过去了,以前是小县城的北镇,早已今非昔比,已经成为一个现代化的城市,尤其2000年之后,一片片高楼拔地而起,老北镇人记忆中的地貌被迅速抹去了痕迹。就以现在车水马龙的新立河两岸,滨州市政府的周边地区为例。据学苑小区北门修自行车的老人说,2000年的时候,这里还是一大片农田,现在哪还能看得出当时的一丝痕迹?原本应该慢进的沧海桑田的变化,被城市化发展硬生生地按下了快进键。

房地产的大量建设,必然催生大量的建筑内外装修需求,这给有着内外墙粉刷传统的大安定村村民提供了丰厚的工作机会。村里部分有能力的务工者越做越大,成长为内外墙粉刷的包工头,手下少则十几人,多则数百人。内外墙粉刷无疑是房地产时代所带动催热的一个行业。

(二)大安定村墙体粉刷特色产业

访谈中,常有大安定村村民自豪地表示:"周边地区的内外墙粉刷行业,都是源于咱们大安定村。"调研组也发现,大部分村民在外从事的是内外墙粉刷工作,有打工的,也有包工的。大安定村的内外墙粉刷俨然已成为村庄的一个特色产业、招牌产业,名声在外了。本地人说起内外墙粉刷,往往就提到大安定村。

大安定村能够成为本地内外墙粉刷的发源地与招牌,并非偶然。追根溯源,在村民们眼里,本村内外墙粉刷业务之所以能发展得这么好,都是老人(老一辈人)的功劳,他们不仅从东北带回来了手艺,还带动起来了这个行业。这里所说的"老人",指的是吴文光、周炳文(音)等。前文已经提到吴文光为了谋生,在20世纪60年代曾去东北的抚顺、沈阳等地务工,在那里学到了油漆粉刷之类的技术,后来回到了大安定村。这人一旦在外面涨了见识,回家后就不会安分了，就待不住了。吴文光在家也是没法安心种地，一心想继续走务工的路。他儿子吴沈阳后来不上学而出去打工，就是受到他的影响。

吴文光不但掌握粉刷技术，更值得称道的是社交能力强。他四处揽活干，并组建起了油漆粉刷工程队，成为很多村民进入粉刷行业的引路人。据吴文光当年带出去的村民回忆，1977 年左右，他们曾在惠民地区行政公署（当时叫地革委）干粉刷。那时候行政公署也就三层楼，楼里的所有办公家具都是他们负责刷的，他们跟着吴文光学习油漆配比、粉刷流程等。又有村民回忆说，吴文光当年在滨县建筑公司负责刷油漆，还是正式工。但他思想比较超前，很少去公司上班，而是办理了类似于停薪留职的手续，自己出去揽活干，带施工队，当包工头。

调研组在吴沈阳家看到墙上挂着一张老旧的税务登记证：施工队名称是杜安粉刷队，地址是滨州市杜店镇安定，纳税性质为个体，负责人为吴沈阳，经营范围主营油漆、涂料、粉刷，兼营房屋修理，发证日期为 1990 年 8 月 1 日。这是吴沈阳当年带施工队做包工头的印证。吴沈阳说：1990 年前后就是自己揽活，招一些人去施工，本村的外村的都有，自家雇工最多的时候能到 50 多人。20 世纪 80 年代的时候给大工一天 5 块钱，小工 2 块钱；到了 20 世纪 90 年代，干得好的时候涨到 15—16 块钱。再后来家里事多，身体也不好了，他的施工队就慢慢散伙不干了。吴沈阳的弟弟吴德恩，也在 1987 年创立了裕丰建筑装饰公司，从事内外墙粉刷的施工包工业务。吴德恩的儿子吴建峰现在仍带着施工队，多的时候手下能有百多号人。

让一部分人先富起来，先富带动后富，最终实现共同富裕。[①] 邓小平阐述的这一理论，在改革开放至今的 40 多年里发扬光大，在大安定村当然也得到了很典型的践行。在吴文光这一领头雁的带动下，大安定村有好些人进入内外墙粉刷行业。刚开始他们跟着吴文光打工，后来一些人积累了经验后，开始自己揽活干，也成长为包工头。大安定村现在从事内外墙粉刷的包工头为数颇多，已经名声在外，大安定村也成为名副其实的内外墙粉刷行业特色村。

这个过程中带头人的引领作用很重要，一个先行者通过某种路径取得成功，村里的亲戚朋友也会跟着模仿着做，这就形成了村庄产业的规模效应，打出了名气，乃至形成了品牌。很多行业都是如此，村里周梦茹出嫁的时候，奶奶的

---

① 1978 年，邓小平指出："允许一部分……收入先多一些，生活先好起来……产生极大的示范力量，影响左邻右舍，带动其他地区、其他单位的人们向他们学习……都能比较快地富裕起来。"1992 年，邓小平在南方谈话中再次阐述"先发展起来的地区带动后发展的地区，最终达到共同富裕"。

娘家(山西)也来人祝贺,周梦茹的奶奶很热情地给调研组介绍娘家人,尤其娘家人所从事的产业——制作仿古铜塑。他们山西那边一大家子的兄弟姊妹,基本上都从事这个行业。这种特色产业的扩展,跟大安定村内外墙粉刷特色产业的形成,如出一辙。国内快递行业也是如此,现在占据了多半壁江山的几大快递巨头"四通一达",都起源于杭州桐庐县相邻的几个村庄,申通快递的创始人聂腾飞是领头雁,其他快递创始人多曾是其手下。再如福建省厦门市现在的出租车司机,据说有七八成是来自河南。这种局面的形成,也是因为早年有部分河南人在厦门开出租车淘到了第一桶金,在其带动下,老乡纷纷加入其中。

授人以鱼不如授人以渔。所谓"先富带动后富",并不是先富者广散钱财给贫穷者,而是先富者通过自己的艰辛探索,蹚出并验证了某条致富之路。在现实中,先富带动后富,就是先富者发挥领头雁效应,带动大家共同致富,或者开办公司为后富者提供就业岗位,或者带动后富者走上这条致富路。大安定村的吴文光等人就是这样,他们组建包工队,雇佣村民从事内外墙粉刷,由此带出了一些人,这些人尝到了甜头,又仿效他们自立门户组建施工队。

内外墙粉刷行业带来的经济收益也的确可观。20 世纪 80 年代,内外墙粉刷施工队给大安定村的不少人带来了第一桶金,带头人吴文光自然是其中的佼佼者。吴宁宁(吴文光的孙女,吴德恩之女)说:吴家那时候算是村里的先富者,当时家里条件挺好,村里的第一台电视机就是吴文光买的,全村的人都跟看电影一样过来看电视节目,盛况空前。那是一台 12 英寸的黑白电视机,买的时候还是 70 年代,相当早了。村里的第一辆轿车也是吴文光买的,是一台二手的三菱车。

从事内外墙粉刷的村民还给调研组概括了这几十年亲身经历的粉刷装修内容的变迁:"粉刷方式总共改了四五次。刚开始的 1980 年前后,刷墙的时候是刮大白,用粉子拌上浆子,用大提刷刷,那时还没有现在用的滚子。后来就是改用涂料了。再往后又时兴刮瓷。刮瓷不兴了,又开始用立邦漆,后来说漆里含甲醛,就时兴起了硅藻泥。建筑门窗也是改革了三四次,最早的时候是木窗;再后来是钢窗,那时候能用上钢窗的了不得,都是些好单位;再后来就用上了铝合金。"时光荏苒,吴文光等人当年传下来的粉刷手艺早已被时代抛弃,唯有其开拓的内外墙粉刷业务已树大根深,开枝散叶,成为诸多村民的主要收入来源。

(三)建筑相关产业与时俱进

内外墙粉刷行业与建筑产业息息相关,在内外墙体粉刷行业兴起的基础上,大安定村部分村民与时俱进,根据市场情况,往建筑行业的相关领域开拓。

张明华就在此前从事内外墙粉刷的基础上,进一步开拓了建筑装饰业务。张明华 1978 年高考落榜,第二年就跟着吴文光出村打工。干了几年积累了经验,到 1984 年,张明华就和几个人开始揽活自己干,后来人手不够,又开始招人组建施工队。1986 年,张明华进入华建公司任装饰部的经理。建筑的土建干完了就要装修,装修内容除了大安定村村民擅长的粉刷外,还有安装门窗、安装招牌等,看到这一商机,张明华就在 1987 年成立了装饰材料门市部,主营粉刷材料、招牌上的玻璃钢字、铜字等业务,这算是稍微脱离了内外墙粉刷行业,在建筑装饰领域开拓了新的业务。后来张明华又成立了一个空心砖厂,开始制造空心砖设备,仍然属于建筑行业的业务拓展。

大安定村的张学滨则将事业更进一步拓宽到住宅装潢、室内设计、(木质)家具制作等领域,成为大安定村在建筑装修领域做大做强的代表性人物。张学滨早年跟随堂叔张明华从事内外墙粉刷以及建筑装饰业务,后来有感自己相关专业技术不足,于是谋求精益求精,与时俱进地学习室内装潢设计。2004 年,张学滨成立瑞利装饰工程有限公司。公司主要业务,除了传统的墙体粉刷(这方面现在已经不大做了)、装修装饰材料销售之外,还提供家装一站式服务,制作各种施工图、效果图,以及木质家具定制(整体橱柜、实木套装门、衣柜、高档桌椅)等。到 2019 年,瑞利公司的固定资产已达 1000 万元,公司承担了滨州市很多重要项目的装修工程,在业内具有较大影响力。

2024 年 5 月,调研组参观了某户居民住宅已基本完成的装修现场,由瑞利公司为其提供一站式的装修服务。张学滨亲自设计了房屋装修图纸,住宅分地上(半)地下两层,共 220 平方米,带一个小院。装修效果自然、美观、实用,完美契合改善型住宅的生活需求。

在瑞利公司的厂房车间,调研组还观摩了员工现场制作的新中式桌椅。张学滨介绍:现在公司业务的一个主营方向是家具制作。公司的家具并非面向家具市场批量生产,而是个性化定制,客户主要来自多年来业务中所积累的合作伙伴的推荐介绍。所定位客户主要是追求上档次、高品位的且有一定经济实力的老板、成功人士等。张学滨说,做业务需与时俱进,紧密把握市场变化。张学滨的办公室里悬挂有不少名人书画,前几年在老板群体中兴起了文化热,只是现在书画热度也已冷却,书画也不再好卖。再以桌椅家具为例,前些年老板们还是比较喜欢古典中式家具(一个突出特点是雕刻有很多吉祥图案),近几年则更倾心于新中式家具(风格上偏简洁明快)。前些年用于制作古典中式家具的雕刻机,已放角落弃用好久了。张学滨擅长与时俱进,随时调整业务方向,这也是瑞利公司能够不断开拓新业务、做大做强的秘诀之一。

大安定村的张洪国主要从事建筑外墙保温业务,他又不失时机地将业务拓展到保温材料的制造领域。张洪国讲:以前从事外墙保温时,经常对采购的保温材料不太满意,于是干脆自己上马了保温材料制造,实现了自产自用。现在他拥有一个500平方米的保温材料生产车间,身兼外墙保温的包工头和材料生产商这两个身份。

大安定村张加民(音)从事的不是内外墙粉刷,而是路基石灰砂石的调配装运类工作,跟基建与房地产也算有点关系。现在有一个流行词叫"睡后收入",指的是不用费力,休息的空当就把钱挣了。张加民虽不能说睡着就能把钱挣了,但现在的工作生活还是挺惬意。他主要是做石灰调配,有工地需要石灰砂石时联系到他,他就通知熟识的货车司机装载材料运送过去。有时候司机送货到外地要返回,他就给联系捎一车砂石料回来,保证不走空车,既降低了运输成本,又增加了收益。所以他主要通过电话遥控指挥就行,时间比较充裕、自由。张加民说,本地的战友聚会多是由他来组织,就是因为工作轻松自由,闲暇时间比较多。

梅花香自苦寒来,这种惬意的工作状态也是一步一步实现的。张加民家境贫寒,1993年入伍当了5年兵(本应该是3年,因是技术兵,所以延长服役2年),在部队学会了开车技术。1997年复员回家,当时滨州正在建设开发,往西区发展,需要大量的砂石料,他就买了辆小货车干起了拉砂石料。"当时也是真受累了,小货车载重1.5吨,不超载挣不着钱,超载了交警逮住就罚款。当时大家都等在一个地方,到晚上交警下班了,就赶紧开车窜出来运货。晚上开车危险也大。因为熬夜加劳累犯困,我曾翻过两次车,也算命大,第一次头划破了,第二次没啥事。就这样跑得勤,黑天白日地熬,为了改变命运就得吃苦受累。"

吃苦受累还不够,为人还得靠谱。大浪淘沙,当年跟张加民一块做石灰、砂石运输生意的也颇有一些同行,但坚持到现在并做大的,也就只剩下他一个了。"要说成功的秘诀,其实特别简单,却又很难做到,那就是本分做买卖,做事靠谱。怎么叫本分靠谱?当年我刚开始给客户到石灰窑厂拉石灰的时候,经常有一些石头夹杂在石灰里,甚至还有石灰窑厂故意往石灰里掺石头以降低成本。对此别的司机不管不问,甚至有人还往自己拉的石灰里掺石头以求多挣点钱(掺石头的石灰一次能多挣十几块钱)。但我为了保证石灰质量,就爬到车斗子里往外捡石头。刚装车的石灰滚烫,烫得人在车上直跳脚,但我不捡完石头不住手(这样看起来其实挺吃亏,一方面是石灰成本高了,另一方面是太苦太累)。这样次数多了,石灰窑厂就不再给我拉的石灰里掺石头了,因为知道我会拣出来。那些用石灰的客户也知道我的石灰杂质少、质量好,也乐于用我拉的石灰。当年交通局用过我拉的石灰后,就只用我家的石灰,图的就是咱为人靠谱。滨惠大桥、渤海 19 路、渤海 21 路、长江 8 路的地基用的灰土砂石,都是我给调配的。就这样,干得年岁久了,积累了一批彼此信任的老客户,生意就越做越顺,越做越好了。"

此外,大安定村的吴希恩目前从事城建的管道工程业务,工程量不小,与基建房地产也算是关系比较密切。

三、包工务工生涯的苦乐

(一)务工的收益与艰辛

村民们反映:"从事内外墙粉刷的收入还可以,现在工资高了,每天能挣三四百元。不过由于天气(下雨、刮风、严寒等)原因无法做到全年满勤,一年也就能干上二百来天,年收入可达 8—10 万元,这收入水平算不错了。但务工也是真辛苦。施工队是按照出工日数来发工钱,也不会出现出工不出力的偷奸耍滑行为。举例来说,工友们都悬挂在墙上做粉刷工作,每个人负责一片墙面,粉刷速度都差不多,粉刷面积相互比对着,偷懒与否打眼一看一目了然,所以没有偷懒的。"

调研组这天在一户村民家里,大热的天,屋里吹着风扇仍然浑身冒汗,而男主人李宪国照常外出干外墙保温去了。女主人说,每天早上 5 点就得起来做饭,丈夫吃过早饭就出门干活,一直到晚上回来。在这种炎热天气下工作,每天都要吃藿香正气胶囊(预防中暑)。调研组进到村民张顺利家,注意到一根拐杖依墙而立。张顺利解释说,前一阵干粉刷时不慎掉下来摔伤了腿,现在恢复得刚刚能够放弃拐杖。就在调研组唏嘘感慨时,张顺利又补充说道:"自己这条腿也不知能不能完全恢复到能重新干活的程度。但我这还算运气好的,在建筑上搞高空作业的,每年都有人摔死。"

不但内外墙粉刷务工辛苦,其他的务工也是如此。村里雨彤超市的年轻老板张善善(音),在附近魏桥铝厂的车间里工作。"月收入有 7000 多元,收入倒也不算低,但实在太累了。要频繁倒夜班,加之车间里温度很高,工作起来汗如雨下。工厂里很多同事受不了艰苦都辞职不干了,我坚持了下来。现在我还是年轻力壮,还能干得动,不知哪一天年老体衰了,还能不能干得动。"时代已经变了,时代又似乎没有变,无论是以前的种地,还是现在的务工,人们都在拼尽全力为自己、为全家,或者求生存,或者求发展……

(二)包工头的苦恼

家家有本难念的经,务工者不容易,做包工头更不容易。目前最让包工头们挠头的,是要账难、安全、垫资、压力等。

张明华经历过包工头的黄金时代,那是在 20 世纪 80 年代。"那时候建筑工程好结账,根本没有欠账一说。因为当时工程拨款方式是先钱后工,单位里出钱,先把钱准备好了,然后才开工,并且可以先预付给施工方一部分工程款以购买原材料等,所以不可能出现欠账。到了 1996 年后,工程款就不好要了,所以我在 2000 年左右离开了华建公司,原因之一就是欠账太厉害了,要不上账来。那时欠账比现在还厉害,整整三年都挺严重。"

安全生产要求带给包工头的压力也是非常大。张学滨说,建筑外墙工程有一定的危险性,万一发生安全事故,对公司的处罚会比较严厉,所以对于外墙业务会谨慎接手。

吴建峰带着施工队做建筑外墙保温,但 2022 年这一年就没怎么接工程。"2021 年的时候施工队还有 150 多人,今年(2022 年)就降到 50 多人。主要是回款难的问题,工程款不好要了。再就是垫资,上级工程承包商不打款过来,装修材料又需要花钱,还要给施工人员按时发工钱,就只能自己先掏钱垫上,一旦干起工程来就得无限往里投钱,导致资金压力很大。万一再碰上工程回款难,风险可想而知。此外,现在的建筑施工行业价格很透明,以前接手一个工程毛利能有三成,现在只剩一成半到两成了。"

2024 年 5 月,调研组参观了滨州市中骏世界城的外墙保温施工现场。大安定村的包工头吴爱群在此处工地带着十几名施工人员从事外墙保温施工,此外,他在其他几处工地还各有十几人的施工队伍。烈日炎炎下,施工人员在高悬的施工吊架上挥汗如雨,工地的楼房普遍 20 多层高,光看着就眼晕,工作之苦辛可想而知。身为管理者的吴爱群也不轻松,他说,虽然现在房地产落潮,但外墙保温的活倒还不是很缺,一直在做。最让他苦恼的就是要账困难,此前做的保温工程,有实在要不到账的,就只能接手工程抵款房,但房子又有什么用?

施工人员发工资要真金白银的，这样资金压力就很大。现在吴爱群接保温工程就定下个前提，凡是抵款房的一律不接，这也是一种无奈之举。

四、中小型工厂的兴衰史

制造业是立国之本、强国之基、兴国之器，新中国成立以后尤其 20 世纪 80 年代改革开放以来，中国经济的迅猛发展，制造业可谓居功至伟。80—90 年代，各地乡镇、村庄争相创办乡镇企业（多为集体所有制），涌现出了众多明星乡镇企业，极大促进了中国制造业的发展。到 90 年代后期，乡镇企业总体上开始衰落，或者关闭，或者为个人收购。任何一个单位、群体或个体的精力是有限的，大安定村村民当时的精力主要投放在农业生产、内外墙粉刷施工方面，在创立乡镇企业、发展制造业方面并没有怎么发力。进入到 2000 年后，中国加入世贸组织，极大促进了对外贸易，中国的制造业又得到迅猛发展的机会，很多有资本、有能力的个人也开办中小型工厂，投身到制造业大潮中。

（一）由建筑业转向制造业

张明华是大安定村发展制造业、开办工厂的代表性人物。张明华从 1983 年开始，靠合伙组建施工队，揽内外墙装修的活起家。1986 年加入华建公司（属集体所有制的乡镇企业），任其下属装饰公司的经理。这时候，他除了原来从事的内外墙粉刷外，也开始涉足其他装修项目、售卖装修材料等。在 80 年代，张明华成为大安定村的先富者之一，当时其个人年收入已经能达 1—2 万元，这在“万元户”被津津乐道的 80 年代，算是妥妥的高收入了。他指着面前那个院子回忆说，这是他在 1987 年盖的，花费高达 2.7 万元，在当时算是盖得相当好了。张明华目光敏锐、思想超前、有闯劲、有干劲，在承包工程、卖装饰材料、制作玻璃钢字和铜字等业务之外，还开过饭店，开过据说是滨州市第一家的舞厅。

2000 年，张明华开始往制造业转向，主要原因是建筑业工程不好干了。80 年代，张明华根本用不着出去拉业务，都是华建公司的土建部门完成了建筑主体，然后跟张明华的装饰公司说一声，由其接手下一步的装修装饰工程，不用操心太多。当时也没有拖欠工程款一说，因为是先钱后工。但好景不长，1992 年以后情况就发生了变化。“要想承包工程就不那么容易了，需要自己去联系业务了。因为那时候国内市场放开，企事业单位办理停薪留职、下海赚钱的很多，这就导致工程承包市场的竞争变激烈了。那时候讲不管白猫黑猫,抓到耗子就是好猫,在工程承包方面也是如此。下海的人很多是原来当部门领导的,或者家里有关系的,在承包工程方面有优势,我们公司要想拉工程业务就不那么容易了。雪上加霜的是,从 1996 年开始,工程款也不好要了,那时候工程欠款比现在还厉害,持续了有三年时间。”在这种情况下,张明华经过深思熟虑,决定往制造业转向。

张明华在 2000 年进入制造业,涉足的是建筑材料(空心砖)、空心砖制造设备、机械设备加工(车床等机械零部件)等。刚开始是自己出钱加贷款,在现在的黄十一渤五附近买了 15 亩地,工厂就建在那里。2005 年,杜店办事处划定民营工业园并招商引资,给予一定优惠条件,张明华就要了 30 亩地,把工厂迁了过来。2008 年,张明华投入 50 万人民币,注册成立了古井工贸有限公司,主营机械制造、建材销售等。

(二)中小型企业的式微

张明华的工厂属于中小型,伴随着中国加入世贸组织与经济的迅猛发展,工厂也确实红火过一段时间,但随着时间推移,中小工厂面临的经营难题也逐渐暴露出来。

一个难题是环保要求比较高,中小企业想要达标力不从心。20 世纪 80 年代改革开放后,经济的迅猛发展也伴生了环境污染,国家对于环保工作越来越重视。2017 年,环保部等部门发布了《京津冀及周边地区 2017 年大气污染防治工作方案》,针对京津冀大气污染传输通道城市提出了“2+26 城市”的概念,这里的“2”指的是北京市和天津市,“26”指环绕京津的 26 个周边城市,山东省的济南、淄博、济宁、德州、聊城、滨州、菏泽市位列其中。在这一方案影响下,对于企业的环保要求也随之水涨船高。据说当时滨州某大型活塞厂由于粉尘不达标停工了一个月。由于实力限制,中小型工厂在环保达标方面远比不上大型工厂有优势。小型工厂环保总是超标,而一超标就得停工整改,一年下来也就能开工半年。张明华的工厂加工机床零件,会产生铁屑等粉尘污染,要想环保彻底达标,就得配备粉尘处理设备。但粉尘设备相当昂贵,一些小型工厂因无力投入而被迫退出。除了粉尘设备,企业要上马一套污水处理设备,得花一千多万元,这也是一些中小企业所无力承担的。

另一个难题是工厂技术升级的成本过高。张明华的工厂属于机械行业,这个行业精度要求高,而且市场竞争激烈,供大于求。与此同时,原材料和人工费又水涨船高，这就使得工厂利润大大下降。张明华分析了工厂技术升级的重要性：以前的时候，一个工人手工操作机床，一天能干出两根三根丝杠来；现在使用自动化装备，一人一天能干出三十到五十根。原来加工零件得由熟练工来调整精度，现在的数控机床自动输入数据，把本来人工干的活都给取代了。原来的机器上是一个刀头，现在则安装了五六个刀头，产量就一下子提高了五六倍。产量高了，就能把单品的利润压下来，靠走量来赚取利润。

所以工厂进行技术升级，更换新型自动化设备是制造业发展的必然趋势。但中小企业的问题也就在这里，上马新型设备的费用太高了，无力承担。原来的设备车床一台是15—16万元，现在的自动化数控机床设备动辄要三四百万元，小企业承担不起。大企业由于实力雄厚，能够轻松承担设备更新。在市场竞争中，小企业很难在大企业的重压下生存下来。

张明华总结说：在制造业领域，技术含量比较高的行业，现在小企业干不过大企业，在环保、技术升级、设备更新、生产成本等方面都处于下风。反倒是在技术含量不太高的行业里，比方说装饰业、保温、改水电之类的业务，中小企业以其灵活性，相对于大企业具有一定的优势。

不过张明华在制造业方面并没有作进一步转向的探索。在2018年，他把工厂卖给了一个干建筑的老板，场地用来存放建筑设备。现在工厂已经拆除，地块给了滨州市绿都生物。放弃制造业，除了因小型工厂面临的困境之外，还有一个原因是2010年张明华查出疾病。治疗痊愈后，他的心态也发生了变化，开始反思以前为了业务频繁出差、熬夜、喝酒的行为，变得没以前那么有闯劲了。恰好工厂碰上困难，于是顺势退出了制造业。退出制造业后的张明华轻松了很多，但也没闲着，他做机床配件期间积累了一些熟识客户，更重要的是确立了信誉，鉴于经常有客户双方想合作却又苦于相互不知根知底，张明华在继续任职村支书主持村务之余，就充当了供需中间人，继续为制造业服务，但牵扯精力并不很多。现在则把更多精力投放在为村庄谋出路的方向上，村庄文化建设就是重要一环。

此外据吴宁宁讲，吴家以前也曾办过小型加工厂，主要是做麻袋，是给南方工厂供的货。但由于对方给的价格低，他们自己又没有销路，工厂后来就倒闭了。

大型工厂不断壮大占据优势，中小型工厂逐渐退出制造业似乎已经成了一个趋势。张明华说：现在整个杜店街道，中小型的乡镇、村办、私营工厂，剩下的已经屈指可数了。

第十一章 第三产业时代新业态

一、村庄的传统第三产业

(一)安平镇曾经的商业盛况

第三产业就是各类服务业或商业,泛指除了第一、第二产业以外的其他产业。凡是称得上繁华市镇的,农业地位往往相对次要一些,工商业尤其是第三产业会比较兴旺。安平镇当年的繁华,可谓名声在外。黄河夺大清河道入海以前的安平镇,据说有一万二千户人家。其时安平镇交通便利,有码头渡口,寺庙众多,又汇集了马车店、旅馆、茶馆、包子铺、油条铺、药铺等,可谓繁花似锦。

我们甚至可以想象得出安平镇鼎盛时期的情景。大清河的河水充足、清澈,河边的码头上,挤满了停靠卸货装货的木船。渔船也夹杂其间,这里有一种海里生河里长的特产刀鱼,还有螃蟹等水产,渔民们给集市提供了源源不断的各类鱼虾蟹贝等海鲜,水产摊区弥漫着浓重的海腥味。从水路、陆路汇集于此的外地客商,径直进到镇上的车马店(旅店)落脚休息,车马由伙计照看着,不用操心。安平镇上的旅店多为夫妻店,以姓氏命名,什么李家马车店、王家客店等,门店外面多挂有灯笼作广告与美观之用,成为安平古镇街道上的一道风景。肚子饿了、馋虫上来了,镇上有的是小吃铺、饭馆。俭朴点就到包子铺吃笼包子,奢侈一把就去饭馆叫上一桌酒菜大快朵颐。不饥困的时候可以到镇上的茶馆叫上一壶茶细品,顺带着和伙伴谈家长里短以及生意。镇中心的街上一排溜铁匠铺、木匠铺、香油坊、豆腐坊、弓房、制硝厂……街上满是熙熙攘攘的人群,除了外来客商,还有众多的本镇居民,他们跑上几里十几里路来到镇中心采购物品,什么土产、农具、玩具、粮油、剪纸、木版画之类,顺便逛逛街、见见景,也有家里遇到困难来镇里当铺当东西的。走在街上，有时还会闻到草药香，这也意味着你离三个中药铺子不远了，这三个铺子分别为张加荣、张同德、张晨桥所创办，到民国时期都还能看到它们的身影。如果已经请大夫开过方只需拿药，可以去张同德、张晨桥的药铺，要是还没请大夫看过，张加荣的药铺有坐诊的大夫，可以提供出诊行医服务。

镇上最热闹的时节当数四月十八庙会了。庙会以泰山奶奶庙为中心，持续整整 10 天，方圆百八十里的人都来赶庙会。周边的很多有钱人家驾着马车赶来，停车难催生了停车业务。镇北、镇东、镇西这三个方位的入市口都有马车场，只要花钱，不但可以停上一整天，拉车的牲口也能得到很好照料。庙会上人山人海，善男信女们接踵而至烧香许愿，庙里的香火特别旺盛。住持笑容满面，盘算着今年又能积攒下多少家底。庙外有唱大戏的，锣鼓喧天，观者如堵。更多的是搭棚子卖东西的摊位，平时难以见识到的商品这时候也从外来商贩那里冒出来，琳琅满目。来逛庙会的人往往要逛上半天到一整天，然后才心满意足地回家，跟没来过的人吹嘘起安平镇上的热闹。

安平镇得以繁荣的基石是大清河的漕运功能。后来由于黄河夺大清河道入海并连年泛滥成灾，产生了一系列连锁反应。河道漕运功能丧失，安平镇的码头功能也随之丧失，来往客商迅速减少，繁华的安平镇归于黯淡，兼之黄河水灾、凌灾接连不断，没多久安平镇迅速降格成安定街，到 1949 年新中国成立后便已降格成普通乃至贫困的大安定村了。

（二）从追求果腹到味蕾享受

大安定村建村伊始，还从安平镇、安定街时期传承下来几种手工名吃：一是三皮油条（不同于传统的单皮油条），色泽嫩黄，食之酥脆香甜，特别美味。本地人称油条为“馃子”，卖馃子的每天走街串巷高声吆喝：“来啦，安平三皮香油大馃子！”二是咸粥，内杂葱花、粉丝、肉丁等，咸滋滋、香喷喷，有点类似于山东沂蒙地区流行的“糁”这种传统特色粥食，就着馒头下饭，好吃又解饿，很受顾客欢迎。三是包子。肉馅、素馅、糖馅都有，汤面包、水煎包都有。水煎包有一层金黄油亮的底，让人想起就流口水。当时本地还售卖（出产）一种大葱，俗称安定葱，据老人们说，比起章丘大葱来也是不遑多让。由于 1949 年以后社会大变革，第三产业受到了很大限制，这些传统名吃现在已觅不见踪迹。

生产队集体劳动时期，村民张维良（音）所打的锅饼（山东有的地方叫“烤排”）名声在外。那时候生产队分了粮食，张维良就拿来打锅饼，挣点钱补贴家用。他打的锅饼呈方形,香香脆脆好吃得很。周边有年轻人想吃锅饼了,常从家里偷了粮食到张维良家换锅饼吃。张维良也常赶集去卖锅饼,但当时不让卖,他就弄了个风箱(以前农村做饭时用来生火鼓风的器具,中空),把打好的锅饼藏在风箱里去赶集,对外说是来卖风箱的,实则偷偷售卖里面藏的锅饼。张维良家境贫困,老伴有哮喘病,他赶集卖锅饼经常带着老伴。

大安定村有把主食行业做得比较成功的。改革开放后,村民林小梅发现,由于集体食堂普遍撤销,单位职工、居民都自己到市场购买馒头。于是就试着发挥自己所传承的馒头制作手艺,来填补这个市场缺口。刚开始的时候还是纯手工制作,但生产规模有限,而且也非常费人力,为了解决这个难题,2010 年她购买了馒头制作机器。做馒头是个劳心费力的行当,林小梅通常是半夜 11 点开始制作馒头,到第二天凌晨 1 点馒头蒸熟了,然后装车到高杜早市上去销售。林小梅的馒头业务逐渐做大做强,刚开始是零售,后来转为批发。在 2012—2014 年,一天能卖出四五千个馒头。2012 年,《鲁北晚报》报道了林小梅的“精耕细作馒头经”。再后来,林小梅逐渐扩大经营范围,在馒头主业之外,又增加了干鲜面条、面叶、水饺皮、馄饨皮等面食业务。

20 世纪 90 年代以后,村里还兴起了开饭店的热潮,这种现象在周边村镇也是比较普遍。20 世纪 80 年代大多数人的生活主要还是停留在解决温饱的水平,饭店行业也就不温不火。到了 90 年代,人们的生活水平进一步提高,催生了进一步享受生活的需求。一般来讲,除了价格贵一些,饭店的饭菜从种类到口味,都要超过家里做的饭菜,所以人们渐渐滋生出“下饭店吃点好吃的,改善一下生活”的想法。加上这时候已经有不少人外出务工,不方便自己做饭,自带饭菜又不太好吃,于是对饭店的需求水涨船高。当时大安定村在外面开饭店的着实不少。张明华在主营建筑装修业务之外,也曾开过饭店,甚至还开过据说是滨州市第一家的歌舞厅(饭店和舞厅的萌生或兴盛,其实都反映了随着生活水平的提高,人们追求更美好生活的时代现实)。

(三)个体零售取代供销社模式

新中国成立后相当长一段时间,供销合作社的商业体系占据了零售业的绝对主流。改革开放以后,放开了个体商业经营,就有部分村民开始摸索着从事个体零售业务。

20 世纪 80 年代被视为个体户的黄金时代,但真干起来其实也不容易。大安定村的张训利曾经通过考试被选拔为乡镇干部驻村,跟村干部一起做些丈量土地之类的工作。但因为转不了正，于是他就放弃不干了。张训利还在村小当过三年民办教师，1986 年结婚后，把民办教师的岗位让给了妻子王秀云，自己出去另找门路。刚开始打算卖衣服挣点钱，便到南边淄博市的淄川服装城批发了衣服。那时候衣服多是尼龙材质，回来就赶集摆摊卖衣服。他在本地摆摊，也到远一些的里则镇大集摆摊。当时社会治安不好，常有无业游民小混混欺负外来人。张训利在里则镇大集摆摊，卖的是时兴的男式大红衬衫。当时过来三四个小混混，穿喇叭裤，叼着烟，一看就不好惹。小混混问衬衫多少钱，张训利说 15 块一件。他们就拿了 3 件，临了撂下一句："下次再给你钱。"然后就这么走了。张训利气愤却也无可奈何。摆摊卖货挣不着钱，张训利只好另谋出路，后来兜兜转转，还是跟很多村民一样干起了内外墙粉刷，一直到这几年才退出。

村民游希恩(1955 年生人)则把个体零售业一直坚持下来。80 年代的时候，他在村里开办了小卖部(那时候还没有超市一说)。那时候村里总共有三处销售点，一处是代销点，另外两处是经销点，游希恩的小卖部是后来者，性质属经销点。代销点和经销点还是有区别的，简单来说，代销产生的后果由产品提供方承担，经销产生的后果则由经销商承担。相对来讲，代销的货是供货方的，所以风险小；经销的货都是自己花钱买的，所以风险大。代销点拿货一般都是各地区的供销社负责供应，经销点拿货则更倾向于自己去进货。游希恩的小卖部是经销性质，就要自己辛苦去进货。当时卖粮食还得用粮票，为了进蛋糕，他曾凌晨两点到蛋糕厂去挨号排队。

改革开放后，私营零售商业体系逐渐压过乃至取代了新中国成立后延续几十年的供销合作社商业体系。大安定村里几处销售点之间的竞争也是客观存在。游希恩当时年轻，又能干，四处跑着进货，他的小卖部里货物种类齐全，逐渐就把另外两家销售点挤下去了。现在大安定村里有两家超市，除了游希恩的紫璇超市，还有雨彤超市。

算起来，小卖部挣钱也并不多，但游希恩已经明显感觉到搞零售这条路比种地挣钱强很多，这也坚定了他在零售道路上继续深耕拓展的想法。不满足于小卖部的收入，游希恩又去批发了鞋，赶周边的三个集去售卖。卖鞋的销售额比小卖部要高，收入也要高一些，游希恩的卖鞋业务一直持续了 20 年。现在回想起卖鞋的事，游希恩还是懊悔没有抓住机会把业务做大。在那个年代，胆子大的商户去批发鞋子，可以拉上一整车的货，本钱不够就贷款赊账，并且当时贷款很容易。游希恩说自己胆小(求稳妥)，担心鞋卖不出还不起贷款，觉得有多少钱就干多大的事，以至销售规模一直不是很大。现在回想起来，当时鞋子的销路很好,如果大胆投入,很可能就做大做强了。

游希恩以前还捣鼓过煤炭,地点就在公路边上。本书第六章提到王仁堂为村里小学赊煤一事,在这里找到了一点对应。游希恩说,一斤煤能挣 2 分钱,虽然不多,但好在出货量大,动辄就有要 500 斤、1000 斤的,1000 斤就能挣 20 块钱,比儿子出去干临时工要强。

现在村里的个体零售业远不如以前好干了,主要原因是出现了有降维打击能力的竞争对手。第一个是超市连锁店[①]。游希恩感慨说连锁店(对农村超市)的影响太大了,他们可以大批量采购,能够把进货价格压到很低,这样在价格上农村超市就丧失了优势。第二个是网络购物。现在村里很多人使用网络购物,例如以前过年节的时候村里超市里酒水、糕点之类礼品的出货量比较大,但现在很多人是从网上采购,给村庄超市造成了冲击。第三个就是村庄的空心化、老龄化。现在村里的常住人口不到户籍人口 500 多人的一半,且很多是比较节俭、消费能力有限的老年人,导致实际购买力还不足 500 人的三分之一。村庄零售业似乎也已成明日黄花,游希恩说上级部门曾经来统计过村里的零售业门头,不晓得是为了拆迁时多给点补偿,还是搬迁安置时再给安排个零售门头。游希恩憧憬着村庄整体搬迁以后,在新的住宅小区能延续现在的零售业务。

二、餐饮连锁与人生修行

山东航空学院南门对面的大学城(东西向)文化街,有一家“大宴江湖”店铺,以大宴鸡和黄焖鸡为主打特色,经营得颇为红火。店主是大安定村的王志民、刘爱滨夫妻。刘爱滨在大安定村里做妇女主任,她接触到调研大安定村的活动后,马上跟王志民商量,邀请调研组到店铺里看看,做个访谈。这次访谈让调研组大开眼界,了解到目前餐饮市场上流行的品牌连锁的生意经。

(一)贫穷少年的淘金梦

王志民(1979 年生人)出身比较贫寒,在他印象中从小一直到长大当兵,都很少能吃饱饭。他那时性格有些自卑,一个原因是身体比较瘦弱,当兵时才 90

---

① 连锁超市,即采用连锁形式经营的多家超市。连锁超市实行统一进货、统一配送、统一管理,在进货成本和商场运营方面相对传统的个体零售点具有很大的优势。滨州市较上规模的连锁超市有全福元、银座、华联、大润发等。

来斤，费了一番周章才得以入伍，再一个是学历低。

五年行伍生涯让王志民脱胎换骨。当初他当兵是抱着找条出路，长长见识，顺便吃饱饭的目的，结果部队给了他超出期待的回报。他在部队从事保管、运输弹药的工作，厚厚的一本技能书，他从头到尾研究得很透。因为要给全国各地配送弹药，经常要外出一两个月，去内蒙古、新疆、广东等地，王志民大涨了见识，更重要的是找到了自信。王志民在军事训练中慢慢发现自己在技术、体能上甚至比那些体格强壮的战友还要强，五公里跑他一直名列前茅。由于技术素质过硬，部队把他调到训练基地，每年负责训练新兵。因表现优秀，他在军队里顺利入党。军队生活开拓了他的眼界，磨炼了他的意志力，让他找到了自信。到 2002 年退伍，他已蜕变成一个胆气十足、浑身是劲、心气颇高的青年。

这时王志民已经不满足于平凡过一生，他想要建功立业、有所作为。在军队时，领导希望王志民留在部队，但有“野心”的王志民早就跟对象刘爱滨商量好，要回来闯荡商场，做生意发大财。手里握着的 4 万多元(2002 年时这不是笔小数目)退伍安置金给了他很大底气。他们最先选择了服装生意，信心满满地入场，奋斗了一年，换过两次门头，结果赔得血本无归。王志民复盘这次失败时分析说：“过于心急和自信，头脑简单未能深谋远虑。开业当年进了很多冬装，手头大部分资金都投到冬装了。来年开春换春夏装，没经验又进了一批货，所有资金都进去了。衣服卖不大动，再换季就没钱进货了，资金链断了，被迫狼狈退出。”这是现实给他上的残酷一课。

服装生意失败，退伍安置金没了，还欠下了债。走投无路之下王志民也曾想过干内外墙粉刷，但最终还是选择放弃，一是考虑到安全性，二是觉得这样一辈子可能就没翻身之日了。高心气让他不甘心平凡，他决定外出打工闯荡还债，顺便看看这大千世界。

王志民南下打工去了厦门，刘爱滨则去了漳州。王志民在厦门一个温泉浴场打工，他的能力在此得以展现。单位里曾有所谓“八大金刚”帮派，仗着人多势众欺负其他工友甚至收保护费。王志民把被欺负的工友组织起来，一举压倒了对方帮派，在员工中间树立了威信。王志民从服务生做起，做到了领班、经理。后来他被骗到了传销窝点，发现不对，立马装病，当天晚上就趁机跑掉了。跑回滨州后，家里人坚决不让他出去了，他只好去魏桥棉纺厂当了两年保安，月工资 1200 块，连女儿的奶粉钱都付不起，王志民又谋划起做买卖赚钱。

厦门打工时王志民就接触过餐饮外卖，当时滨州还没有餐饮外卖，王志民意识到这是个机会，他就在银座旁边包下一间废弃食堂，在 2008 年开始了据说是滨州市最早的餐饮外卖业务(当时没有美团、饿了么,多是用 QQ 或手机订餐)。由于填补了市场空白,王志民的餐饮外卖非常成功,生意好的时候一天营业额赶得上当保安一个月的收入,王志民从餐饮外卖淘到了第一桶金。但餐饮外卖做起来不容易,尤其到冬天,饭菜保温问题解决不了,订餐客户地址又比较分散,送外卖又易出安全问题,于是王志民又开始留意新的门路。

(二)餐饮连锁品牌的生意经

生活中不缺乏机会,缺的是发现机会的眼睛。因为时时想着创业门路,机会也就不期而至。王志民有一次在济南碰到一位做黄焖鸡的老厨师,就跟着学了起来,并最终拿到了原始配方。

下一步就要考虑如何抓住食客味蕾这一关键点。当时的配方只是具有了基本味道,尚未定型,王志民想方设法找朋友对配方予以改进,总共改进了两次。朋友跟王志民分析:"如何让食客吃起来'上瘾',忘不了那个口味? 办法有两个,一个是麻辣,一个是滋味要重。但北方地区气候干燥,黄焖鸡并不适合采用麻辣味,不像南方尤其川渝,那边气候潮湿,人们更中意麻辣(麻辣可以抵御湿气)。目前北方地区黄焖鸡口味偏于清淡,这是一个机会。咱的黄焖鸡配方在味道上得偏重一些。这样的好处是,食客吃了这里的黄焖鸡,再去吃其他店的黄焖鸡,就会觉得嘴里没味,过两天就还会想咱家的黄焖鸡。"没想到,小小的食材配方,里面居然有这么多门道。从这一点上说,我们现在能够享受各色美食,在某种程度上要感谢餐饮业的这群人,他们孜孜不倦地琢磨着怎样提升食客们舌尖上的滋味。

精心改进后的配方确实颇受欢迎,大宴江湖店的顾客十有八九是回头客,吃过几天还想吃。总店已开了 12 年,见证了不少顾客由少年时经常来吃到成家立业后带着孩子来吃。有些单位的后勤人员(他们闲暇时常琢磨美食,比较识货)也常来店里消费。

品牌的打造与餐饮口味同等重要。各地都有为数不少的黄焖鸡店,说遍地开花也不为过,同质化竞争严重。如何脱颖而出,打造出独具特色的品牌是关键。除了在滋味配方上下功夫,王志民还注意产品的差异化。店里除了黄焖鸡外,更主打独一无二的"大宴鸡"(口味上与黄焖鸡有所区别),要品尝大宴鸡只能到这里来,店铺从而独具特色。至于严格把关、讲究用料等基本要求,就更不必说了。名正方能言顺,王志民苦思冥想好几天,给自家店铺起了"大宴江湖"的名字,既显示了餐饮特色,还融入了江湖的文化气息,大家都说这个名字威武霸气。王志民的知识产权意识强烈，抓紧时间到北京注册了“大宴江湖”商标，大宴江湖商标有两类方向，一个是餐饮类，一个是连锁类。后来有南方老板看中了“大宴江湖”商标，出几十万元购买，王志民婉言谢绝了，他的理想是把“大宴江湖”品牌做大做强。

当前市场上餐饮业做大做强的一个流行路径是品牌连锁。我们常见的海底捞、小肥羊、杨国福麻辣烫、张亮麻辣烫类的餐饮店，都是餐饮连锁品牌。大宴江湖的连锁店开到了几十家，远的开到了内蒙古、北京等地。餐饮业往品牌连锁方向发展，是餐饮市场在资源效率优化过程中的必然趋势。得益于专业化、规模化团队的运营与帮助，餐饮品牌连锁尽显优势，不但产品服务质量有保障，而且也为加盟者节省了时间和精力（当然也要投入加盟费用）。王志民的餐饮连锁品牌主要还是靠自己发展，但他也自知在做品牌连锁方面不够专业。王志民说，现在市场上有专业的运营公司为餐饮连锁品牌提供具体运营方案，虽然要收取不少费用，但这些公司长期从事于品牌运营，专业能力值得信任。王志民认为，专业的事需要专业的人办，所以对接了品牌连锁的推广公司，准备购买更专业的品牌连锁推广方案服务。下一步王志民会继续在品牌连锁推广方面发力。

当前的餐饮业总体竞争已经白热化。来大宴江湖店取餐的外卖骑手说，大学城文化街上的换店率得有九成了，能够如大宴江湖店一直屹立不倒的寥寥无几。餐饮业不好做的原因众多，一个重要因素是商户存量的增加，以前的大学城文化街只有东西街道，做餐饮的才 47 家店，后来新盖了南北街，增加了 168 家店，而客流总量还是那些，生意就不好做了。在竞争异常激烈的环境下，拥有核心竞争力的大宴江湖店仍稳健发展，不但做出品位，做出特色，还做强品牌，做大连锁，不断续写辉煌。

（三）餐饮从业者的人生境界

做生意不只是谋生，也是一种人生。王志民做大宴江湖品牌，也不仅是挣钱，还是一种人生历练修行。

在生意中收获人生意义是一种美妙感觉。王志民说，有次到沾化，偶然瞥见一个大宴江湖的连锁店，就感觉特别舒服，特有成就感。他开店取得成功后，也曾免费带着朋友一起做，但后来发现人们对免费得来的东西往往不珍惜（这是人性使然），做着做着就做不下去了，后来就收取一定的加盟费，效果反而提升了。他说，开了这几十家连锁店，自己有收益，同时也带领不少同道挣钱养家,真有那种行善积德会有好报的感觉。

生意做到一定层次,确实能获得境界的提升。王志民学历不高,自嘲不晓得文学为何物,但前阵子偶然从孩子的语文课本里读到毛主席的《沁园春·长沙》,一下子就被震撼住了,忍不住地掉眼泪,心情久久不能平复。王志民曾几天几夜苦苦思考破解山寨酱料的办法,并最终想到了门路,甚至有信心借此大发一笔横财。这个门路虽不违法,却违背道德,最终王志民决定不去做。可能到了一定境界,人就会有所取舍吧。世上三百六十行,有人做学问,有人做官,有人打工,有人种地,有人做买卖,每个人都有自己的人生路径,每条路径都像庖丁解牛一样,可以提升人生境界,做餐饮又何尝不是一种人生的修行?

三、老粗布进入网购时代

(一)崇尚自然古朴的潮流

老粗布是黄河下游地区的一种非物质文化遗产,被誉为"中国民间手工艺之瑰宝"。所谓男耕女织(滨州市博兴县是董永与织女传说的故乡),虽然老粗布的制作工艺听上去比较烦琐,包括有轧花、弹花、纺线、打线、浆染、沌线、落线、经线、刷线、作综、闯杼、掏综、吊机子、栓布、织布、了机等,但作为一种与以往自给自足的北方传统农耕文化相适应的传统手工艺品,其制作技艺千百年来在农村妇女群体中广为传承,成为她们一种重要的劳作方式。那时的农村,时时处处传出此起彼伏的纺机声,蔚为一景。安平镇上的老粗布制作手工业曾经兴盛一时,镇上颇有几座弓房,主要从事弹棉花、压棉花,老粗布的纺织、漂染等。那个年代,老粗布是民众衣物所采用布料的主流。

但曾几何时,时代与科技的进步一度把老粗布排挤出人们的生活,取而代之者,就是现代化纤布料。新中国成立后,高效率现代纺织技术的推广,逐渐挤压了老粗布家庭作坊式生产的市场。20 世纪 70 年代以来,化学纤维面料以其结实耐用、易打理、抗皱免烫、生产成本低等优势,蚕食了传统棉纺布料的市场份额。一时间,市场上林林总总、色彩斑斓的衣物布料多是化纤产品。

风水轮流转,尤其在 2010 年以后,久被消费者抛弃的老式棉布,却不经意间重又受到消费者青睐。老粗布是纯棉制品,穿着更舒适,相比于化纤布料更加贴近大自然,并承载了很多人的久远记忆。"老粗布承载了人们对过去简单而朴素年代生活的一种记忆和留恋，而且它织制工序繁杂但绿色环保，并有冬暖夏凉、透气吸汗等性能，所以近年来深受到人们的喜爱。"[①]这也是工业化时代人们生活水平提高后的一种消费升级。传统的老粗布就如古法榨油、古法红糖、古法酿造、古法炮制一样，成为人们怀旧、回归自然、追求健康的一种集体无意识行为。

（二）借网购腾飞的老粗布

大安定村张小辉的老粗布业务也正是乘着回归自然、追求健康的消费升级的东风而起。不过酒香也怕巷子深，老粗布能够火爆起来销量大增，除了其自身特点，2000 年以来兴起的网络购物平台也功不可没。

张小辉（1990 年生人），是 2000 年以来大安定村创业的代表性人物之一。其创业的过程也非一帆风顺。大约 2012 年，当时的老粗布业务很火，张小辉卖了有一两年的老粗布，但卖得不好，只好去上班，每月工资三四千块。2015 年左右，不满足上班微薄收入的张小辉选择辞职，重拾老粗布业务，在村里开了间老粗布作坊，并着力开拓网络销售渠道。他在淘宝 、拼多多上的店铺逐渐壮大，形成了气候。张小辉父母原来从事建筑外墙保温，因为年纪大了，干外墙保温又有一定危险性，就在家帮扶着他的老粗布业务。除了家里人帮衬，张小辉的老粗布作坊还雇了几名裁剪工负责老粗布的加工，他也就此成为小企业主。

老粗布生意波动跟季节有关，老粗布易吸汗，穿起来舒爽、凉快，所以夏天的销量最大。采购老粗布的顾客，多为讲究生活品质的散客，间或有公司也来团购老粗布，作为节日福利发给员工。

2000 年以后，电商崛起与网络购物无疑是商品交易领域的最大变革。现如今，电商的影响已无孔不入，连村中超市也切身感受到网购的冲击。即便地处偏远、交通不便的乡镇农村，网购也已普及。受人数规模限制，快递并不能直达大安定村，村民领取快递需到距此数里的张管商贸城（南海小学近邻）的快递网点去自提。由于电动车、汽车的普及，领取起来也还算方便。快递公司的寄件服务相对来说更加周到，张小辉的店铺外发快递无须跑腿，快递公司每天都会开车来取件，极为便利。

张小辉老粗布业务的成功，是借助了电商大潮的东风。电商虽已成为购物主流，但经历了近 20 年的发展，太多商户加入进来，竞争已很激烈。如何从激

---

① 刘春晓、单筱秋、张毅：《淄博起风镇老粗布手艺的传承与文化产业创新》，《武汉纺织大学学报》2019 年第 1 期，第 49 页。

烈的竞争中突围,张小辉谈了自己的生意经。首先,核心战略就是躲开已趋饱和的“红海”市场,而专注于开掘大有潜力的“蓝海”市场。张小辉深入研究了网商平台,知道自己属于中小卖家,很难与平台大卖家竞争,要想成功,就得另辟蹊径。张小辉曾做过的老粗布业务恰好是网购里的“蓝海”市场。虽说老粗布实体店铺的销售情况不理想(本地居民的老粗布消费需求总量毕竟少),但一旦进入网购平台,就相当于直接面对全国的老粗布需求市场,这个需求量可是相当大的。

其次,要尽量找一些竞争小的类目去做。强行进入竞争激烈的类目不是不行,但投入必须得大,这不是中小卖家所能承受的。网购平台上资本雄厚的大玩家,其策略往往是战略性亏损,一般是投入高利润的商品类目,前期投入较大(商品推广、优惠让利等),等占领了市场后开始回本。张小辉感慨:稳妥起见,中小卖家还是以寻找并投身于“蓝海”市场为宜。

张小辉在淘宝和拼多多开的两个店铺的销量差不多。由于目标客户略有差异,就价格来讲,拼多多上略微便宜一些,但拼多多上给“差评”的客户相对也要多,这就会对销量产生一定影响。

直播带货平台(抖音、快手等)现在也已成为网购平台的潮流。张小辉研究认为老粗布业务并不适合带货直播。一个原因是,抖音、快手等带货平台主推消耗品或者品种丰富的商品,老粗布业务并不适合。另一个原因还是投入巨大,否则平台不给推广。投钱进去后,平台会根据其掌握的客户大数据,对产品覆盖人群进行精准推广,销售量往往能显著提升。

张小辉的老粗布网销业务做得还不错,但也特别操心费力。张小辉曾考虑把老粗布业务扩展做大,后来发现这个类目比较难复制(因为基本上是定做定制,不好扩大规模),做大了投资大,风险也高。张小辉除了管理外,还承担着网店客服职责,得随时回应客户的咨询,几乎每天晚上都要12点之后才睡。之所以不雇人当客服,主要还是觉得客服对接顾客没自己那么用心。张小辉坦承干这行没有双休日,想陪着孩子出去玩,时间上又不允许,这方面感觉亏待了孩子。张小辉家里停着一辆私家车,墙角竖着几根鱼竿、摄影支架之类,算是他的业余爱好。他说只能趁着偶有闲暇,去周边水塘钓个鱼,玩点摄影。

四、多肉植物与消费升级

(一)中产阶层与消费升级

多年来,伴随着中国经济的高速增长,社会上的中产阶层已经壮大,市场消费的"新中产时代"已到来。据瑞信 2015 年发布的财富报告,中国的中产阶层已达 1.09 亿,居世界首位,而这个数量还在迅猛增加。

"70 后""80 后"和"90 后"占据了中产阶层的主体,他们已经或正在进入"富足化"阶段,成为市场消费的中坚力量。中产阶层在消费观念、消费方式、消费偏好等方面,有其独特性。由于所受教育与养成的生活习惯,加之在经济上相对宽裕,中产阶层在消费上已明显区别于老一辈省钱、实用的消费理念,而是倾心于商品带来的精神享受(诸如品牌、品质、品位、个性、情怀、健康等),对于价格、实用性虽然也会考虑,但并不很敏感。以比较火爆的餐饮连锁品牌海底捞火锅为例,食客们追求的不只餐食本身,更在于享受店家贴心、周到、优质的个性化服务,享受那种备受尊敬的感觉。虽说海底捞的价位并不低,但很多光顾过的食客都觉得物有所值,归根结底是该品牌针对的目标客户群是中产阶层,其服务迎合了这一群体追求美食,更追求精神享受的需求。

针对中产阶层这一巨大的消费市场,人们开发出各种各样的产品服务。日常休闲领域,种植多肉植物成为中产阶层的一种时尚。这一时尚不期然间渗透进大安定村,村里的四叶草多肉植物园是其具体体现。

(二)多肉植物园运营状况

在村间街道行走,偶尔会瞄到道旁墙壁上挂着"四叶草多肉"的标识牌,上面标示着村里多肉植物园的方向、联系电话。跟随着指示牌的指引,很容易就能找到坐落在村西北的"多肉植物园"。大安定村西北边临近高速公路出口,有一处面积不大不小的湾塘,塘边长满了芦苇,除了高速公路噪音有点大之外,此处景色自然宜人,常有城里人开车过来钓鱼。多肉植物园西边紧邻着这片湾塘,与湾塘之间并无墙壁遮挡,可谓坐拥这片自然美景。

植物园的主人舒凤(大约 20 世纪 60 年代末生人)介绍说,她是嫁到大安定村的媳妇,这个地方是自家的,以前工作生活都在滨州城区,这里就没怎么住过。前几年从交运集团退休后闲来无事,又喜欢这里的湾塘景色,就结合着自己对多肉植物的爱好,在此开了家多肉植物园。

多肉植物园的布局大致分三部分。南边的房子算是温室大棚,房子往北的空旷地带算是院子,西边紧挨着湾塘的空旷地带算另一处院子。温室大棚主要是用来培育多肉植物,北边院子则摆放着层层叠叠叫不出名字、数不胜数的多肉植物盆栽。其间还有一张茶桌、几把椅子,供亲朋好友在此喝茶赏景谈天。更具吸引力的是西边紧邻湾塘的开放式小院,里面放置一张长桌子,几条长椅,还有一张吊床在两树之间摇曳。绿树掩映,凉风习习,鸟语花香,抬眼就是芦苇丛生满目葱绿的湾塘,可谓一处令人艳羡的所在。

来植物园休闲的,多是典型的中产阶层。调研组参观时,舒凤正跟几位朋友喝茶、吃瓜、闲聊天。舒凤说,这些来玩的是客户,也是朋友,有的刚开始是客户,慢慢也变成了朋友。舒凤指着几位朋友给调研组介绍,这位是徐大律师,以前在济南工作了很多年,后来滨州的律师事务所把她挖了回来;这位是在高速公路收费站上的,主要负责高速道路救援;这位是……总之或者是收入优厚的白领,或者是工作稳定的机关人员。

舒凤说:村民也偶尔过来看看,顺便问一下有没有那种能开好看花的植物;听说多肉植物并不以开花见长,往往失望而返。或许在大多数村民眼中,种植的植物应该有实用性(能吃),退一步也要有观赏性(能开漂亮的花)。花费大力气种植这么多价格贵、不能吃、开花也不好看的多肉植物,真是难以理喻!多肉植物园是半开放的,仅东边有不甚结实的门与丝网,西边紧邻湾塘处并无门墙,园子里除了几条小狗窜来窜去,基本没有防盗措施。但植物园开放 4 年了,也从没有丢过什么东西。

收入相对优裕的人会更多关注情感体验,并有意无意地回避价钱与生意的话题。调研组好奇地问起多肉植物园如何进行宣传、推广,以及多肉植物的价格,舒凤却摆了摆手:“种多肉就是个爱好,谈什么钱。过来玩的朋友,有喜欢多肉的,(不要钱)拿几盆回去就是。但很多朋友觉得白拿过意不去,非得付钱才行,就只好象征性地收点钱。至于推广,也并没有刻意去做,就连村里街道墙上的那些植物园指示牌,也是朋友们自作主张非要挂上的。咱这个植物园不打广告,口碑就是最好的广告。平时自己喜欢在朋友圈、抖音号里发些反映生活的文字或短视频,自然就招揽了一些喜欢多肉植物的同道找过来一起聚会闲玩,一来二去成为朋友,既是客户也是朋友。”

多肉植物的价值不在于实用,而在于能够提供精神满足,一旦沾染上明显的物质味道，其所提供的情怀体验也就大打折扣。所以这里买卖双方似乎不约而同地达成了某种默契。多肉植物虽说本质上还是商品，但应尽可能地淡化物质色彩，这样体验就会更好。这无疑是一种典型的情怀消费，“情怀”就是打开他们内心，激发他们消费欲的那把“钥匙”，大安定村四叶草植物园典型地诠释了这一点。

（三）爱好与收益兼顾的样态

最令调研组羡慕的，其实还是多肉植物园老板这种把爱好发展成了工作，工作就是生活，生活也是工作。

种养多肉植物对舒凤来说是一种爱好。舒凤说，当年滨州学院有个专业曾种植不少多肉植物，后来取消了，她就去种植废址那里搜罗了不少多肉植物并带回家养着玩。养得多了占地方也多，连当时在外上学的女儿的书房也被占满，气得女儿说要搬出去住。舒凤 55 岁从交运集团退休，更有大把的闲暇时间侍弄多肉植物。她想到丈夫老家大安定村还有老宅这个好去处，就把多肉植物搬了过来，办起了植物园。丈夫在市里做管道工程工作，并不支持舒凤跑到村里养多肉植物，希望她能留在城中家里陪孩子。但舒凤放不下对多肉植物的爱好，仍然每天从城里开车跑来打理，乐此不疲。

舒凤喜欢交朋友，她为人热情，跟人自来熟，比较健谈。大安定村的多肉植物园里，经常看到一群人呼朋引伴、喝茶吃瓜、谈天说地的身影。这么多朋友有些是老相识，有的则是从微信朋友圈、抖音上找过来的新朋友。人以群分，大家有着近似的志趣爱好，自然聚在了一起。他们聚集到这里享受的是什么呢？舒凤指着西边的苇塘说，是田园风光，还有三五好友喝茶聊天的那种人生惬意。舒凤每年暑期还会带家人、朋友一起自驾游。她们到过好多地方，三年前去的是乌兰布统（草原），去年又第二次去了草原，大伙在草原办篝火晚会，烤上一只羊，手拉手一起跳圆圈舞。

对太多的人来说，工作只是一种谋生手段，这辈子能把工作与爱好结合起来的，只有少数的幸运者，这种人生状态真是令人艳羡。前文提到的张加民把干餐饮、做品牌、开连锁当作人生修行，是进入了一种理想的工作（生活）状态。舒凤开办多肉植物园也是如此，对她来说，这不仅是生意，更是生活，一种人生快意。

当今“内卷”一词流行，反映出不少人在工作生活中承受着较大压力。即便看似收入优裕的人，往往也因陷入“内卷”而疲惫不堪。人们的焦虑感有增无减,例如近期 Chat-GPT 人工智能横空出世,很多人害怕自己的工作与专业在未来的某一天会被 AI 取代,压力更大了。马克思主义追求"人的全面发展"(即人的智力和体力的充分、统一的发展,同时也包括人的才能、志趣和道德品质的多方面发展),现今人们早已解决了基本的温饱问题,经济与科技的进一步发展,不应该让人疲于奔命,而应该把人从繁忙的劳作中解放出来,服务于人的全面发展,让人们的工作与生活更加惬意。

五、自媒体培育个人舞台

(一)自媒体时代不期而至

新中国成立以后,尤其是改革开放之后的 40 多年,是中国漫长历史上社会变动最快速最多样的时代。古朴的农耕时代,社会的发展与变化是那么慢,以至于一代又一代人过着雷同的生活。近几十年暴风骤雨般的变化,让所有置身其间的人始料未及乃至无所适从。短短几十年,我国从积贫积弱的落后农业国到工业产值全球第一的强大工业国,人民从吃不饱饭到过上温饱、小康乃至更富足的生活,信息的传播从口传、字传到屏传,跨越了农耕时代、电影时代、电视时代,来到了如今的电脑、手机的智屏时代……

人们的生活乃至工作,似乎已经被电脑、手机深深侵入。以在大安定村的访谈所见为例,前述张小辉从事网店业务,当然离不开电脑网络;王志民的大宴江湖餐饮,在抖音上有账号,也常发微信朋友圈作为宣传;舒凤在抖音账号上发布多肉植物园的短视频,有不少顾客正是看了抖音慕名而来。网络在带来便利的同时,自然也伴有不少困扰,调研组见到村里有孩子长时间待在房间里打网络游戏,村民也表达了对孩子打网游、沉迷手机的焦虑。但大人们自己也是手机不离手,埋头刷手机的场景相当普遍。

无论网络给人们造成了什么影响,不可否认的是,网络更多地占据我们生活,这是大势所趋,难以避免。尤其智能手机兴起后,手机网络获得极大普及,网络自媒体目前正方兴未艾,成为时代的风口与焦点。据说抖音自媒体的整体营收早年就已超过央视,这在十几年前几乎是不可想象的,自媒体时代的到来,确乎是不争的事实。

(二)自媒体的运营模式

大安定村从事自媒体业务的人为数不多,张志伟就是其中的佼佼者。2024年5月,他给调研组讲述了国内自媒体发展状况。

自媒体的代表性网站,当前最有影响的,视频类的有抖音、快手、微信视频、哔哩哔哩等,综合文字类的有今日头条、知乎、微信朋友圈、小红书、微博、百度贴吧等,传统网购平台有淘宝、拼多多、京东……

张志伟目前主要是在快手平台上搞直播。快手平台与抖音平台类似,此类视频平台上的内容大致分两类:一类是短视频,一类是直播。张志伟讲:制作短视频的难度更高一些,需要团队协作才能完成,有负责写本子的,有出演的,有拍摄的……张志伟基本算是单打独斗,所以做的是难度低一点的直播。说是难度低,其实也不容易,需想方设法地改进直播效果,目的是尽可能地招揽更多的粉丝。直播一般在每天固定的时间进行,时常中断的话,就会"掉粉",总之还是比较辛苦。调研组在快手上搜索到了张志伟的一个直播账号,账号资料显示粉丝有8万人。他说自己还另外开了几个账号,类似于做买卖开分店,这样能够获得更高收入,当然也更累一些。

调研组最好奇的还是自媒体平台以及账号营收途径。张志伟说,自媒体的收入来源主要有三:一是广告收入,二是带货卖货,三是粉丝打赏。无论是卖货还是打赏,自媒体平台都会抽成,抽成比例还不低,所获利润就这样由平台与自媒体账号瓜分。

个中关键还是培育起知名的网红,网红越火爆,带来的流量、广告收入就越多,带货供货商、粉丝打赏也就接踵而来。张志伟表示,流量为王,抖音、快手等自媒体的流量非常大,已经盖过了传统的网络购物平台。张志伟对自媒体领域涌现的一些网红比较留意,不过他也坦承,自媒体网红的热度都不能持久,基本都是"各领风骚三两周",很快就会被新崛起的网红盖过风头。

张志伟正在努力拓展直播业务,被问及这些自媒体平台是否会长久兴盛下去时,张志伟认为:网络时代变化很快,当前还火爆的平台,可能过几年就不行了,但肯定还会有新的平台涌现出来,这是市场需求,大势所趋,自媒体行业会一直持续下去。他推测下一个火爆的自媒体平台可能是微信短视频,因大多数人都有微信号,这就决定了其潜力巨大。张志伟还讲,在早年的自媒体行业上升期,做起来比较轻松,但现在很多人一看自媒体挣钱,都涌进来了,结果就是自媒体行业的"内卷"严重,自媒体工作也就不太好做了。

大安定村的吴建峰,前几年也曾做过一段时间的自媒体,后来因为施工队太忙而退出。他给调研组讲述的自媒体情况,跟张志伟所说类似。他说做自媒体的投入并不需很多,主要还是培育起三两个网红账号,此后的广告、带货、打赏等收入就多了。要是早几年投身自媒体就好了,那时候自媒体正在风口上,比较容易成功,现在自媒体"内卷"严重,竞争激烈,已经不好做了。

(三)个人价值的实现舞台

自媒体从业人员由于远离了传统的第一产业、第二产业,在村民眼里变成了"异类",即便放在第三产业的文化传媒领域,似乎也是如此。张志伟坦承自己刚刚做自媒体直播的时候,大安定村不少人觉得这是"不务正业"。但是收入为王,事实胜于雄辩,张志伟前几年刚开始做直播的时候,因正处风口期,收入相当丰厚;即便现在自媒体行业竞争激烈,收入仍然明显超过从事传统工作的职员。

调研组就此也询问过张训周(张志伟的父亲)的看法。张训周可能还是有对传统理想职业(诸如公务员、在编人员等)的情结,但最后强调说:"孩子就喜欢这个,咱也不好说什么,而且听说挣钱还不少呢!"算是认可了张志伟的职业选择。调研过程中出现了这样一幕:有村民唱歌不错,就有其他村民起哄让他开自媒体直播,这也反映出村民们已经逐渐接受自媒体从业这一新生事物。

调研组最感兴趣的是,在这个时代,自媒体凭什么能够这么火爆?答案可能是"去中心化",换言之,自媒体为大众提供了门槛并不太高的个人价值展示的舞台。

自媒体兴盛之前,传统媒体的一个特点是进入的门槛很高,这一下就把大多数人拒之门外。例如上电视节目、上报纸、发表论文、出版著作、申报课题、参与评奖等,绝大多数普通民众根本没有条件去接触。这决定了广大民众在传统媒体的时代,只能单纯地作为接受者,他们是"沉默的大多数"。

但沉默并不意味着没有发声的需求。马斯洛的"需求层次理论"认为,每个人都有生理需求、安全需求、情感归属的需求、受尊重的需求、自我实现的需求。随着时代发展,民众的前几个需求都或多或少地得以满足,而受尊重的需求,尤其自我实现的需求,却仍然不容易满足。自媒体平台,恰恰能够在某种程度上满足民众的自我实现需求。

张志伟当年学的是市场营销专业,唱歌只是爱好,非科班出身,当然难找到自我展示的舞台。后来接触到自媒体行业,很快意识到自媒体能给自己的才华提供展示舞台。对他来说，这不单是一份工作收入，还是一种自我实现。比起自己在家唱歌自娱自乐，在平台直播而赢得粉丝的喝彩，无疑更具激励性，更有自我实现的满足感。直播生涯中，他还结识了不少粉丝朋友，与朋友的交流也非常愉快。

从事直播能带来一种自我实现感，而观看直播、短视频，同样也能带来自我实现的感觉。在自媒体作品面前，观众可以自主选择观看内容，可以自由点赞、评论，这些在传统媒体无疑难以实现。自媒体能够迅速盖过传统媒体，主要还是因其给观众提供了一种受尊重的、自我实现的情绪价值。调研组曾困惑于为什么自媒体平台会有那么多粉丝愿意花钱打赏，现在答案就明晰了：粉丝打赏，就能够很容易地与主播产生互动，从而收获一种被重视、受尊重，乃至自我实现的感觉。

党的十九大报告中明确指出，进入中国特色社会主义新时代，“我国社会主要矛盾已经转化为人民日益增长的美好生活需要和不平衡不充分的发展之间的矛盾”。受尊重的需要、自我实现的需要，现时无疑已成为“美好生活需要”的重要部分，我们期待除自媒体平台外，时代能够涌现出更多可选择的路径，满足广大民众“自我实现”的精神需求。

第十二章　乡村振兴的路径思考

一、村庄集体的收入来源

（一）负债累累的村集体

1992 年，邓小平南方谈话时指出："发展才是硬道理！"这既是对 20 世纪 80 年代以来改革开放经验的总结，也是对此后相当长一段时期社会主义建设的战略性展望与指导。

农村是践行"发展才是硬道理"理念的重要地区。20 世纪 80 年代以来，农村的发展主要依靠两种力量：一种是村民们自己闯荡探索的力量，另一种是来自党和政府领导下的村"两委"班子的引领之力。前述大安定村不少村民从事建筑内外墙粉刷、开饭店做餐饮、开超市做生意等，这些路径是村民们自己闯荡探索出来的。至于村"两委"班子的发展引领之力，则更偏重于结合政府的政策，考量本村的实际情况，探索村集体的发展之路。

2003 年张明华出任村支书，在他主持下解决了大安定村土地重新分配的难题，形成了坚强的村"两委"班子。村"两委"沉下心来，探索大安定村的集体发展之路。

实事求是地讲，大安定村（"两委"）所能支配（或影响）的村庄资源其实并不多。除了村里居民的人力资源（其实也不能支配，只能引导），再就是少量留用的公共土地资源[①]。那时村庄账面上并没什么积蓄，甚至还拉饥荒欠下了一些账。在 1980—2010 年，全国各地很是有一些村集体或者创办村办企业获取利

---

① 也称集体田、集中田，作为村集体留用的公共地，用于分配给村里新添的人口，另有部分未开垦的荒地如苇子湾之类。

润(那时涌现出了诸如华西村、王廷江等一大批兴办村镇企业的典型),或者依靠区位优势建设楼房外租而获得租金。调研人员曾路遇滨州邹平某村村民,其村所在位置得天独厚,村集体盖起了很多沿街楼,对外出租以获取租金收益。据他们村的书记讲,村里盖的这些沿街楼,给多少钱也不往外卖,就一直收租金。该村每个村民每个月都可以收到一笔分红。与该村情况有些类似的是大安定村北边 3 公里的南海(张官)商贸城,应该也是村集体所建,并对外出租以获得租金收入。山东航空学院南门外的大学城文化街也是类似性质。但包括大安定村在内的绝大多数村庄地理位置并不占优,不适合走这一条村集体盖楼外租的路径。总体来说,包括大安定村在内的大部分村集体,还是没有发展起有稳定收益的集体产业,这一时期村民们变得富裕,除了国家政策外,主要还是村民自身探索与努力的结果。

(二)村集体的土地收益

20 世纪 80 年代以来,村集体的收入来源不多,除了提留款(后来取消),还有就是把集体田承包给村民以收取承包金。90 年代大安定村兴起承包之风,王伦堂、游希恩等是村里土地承包的代表人物。即便如此,承包金收益对村"两委"的支出来说也仍然是杯水车薪,村庄财务一直捉襟见肘、欠债累累。

村庄财务状况的转机发生在 2000 年。这一年 3 月,北起滨州、南至博山的滨博高速公路开工建设,并于 2002 年 8 月竣工。滨博高速占用了大安定村的部分农田,支付给了大安定村一定补偿款,这让负债累累的村庄财务状况得到了极大改善。

不过在 2003 年张明华出任村支书时,村里还是残留有一些欠账。张明华稳定了村领导班子后,就带着村"两委"集思广益解决财务上的遗留问题。那时村里还有几块未开发的湾塘,村里就找人把湾塘拾掇整齐,里面的芦苇整一整,承包了下去。此外,原来沟渠两边挖出来的土堆成了高地,村里就联系人把土卖了,把高地整平了,又开出来一部分田地承包下去。那里原来栽的树长势不好,不怎么成材,于是一并卖掉。另外,张明华主持重新分地的时候,还特意留出 40 多亩地作为集体田,后来承包给了几家农户(一户一般租十几亩)。靠着对外承包土地与卖树的收入,把以前欠的钱都还上了,大安定村在账务上算是无债一身轻了。

如果说前述的出租(承包)土地还是小打小闹的话,那么后来实施的"土地流转"则是大规模地把村庄绝大部分土地资源整体出租(外包出去)。"土地流转"的租金,一亩地一年是一千多元,村集体从中扣除一定比例作为集体收益,用于村务工作。租金直接打到账上,不用怎么操心,相比于之前把村庄小块土地承包给多人,集体的收入不减反增,村委的财务工作也省事了很多,真可谓"坐等来钱"。所以对于"土地流转",无论村民还是村"两委",都比较支持。

总而言之,土地收益可说是大安定村(也包括周边村庄)集体收入的主要来源。

(三)扶持养殖与规划培训

解决了村庄债务问题后,村"两委"又开始考虑发展农村产业的问题。由于那个年代物质生产还不算丰富,大家心目中还有着根深蒂固的扩大生产(无论是农业还是工业)的观念。农村在种地之外,本就有着饲养家禽的养殖传统。村"两委"意识到随着生活水平提高,民众对鸡鱼肉蛋奶的市场需求也必然水涨船高,于是决定在村里大力扶持发展畜牧养殖业。

这时,不少村民已经通过从事建筑内外墙粉刷赚取了第一桶金,有鉴于此,村"两委"秉承"一技在手,衣食不愁"的信念,特别重视在技术方面对村民进行培训提升。2003 年,大安定村组织村民前往淄博市周村区学习养鸡技术与经验,此后又有好几户村民加入村里的养殖业。

大安定村的东南角有一大片空地,村里的养殖专业户就被集中在那里创业。2004 年刚开始的时候还有养奶牛的,养了两年后,因为亏钱作罢。后来主要是饲养蛋鸡,养鸡的收益虽然有波动,但总体来说是挣钱的,因此一直延续下来,直到 2019 年因环保考量,本地出台了养殖业禁令才终止。虽然政府给予了一定补偿,养殖户在经济上的损失不算大,但原有的创收路子没了,需要花大力气寻找新的创收门路。

即便如此,张明华为首的村"两委"也依然坚信村民应该"靠手艺(技术)吃饭、致富",并积极探讨如何帮助村民们寻找到新的致富门路。他们组建起实用技术培训课堂(早年间村里组织村民外出学习畜牧技术算是开端),主要是培养水电工、建筑工、家政人员等,培训标准是不仅会做工,还要达到精工的水平,这也是在本村乃至周边村子践行"共同富裕"理念的一次探索。

二、美丽乡村的设施建设

（一）“美丽乡村”的提法

2013 年 3 月，国家发展和改革委员会发布了《关于加快推进农村人居环境整治的实施意见》，意见中提出了“美丽乡村”概念。建设美丽乡村的主要目标是通过整治农村环境、提高农村居民生活质量、促进农村旅游等方式，打造宜居、宜业、宜游的美丽乡村。其重点内容包括加强农村基础设施建设、推进农村环境整治、加强生态保护、促进农村旅游等。“美丽乡村”后来成为“乡村振兴”战略的重要组成部分。据统计，到 2021 年年底，全国有 286 个国家级美丽乡村示范村、2292 个省级示范村、500 个市级示范村。

（二）美丽乡村与基础设施建设

建设美丽乡村对于大安定村最直观的影响，是提升了村内基础设施建设水平，村民们的居住体验得到很大改善。其实早在 2000 年前后，村庄就开始了基础设施建设改造。2001 年，村里在村庄东南角打了深水井，安装压力泵，架设输水管道，让全村居民用上了（自制的）自来水。同一年，村里大面积铺筑了柏油马路，并安装上了路灯。水、路等基础设施的改善，让村民们的生活便利了很多。2007 年，村委办公大院建设落成，为村庄管理与村民活动提供了环境优美的场地。2008 年，大安定村接通了南海水务有限公司的供水线，村民们由以前使用自制自来水，转而免费使用上了真正的自来水（自来水费用由村集体统一支付）。

从 2010 年起，在上级政府下达的村庄绿化及环境整治文件的指导下，村“两委”制定了《大安定村环境卫生长效保洁管理制度》，并稳步落实片区卫生打扫、垃圾清理转运、村民卫生保持、村庄绿化管理等措施，为此聘用了数名村民专门负责村庄卫生保洁。经过整治，2013 年村里已基本完成了绿化，以前随处可见的草堆、粪堆、垃圾堆、污水横流、沿街乱搭乱建等情况就此销声匿迹。

在 2013 年国家明确提出“美丽乡村”概念后，大安定村的基础设施建设得到更进一步的推进与提升。2016 年，滨州市推行“农厕改造”，2018 年，大安定村农厕改造工程全面竣工，三格式无害化卫生户厕成为标准配置，彻底消除了以前传统农厕导致的脏臭现象。

墓葬改革也是"美丽乡村"基础建设的一部分。大安定村此前的墓葬集中在村庄西南方向,墓葬占用了大量耕地,不但影响耕种,同时也有碍观瞻;此外,一遇上雨雪天气,道路泥泞,来上坟非常不便,更别说烧纸还极易引发火情。2017年,响应上级号召,大安定村将全村八大姓氏的祖坟(骨灰盒)统一搬迁至开发区西蔡村附近的人民陵园。该陵园为公益性,实行火化、安放、管护等基本殡葬服务全免费政策,这是对乡村墓葬进行统一化、专业化管理的实践成果。人民陵园的墓葬服务涵盖了开发区3个街道办事处的188个村,陵园内环境清雅,干净整洁,管理有序,村民们前来祭拜先祖的流程都安排得井井有条。有爱干净的年轻人表示:先人骨灰进陵园比起埋在地里要整洁、干净太多了。

燃气改革进一步提升了村民的居住体验。以前烧火取暖做饭用柴火、煤炭,不但污染大,还易造成煤气中毒。根据《滨州市清洁取暖改造工程实施方案》的安排,在2018年左右,大安定村弃用柴煤,全村通上了燃气(用于做饭与取暖),以往烟熏火燎的日子一去不复返了。

村民文体娱乐设施也得到进一步加强。村里除了原来设置的几处健身器材场地外(2011年就已设立),2019年在村子的东边入口(距村庄住宅有一定距离,避免了噪音扰民)又修建了文化广场。广场建成后,迅速成为村庄的文化娱乐休闲中心,每到傍晚时分,村里的男女老少多聚集于此,唱歌跳舞、打牌下棋、谈天说地。

(三)从美丽乡村到和美乡村

在建设美丽乡村理念的指引下,村庄居民的生活环境与生活条件获得了很大进步。进入2023年,《中共中央、国务院关于做好2023年全面推进乡村振兴重点工作的意见》进一步提出了"和美乡村"的理念,强调要扎实推进"宜居宜业的和美乡村建设"。据中央农村工作领导小组办公室副主任、国家乡村振兴局局长刘焕鑫介绍:"乡村建设既要见物也要见人,既要塑形也要铸魂,既要抓物质文明也要抓精神文明,实现乡村由表及里、形神兼备的全面提升。"相比于此前的"美丽乡村"提法(偏重于村庄基础设施等硬件条件的提升),"和美乡村"的变化重点是硬件(物质文明建设)、软件(精神文明建设)两手都要抓、都要硬。

三、乡村振兴的机遇挑战

(一)“乡村振兴”战略的提出

2017 年,习近平总书记在党的十九大报告中提出了“乡村振兴”战略。党的十九大报告指出:“农业农村农民问题是关系国计民生的根本性问题,必须始终把解决好‘三农’问题作为全党工作重中之重。”

2018 年 2 月,《中共中央、国务院关于实施乡村振兴战略的意见》发布。2018 年 9 月,中共中央、国务院印发了《乡村振兴战略规划(2018—2022 年)》。2021 年 2 月 21 日,《中共中央、国务院关于全面推进乡村振兴　加快农业农村现代化的意见》发布。2021 年 2 月,国务院直属机构国家乡村振兴局正式挂牌。2021 年 3 月,中共中央、国务院发布了《关于实现巩固拓展脱贫攻坚成果同乡村振兴有效衔接的意见》。2021 年 4 月,十三届全国人大常委会第二十八次会议表决通过了《中华人民共和国乡村振兴促进法》。

(二)大安定村“两委”看乡村振兴

乡村振兴战略为广大农村地区的进一步发展提供了巨大机遇,因而备受瞩目。大安定村“两委”觉得乡村振兴真是说到了他们心坎里。在他们看来,乡村振兴的本质就是乡村发展的问题,发展就是硬道理,所有的问题,最终都要在发展中得以解决。张明华对此深有感触:2003 年,他花费那么大力气,得罪了一些人,才总算解决了令所有人挠头的大安定村土地纠纷。而随着经济发展,出现了大批工作岗位,村民们发现外出打工的收益远远超过了窝在家里种那一亩三分田所获的收益。于是没过几年,村里很多责任田就被当年那些为了多争得一块责任田的村民弃置荒废了。正因为有这个基础,后来政府推动土地流转,把土地从村民手里收回来,在村民那里就几乎没碰到阻力——不用种地,每年又能收获土地分红,还腾出了时间精力出去打工挣钱,何乐而不为?所以说到底,农村土地问题的根本解决,靠的还是发展。

班子里的张训周也深有同感。张训周从 20 世纪 80 年代就跟着张登泉一起做村务,现在回想起当年的基层工作经历,心里还是有些打怵。“那时候,交公粮、出工干工程、收提留款、干计划生育,每一项工作都把我们愁得够呛。后来国家经济发展起来了,不再交公粮、提留款了,村民不用出工了,计划生育也逐渐放开了,农村基层干部的工作就变得轻松多了。”张训周讲,“大安定村及周边村子有好多年不收提留款了,但听说北边还有个别村庄仍然从村民那里收提留款(现在不叫‘收提留款’,叫‘一事一议’[①])用于村集体公共事业。为什么还要收钱?还不是当地经济没发展起来,村集体没有钱,穷呗!所以说到底,发展才能从根本上解决问题!”

(三)乡村振兴的践行路径

乡村振兴战略的提出与稳步推进,令地处黄河三角洲地区的大安定村“两委”成员欣喜不已,他们看到了党和政府重视三农、建设发展乡村的坚定决心与坚实举措。但欣喜之后,村“两委”却又陷入了深思:大安定村践行乡村振兴该怎么走呢?本村振兴的具体路径又在哪里呢?

关于乡村振兴的实施路径,2017 年 12 月的中央农村工作会议中提出了七条路径:必须重塑城乡关系,走城乡融合发展之路;必须巩固和完善农村基本经营制度,走共同富裕之路;必须深化农业供给侧结构性改革,走质量兴农之路;必须坚持人与自然和谐共生,走乡村绿色发展之路;必须传承发展提升农耕文明,走乡村文化兴盛之路;必须创新乡村治理体系,走乡村善治之路;必须打好精准脱贫攻坚战,走中国特色减贫之路。

但指导意见毕竟还是宏观层面上的引导,具体到每个村庄,具体到大安定村,又该如何结合本村实际情况,探索出最适合本村发展的乡村振兴路径来呢?大安定村“两委”在张明华的带领下,开始认真思考、探索本村践行乡村振兴的可行性路径。

四、一二产业路径难走通

大安定村乡村振兴的路径探索很不容易,村庄第一、二产业的发展路径已经非常狭窄。

---

① “一事一议”是指在农村税费改革系统工程中,原由乡统筹和村提留中开支的集体生产生活等公共公益事业项目所需的资金,不再固定向农民收取,而是采取“一事一议”的筹集办法。“一事一议”筹款是对以前“收提留款”方式的一种改进,本质上仍然是从村民那里收取费用用于村庄公共事业,但如果村集体财务状况富余,则村民可以免于缴费。

(一)村庄第一产业已成明日黄花

本村发展第一产业(农牧业)的可行性被迅速排除。大安定村的土地早已完全实现流转,村集体所能掌控的土地已很少,村民们更是早已无地可种,发展农业自然无从谈起。至于畜牧养殖业,考虑到环保问题,本地区出台了养殖业禁令,村里的养殖场早在 2019 年就根据规定停产并领取补偿,村庄发展养殖业自然也是此路不通。

(二)村庄发展第二产业的困境思考

村集体发展第二产业已经不合时宜。就发展工业、办工厂而言,张明华早年自己办过工厂,前几年刚把工厂卖掉。在他看来,当前创业环境与 20 世纪 80—90 年代已经有了很大差别:小规模工厂在政策、成本、技术、市场、环保等方面,已极难与专业的大企业集团相竞争。当前再去创办乡镇企业或村办工厂,已经不合时宜。事实上不但大安定村,就连整个杜店街道,目前也较少有像样的乡镇企业或村办工厂。

建筑业也属于第二产业,村“两委”又把目光投向了很多村民从事的建筑内外墙装修行业,这一行业可否为大安定村提供振兴之路呢?能否把村里单打独斗、各自为战的小包工队整合起来形成合力,产生规模优势呢?答案仍然是否定的。张明华分析:办工厂的确是大企业集团有优势,但要说建筑内外墙装修业,反倒是规模小了才有竞争力。因为对于包工队来讲,规模一旦上去,就要有管理层,就要养“闲人”,运营成本就会水涨船高,在激烈的建筑装修市场竞争中就要落败。所以村里的建筑内外墙粉刷业务,还是以延续以前“小打小闹”的施工队运作方式为佳,想要通过村庄力量整合施工队实现规模效应,基本是费力不讨好。

既然第一、第二产业的路径都走不通,那就只好选择从第三产业寻找破局路径了,但确认合适的第三产业路径又谈何容易!

五、养老业的探索及搁置

(一)巨大的养老市场需求

第三产业即各类服务业及商业。在第三产业的众多类目中,村“两委”意识到养老服务比较有前景。从国家与社会层面来看,国家卫健委提供的数据显示:到2021年年底,全国60岁及以上老年人口的数量达2.67亿,占总人口的18.9%;65岁及以上老年人口数量达2亿以上,占总人口的14.2%。预计到2035年左右,全国60岁及以上老年人口将突破4亿,在总人口中的占比超过30%,我国将进入重度老龄化阶段。人口的"老龄化"无疑催生了巨大的养老市场。

数据毕竟不是那么直观,给村"两委"更深刻印象的,是他们亲身接触的包括大安定村在内的很多村庄中存在的巨大养老需求。目前大安定村的空心化已经比较严重(周边其他村庄也是如此),村里的青壮年大部分在村外工作乃至居住在城里,仍然留守村里的,老年人占了相当大的比例。调研组最直观的一个印象是:白天在村里走家串户调研时,碰到的基本都是老年人,青壮年所占比例很小。村里街道上停放的也多是老年助力车,汽车比较少。只有到了晚上,外出工作的青壮年回村,街道上的汽车才多起来。不过第二天一大早,青壮年们又要开车外出工作,村庄街道很快又空旷起来。

村庄留守者以老年人居多,子女往往又在外工作或居住,这就让村庄养老成为村"两委"需要直面的问题。现在的经济条件好了,福利又跟得上,老年村民在老有所养方面基本没有问题,但衣食充足后,如何做到老有所为、老有所乐就成为最大的问题。村里的张安昌老人给调研组留下了很深刻的印象。老人儿孙满堂,但都住在城里,亲情陪伴的时间比较短。老人的老伴前几年已去世,他现在自个住在儿子家的宅子里(捎带着也给孩子照看宅院)。老人衣食固然无忧,但却很是闲得慌,每天只能到处闲逛。如何给村里老年人提供一个老有所为、老有所乐的平台,是村"两委"近几年来一直在思量的课题。

(二)村办养老的探索与搁置

村"两委"谋划着在村里建起一座"正儿八经"的养老院。说正儿八经,意思是说养老院是真的,实实在在的。大安定村以前也搞过养老实践,但主要是过年过节组织一些活动,不是固定场所,对于满足农村养老需求来说显然不够,而办一个成色十足的村养老院就不同了。

村支书张明华称要办的村养老院为"日间照料中心"。顾名思义,主要工作内容是村里老人的日间照料工作。照料中心设有伙房,安排专人管理,大安定村70岁以上的老人有30多人,村养老院基本能照料得过来。村里老人白日里聚集到养老院消闲,平时组织唱歌跳舞等娱乐。老人们中午在此吃饭、午睡休息，到了傍晚再各回各家过夜。养老院对于所有老人免费开放，但老人每天早上来的时候要象征性地交上一块钱（算是前来报到的记录，也便于统计中午伙房做饭的量）。收上来的这些钱村里一分也不要，全部返还回去，用于逢年过节给老人们购买衣服鞋袜之类。张明华还憧憬着，等养老院办起来、办好之后，也给大安定村周边其他村庄提供养老服务，村庄养老院就是要办成实实在在的，不搞花架子，无论哪一级过来检查走访，不用提前打招呼、不必提前安排，直接来参观就行。

建村养老院当然需要外力帮扶，最主要的是财力支持。张明华把建村养老院的想法找上级领导汇报过，领导很认同，并帮着寻求各界支持。附近的黄河河务局针对开发区沿黄村队基础设施建设有支持经费，遂划拨了 30 万元作为大安定村养老院的启动资金。此外张明华还找到某传统文化学堂（私人学校）的校长，校长也想探索养老模式，并答应投入一笔资金。至于村养老院所需的地盘，大安定村集体所能支配的土地已经很少，就在村“两委”急得直挠头皮时，2019 年村里畜牧业退出，其所占用的村东南那块地被腾了出来，正好可以作为村养老院的选址。大安定村的养老院建设，可谓万事俱备，只欠东风了。

可是好事多磨，村养老院建设又遭遇了挫折。虽然养老院启动资金有了，外来赞助有了，甚至初步建起了养老院的地基雏形，但就在这时候上级政府下达了拆迁通知。大安定村计划要在 2022 年拆迁，大安定村要建的养老院也被迫搁置下来。对此张明华一直耿耿于怀，他屡次表示，等以后村庄拆迁完成、搬进新楼房，养老院还是要建。这既是一项村民福利，也是有责任感的乡村干部，对现时农村养老模式的一种探索。

六、传统文化大讲堂的兴废

在第三产业领域，大安定村还把很多精力放在对乡村传统文化的探索中。

（一）龙吉寺断碑唤醒村庄记忆

2016 年 4 月，大安定村村民正在村委大院北边的田地里挖掘排水沟，突然发现了土里埋着的几块断裂石碑，后来发现周边还散布两块碑冠、碑座、须弥座、脊兽、砖瓦碎片等。石碑的发现让在场的人一下子激动起来。经滨州市文物处工作人员鉴定，石碑为清乾隆七年（1742 年）六月安平镇重修龙吉寺时所立。石碑的出土唤醒了村里老人沉睡的记忆,20 世纪 30 年代出生的游传忠还依稀记得幼时龙吉寺的壮观概貌,并说起村里已于 1985 年故去的知古老人游传孔能熟练背诵出龙吉寺碑林上的文字。1947 年,国民党当局不负责任地将久已溃坏的黄河花园口大坝合龙,放黄河水归黄河故道,造成了黄河下游冀鲁豫解放区大量村庄与耕地被淹。解放区为保护沿岸民众的生命财产安全,出动 30 万民工紧急固堤。因急需大量土石方,包括大安定村北龙吉寺在内的黄河下游两岸的很多古建筑被拆毁,其石料用于了固堤工程,这些古建筑就此消失在历史长河中。现在龙吉寺断碑的重见天日,是否是冥冥之中黄河母亲的一个提示,想要唤醒久已沉睡的村庄记忆,激活大安定村自古以来对文化的尊重与向往?从断碑出土那一刻起,大安定村文化建设的探索之路,就悄无声息地萌芽了。

张明华为首的村"两委"走到文化建设这一领域中,跟他们从小受到的熏陶有着扯不断的关系。张明华由姥姥、姥爷带大,到今天都还记得姥爷很喜欢历史,喜欢听、讲村里的故事。姥爷姓周,跟知古老人游传孔很要好,他俩常聚到一起探讨村里的这些故事。那时张明华就在旁边听着老辈们聊这些故事。老一辈聊天时很多的用词、老词,张明华听不太明白,一知半解,碰到讲一些很神奇的事、有意思的地方就仔细听听。张明华还记得游传孔老人常常对典故、(龙吉寺的)碑文倒背如流,说的是哪块碑上记着哪些事,但也听不懂是哪块碑。

心理学认为,童年经验在每个人的人格形成中起到重要作用。张明华童年时期耳濡目染于本土的古老文化,虽说不求甚解,但无疑已在心底埋下了传统文化的种子。村里张明华的同龄人,也或多或少都有类似的经验。后来张明华多年忙于建筑、办工厂等业务,无暇他顾。待到这些年任职村支书需要考虑村庄的出路,加上出土龙吉寺断碑的催发,那粒埋藏在内心已久的文化种子,就不失时机地生根发芽。用张明华的话说,(在乡村振兴的路径探索方面)"逐渐地就摸到了文化这一块",开始考虑村庄能否在文化建设方面有所作为。

(二)大安定村文化大讲堂

大安定村一直有着重视教育乃至办学的悠久传统,所以一提到文化,大安定村本能地想到了讲学传播传统文化,想到了传道、授业、解惑。

通过滨州传统文化促进会的牵线搭桥,大安定村与某传统文化学堂达成了文化宣讲的合作意向。该学堂的性质为私人学校,据说为两个人合伙办的。学堂于 2010 年建校,是一所全日制、寄宿制的读经教育私塾。学堂的设立当与进入 21 世纪后“国学热”以及私立学校的兴起有一定关系。该校招生对象涵盖了从 5—6 岁的孩童到 20 岁的青年，学堂鼎盛时期有三四百名学生，有常年在此学习的，也有到此游学两三个月的，学堂还经常举办夏令营、冬令营类的游学活动。学堂课程的主要特色是传承传统文化，诸如诵读中国古代经典、熟习传统文化礼仪、阅读西方文学名著、学习传统武术健身、亲身参与农业生产等。学堂坐落在小街湾，周边村庄居民对文化学堂的评价也是有褒有贬。持赞赏态度的村民讲：“学堂主要教国学，影响还挺大，澳大利亚、日本都有孩子来学习。有些孩子因为不好管教被家长送到这里‘读经’，过了一年半载，很多都转变了，爱干活了，听话了，懂礼貌了，看来这个读经真是有用的。学堂里培养出来的孩子跟普通学校里的孩子给人的感觉确实不大一样。学堂培养出来的学生也能就业，有当老师的，也有专门研究孔孟等传统文化的。”而据持贬斥意见的（外村）村民讲：“听说到学堂上学一个月得几千块钱，普通家庭孩子哪能上得起？所以是光（只）收有钱人的子弟。学堂学生几乎没有本地的，净是来自南方的有钱人家。只要拿钱就能一直在那上学，那些家庭把孩子送到学校来，除了按时打钱（学费），就成年（整年）不管。你说对国家、对个人能有什么利益？”

不管有着怎样的争议，传统文化学堂与大安定村共同发起的“传统文化德孝大讲堂”办得的确是有声有色，有目共睹。其实大安定村与传统文化学堂此前已有过合作，早在 2017 年 6 月，学堂就曾协助大安定村圆满举办了“祭祖迁坟大典”。后来，这种合作关系进一步深化，从 2019 年 3 月起，学堂的老师们每周日上午到大安定村给村民讲授与村民日常生活息息相关的传统文化，如“家风家教与和谐家庭”“儿童教育问题”“健康养生”“传统节日”“安全育儿常识”“孔子《论语》”和《三字经》《弟子规》等。

据说大安定村文化大讲堂刚发起的时候还有个小花絮。村“两委”召集村里留守的老人、妇女等前来听讲座，但村民们觉得有那时间不如在家干点活，或者睡觉休息，串门拉呱，态度很不积极。村支书张明华就发话：凡是来听课的，听一次给 10 块钱！村民们这才接踵而至前来听课。听完之后村民们受益良多，生活质量（主要是精神状态）明显提升了。从此大家就一发不可收拾，不发钱也照样来听课了。

总之，村民们对传统文化大讲堂的反响比较热烈，每次开讲座，设在村委办公楼的讲堂教室几乎座无虚席。有老人讲：有时候早上跟晚辈怄气了，到讲堂听节课，就想开了，心情也舒畅起来。学堂还经常组织各种动手实践活动，诸如端午节包粽子之类。学堂的老师跟村民的关系也是比较融洽，有村民提到在家人病重缺钱的时候,学堂的一位女老师还给捐过款。现在村民们回忆起几年前的传统文化大讲堂来,仍然是赞誉满满。

(三)文化讲堂的停办及反思

“传统文化德孝大讲堂”持续了不到一年的时间就中断了,其中最重要的原因是该传统文化学堂因故拆迁后又搬离滨州,使得讲堂难以为继。学堂的拆迁,跟国家的黄河滩区迁建政策有关。2017 年,山东省出台了《山东省黄河滩区迁建规划》,规定到 2020 年全面完成黄河滩区的迁建任务。该传统文化学堂就坐落在黄河滩区,距黄河河槽很近,黄河发大水时存在一定危险,也影响防洪,因此也在拆除之列。但学堂多年来在校园建设方面投资巨大,拆除损失太大,因此竭力反对,与有关部门产生了矛盾。2019 年 7 月,学校建筑被强制拆除。次年,学堂搬离了滨州。

传统文化德孝大讲堂无限期停办了,村“两委”和村民们谈及此事,遗憾之情往往溢于言表。同时村“两委”也意识到文化讲堂的一些缺憾。其一,文化讲堂所讲授的文化来源(讲师)是外来学校的,而不是大安定村自给自足的。一旦有一天外面来源被切断,文化讲堂自然难以为继。破局的关键就在于拥有自己的文化内涵。其二,文化讲堂的辐射面并不广,局限在大安定村内部,未能影响到周边村庄。且前来听课的多为留守村民(老人与妇女为主),青壮年忙于工作,较少参与听课。其三,学堂以传统文化(精神文明)的宣讲为主,几乎不可能产生经济效益。乡村振兴要求物质文明、精神文明同步发展,能否在文化建设的同时兼顾经济效益?这也促使着大安定村重又开始探索一条文化创收的乡村振兴路径。

七、文旅开发路步履维艰

(一)文化旅游成为时代趋势

2018 年 3 月,国务院机构改革方案提请十三届全国人大一次会议审议并获得通过。根据机构改革方案,国家旅游局将和文化部合并,成立文化和旅游部。两部门的合并,是“大部制”改革的一项内容,更代表着当前旅游业的文化方向发展趋势。早在 2013 年中央全面深化改革领导小组成立时,旅游就被划入了文化体制改革的专项小组，这也昭示了文化与旅游具有极高的匹配度。而更在此之前，文化与旅游之间的紧密关系就已受到重视。例如经济学家于光远就曾表示，“旅游是文化性很强的经济事业，又是经济性很强的文化事业”，业界也认为“文化是旅游的灵魂，旅游是文化的载体”。总之，文化旅游是旅游业发展的大势所趋，是第三产业的一个重要增长点。

(二)大安定村的文旅开发愿景

大安定村周边颇有几处文旅开发的村落：西纸坊黄河古村距大安定村仅6公里，魏集古村落虽属滨州惠民县，也只距大安定村19公里。据公开资料，西纸坊黄河古村由深圳市铁汉生态环境股份有限公司斥资5.8亿人民币建设，占地4050亩，景区游玩内容有民宿、特色餐饮、酒吧、古窑、手工作坊、空中栈道、油菜花田、七彩花海、儿童游乐场、球幕电影、CS对战等类目。魏集古村落是一处仿明清古建筑风格的景区，总投资5亿元，于2016年投入运营。景区旅游主要提供特色美食、手工作坊、民俗风情、观光游水、民宿体验等旅游类目。上述两处旅游古村落已成为滨州市比较知名的旅游景点。

在文化旅游的时代大背景下，大安定村“两委”也动了顺应文化旅游的时代潮流，在本村推动文旅开发的念头。大安定村龙吉寺遗址残碑的出土，赋予了村庄文旅开发一些底气，但仅靠几块残碑显然远远不够，大安定村开始筹划如何充实本村文旅资源。他们筹划了以下四个方案。一是重修包括龙吉寺在内的几处寺庙。二是建设文化长廊，用于陈列出土石碑以及其他文化遗迹。三是组织村中几大姓氏寻根寻亲的活动。四是确定一些旅游项目。准备在村东建设文化广场、孔子大讲堂；在村西建公墓、祠堂，在村南的塘湾建荷塘木桥、黄河观望台，在村北建鱼塘、重建龙吉寺等。大安定村希望通过这些举措，向附近周边的几处旅游示范村学习看齐，把大安定村打造成本地有影响的旅游村落。

(三)步履维艰的文旅开发路

但理想是丰满的，现实是骨感的。文化旅游固然是时代趋势，但真正施行起来，却是困难重重，成功率低到人们不愿面对。就如网络虽是时代潮流，但投身这一潮流的创业者失败率却相当之高，我们看到马云、马化腾、刘强东等人在网络大潮中呼风唤雨风光无两,却往往没意识到这是“幸存者偏差”[①],忽视了他们背后有着太多失败的网络创业者。所谓一将功成万骨枯,哪个创业者又能保证自己不是那个被踩在脚底的失败者呢?

文化旅游开发同样是风险很大的行业。调研组成员见过太多荒废的景区景点,它们以自身的冷清与破败时刻警醒着后来人:文旅开发,尤其是大投资的文旅开发,务必要慎之又慎。大安定村想搞文旅开发,同样要面对巨大风险,一不小心就可能血本无归。以大安定村村南的天成观开发为例,当年在天成观上的投资可谓巨大,建筑也不可谓不气派,但开放后却只红火过一小段时间,不久就陷入困境。在换过几次当家人,屡经转手后,天成观仍然没有运营下去。2022 年暑期《守望地名》纪录片摄制组来大安定村采访拍摄,当要拍摄琉璃古井(坐落在天成观里)时,由于天成观大门紧锁、找不到负责人开门而无法进去,这就有点尴尬了。好在摄制组经验丰富,马上决定使用无人机越墙飞进去,空中鸟瞰与贴近拍摄并举,较轻松地解决了这一问题。拍摄的问题容易解决,但大手笔投入的天成观被荒废,其文旅开发遭遇失利这一问题,又该怎样解决呢?

距大安定村仅数里远的南海水库,是滨州市重要的饮用水源基地,其水域广阔,绿树如茵,道路平整,环境相当优美,在文旅开发方面有着得天独厚的优势。南海水库边上有两处村落是当地村落文旅开发的典型,也是大安定村在文旅开发方面的学习榜样。调研组对此非常感兴趣,2022 年暑期驻村期间,专门抽时间驱车去那里开展实地调研。必须承认,两个村庄的景观建设相当不错,旅游民宿建设尤其可圈可点,且体现出鲜明的本土乡村文化风貌,在旅游硬件方面无疑是过硬的。让人遗憾的是调研组转了几圈,并未碰到几个游人。在村里一处别致的民宿里,有值班人员(由本村村民承担)在打扫卫生,说明其正在营业当中。调研组上前问起民宿的营业情况。值班人员说:民宿是由外地的一个老板承包,现在老板基本不过来,只是雇了本村村民在此看护兼负责住宿接待。值班人员坦承现在的营业状况不佳。“几年前刚开业的时候,民宿生意还是相当火爆。后来本地人不大来,外地人也少,民宿的入住率比较低,就这么一直坚持着,也不知什么时候是个头。”

在村庄民宿之外,调研组还在周边看到了好几处荒废未启用的大型建筑,这些都是当年规划的文旅开发项目。调研组印象深刻的是村北一处游乐场,超

① “幸存者偏差”指的是取得信息的渠道仅来自幸存者,因为死人不会说话。同理,市场上的话语权被成功者掌握,失败者几乎没有说话的机会,所以大众接收的信息大概率会存在与实际情况之间的较大误差。

大滑梯、蹦床、球场以及各种叫不出名字的设施一应俱全。游乐场的目标客户群是广大青少年，但未曾启用，崭新的游乐设施已透出一些岁月风霜的印痕。现在游乐场的围栏开了一个口子，村民们常常进去休憩闲坐。调研组看着村里儿童在游乐场里穿梭嬉戏玩得不亦乐乎，心情有点复杂，不知是该为村里的孩子们高兴还是该为投资方着急。

（四）大安定村文旅开发前景不甚明朗

调研组就周边旅游村落的文旅开发情况询问大安定村“两委”，周边的旅游村落是否通过文化旅游发展起来了？或者说得直白一点，通过旅游挣到钱了吗？村领导坦承，部分旅游村落的文旅开发效果不尽如人意。

2023 年年初，调研人员在网上看到一个帖子，作者是南方某省的机关驻村人员。其自述驻村 3 年，想方设法为村庄办点实事，终于从相关单位争取到一笔款项，把破败的村委办公室翻修一新，并修建了气派的村庄广场。他还协助村里做了近 30 年的乡村旅游开发规划。虽然该驻村人员确实是想为村庄的振兴干一些实事，但帖子后面评论区里的意见却是一边倒的否定。有网友质问：村委办公场所气派了乡村就能振兴吗？还有的质问：一下子做 30 年的规划，30 年后现在做规划的这伙人早就退下来，到时又有谁会对规划（失败）负责？还有的人说：村里的年轻人都流失干净了，开发有什么意义？有人对这样一股风上项目颇有微词：现在太多村子都在走文旅开发之路，都“内卷”到烂大街了。还有人对村庄文旅开发创收表示深深怀疑。总之意见比较多乃至尖锐。这其中部分意见比较尖刻，却也客观反映出乡村振兴固然是农村发展的大趋势，但也是一条充满了荆棘坎坷的艰难之路。各个村子唯有披荆斩棘闯出一条属于自己的通衢大道，吹尽黄沙始见金，取得实实在在的效益，才算取得乡村振兴的胜利。

（旅游）市场是现实乃至残酷的，大安定村要开发文化旅游，当然并不能仅凭一腔热情和美好愿望，而是先要对成功率进行评估。大安定村在文旅方面的优势就不赘述了，在此我们仅分析其面临的各种困难。

第一是投资来源的问题。大安定村目前的收入基本用于村务，仅够维持收支平衡，明显无力承担文旅开发的投资。村落文旅开发又需投入大量的资金，前述西纸坊古村落、魏集古村落以及南海水库近旁村落的文旅开发，都投入了大量资金，动辄以亿为单位。如此巨量的资金，除了由地方事业单位承担，就是由有实力的公司企业来承担了。谈及能否找到对本村文旅开发抱有信心且有实力的投资方,大伙心里明显底气不足。而对于如此大手笔的文旅开发最后能否获得市场的丰厚回馈,大伙心里更是没底。

第二是环境、风景的问题。实事求是地讲,大安定村在环境、风景方面并没有太大优势。村庄紧邻滨莱高速,虽说交通便利,但与高速公路伴生的车辆噪音却也如影随形,使得村庄居住环境大打折扣。村庄的民居建筑多为普通平房,虽然坚固舒适,但美观度一般,尤其老式土坯房已经基本无存,想以特色的传统乡村建筑来“留住乡愁”又从何说起?大安定村的自然风貌还算说得过去,但比起南海水库近旁的旅游村落则是有着很大差距。风景相当优美的旅游村落在文旅市场尚且遇冷,更何况风景要逊色不少的大安定村呢?

第三是同质化竞争的问题。大安定村发展文化旅游,是以周边文旅开发的样板村落为榜样,这就不可避免地导致同质化竞争。既然是模仿学习,那么在文旅项目方面就会有雷同,就会产生竞争乃至“内卷”。大安定村如果亦步亦趋地跟随前述村落搞文旅开发,而缺乏自身的鲜明特色,成功前景无疑是渺茫的。

第四是村庄文旅资源短缺的问题。大安定村有着安平古镇的底子,就文化资源来讲其实还算丰厚。但令人无奈的是,这些丰厚文化资源的物质载体现在已近乎荡然无存。安平古镇的八九座庙宇、热闹的庙会、繁华的街道、各行各业、故事传说等,都已湮灭在历史的云烟中。仅凭残留的几块龙吉寺断碑及仅存的一些故事传说,即便再加上祠堂、重建寺庙、文化长廊等景点,也远不足以支撑起文化旅游开发的重任。

第五是拆迁政策的问题。根据拆迁文件的规划,本来2022年大安定村就应该完成拆迁,虽然因故延后,但可以肯定大安定村的拆迁也就是近几年的事。拆迁政策打断了大安定村曾经建设村庄养老院的谋划,同样也在根本上断绝了大安定村进行文旅开发的可行性。

综上,大安定村进行文旅开发困难重重,前景很不明朗。大安定村在乡村振兴的文化开发方向上,需要探索一条更具可操作性的路径。

八、大安定黄河村落品牌

大安定村谋划古村落文旅开发,但投入与风险太高,困难重重,使得此路难通。大安定村想要破局,想要探索新的文化开发路径,而且要求投入不大但效益产出高,这又谈何容易?似乎冥冥中自有天意,2016年,姚吉成出现在大安定村的视野中，这可能正是破局的转折点。

(一)大安定村的村志撰写

姚吉成是山东航空学院黄河三角洲文化研究院工作人员，他出身滨州市阳信县的农村，对于身边的黄河，对于农村生活与传统文化有深厚的感情和兴趣，并将其纳入个人学术研究视野。2016 年，姚吉成留意到大安定村出土龙吉寺断碑的新闻，对大安定村(及其安平镇背景)发生了浓厚兴趣。经由滨州市传统文化促进会的牵线搭桥，姚吉成结识了大安定村村支书张明华。

张明华关于村庄文化开发的设想与姚吉成的乡村文化研究背景可谓不谋而合，两人开始联手探讨大安定村的文化建设与开发之路。

2017 年暑假，姚吉成带领学院几名学生驻村调研。调研组根据所搜集到的信息线索，再去史料中追根溯源，尽可能地还原大安定村前身(安平古镇)的历史风貌。2018 年，姚吉成追溯安平古镇历史的想法得到山东大学张士闪教授的肯定与指导。2019 年 4 月，“德孝富美大安定文化建设暨村史村志编纂工程”在大安定村启动，大安定村“两委”委托姚吉成承担村志编纂重任。2019 年暑期，姚吉成第二次带领学院学生(与第一次调研组成员不同)入驻大安定村开展二次调研，为村志撰写进一步搜集材料。2021 年 10 月，姚吉成的专著《黄河古镇——从安平镇到大安定村》由天津古籍出版社出版，该书计 41 万字，分为“上编:安平镇史”和“下编:(大安定村)村志”两大部分，详尽地勾勒了大安定村(及其前身安平古镇)的前世今生。该书被评为 2021 年度山东省社科普及优秀读物，又获得 2022 年滨州市人文社会科学优秀成果一等奖。该书也分发给大安定村的各家各户。

(二)摄制黄河地名纪录片

村史村志《黄河古镇——从安平镇到大安定村》出版且获学界认可，大安定村的文化建设在周边其实已是出类拔萃、相当可观了。但姚吉成和张明华并不满足，他们觉得这跟自己心目中期待的乡村振兴的理想愿景还存在距离。他们趁热打铁，不失时机地开始了进一步的村庄品牌建设探索。

山东省民政综合服务中心在几年前就倾力打造了《守望地名》这一地方地名文化宣传品牌，并陆续拍摄制作了几十部地名纪录片在各大网络平台播放，累计播放量超 2000 万次，引发了较大反响。2022 年，山东省民政综合服务中心为对接黄河流域生态保护和高质量发展重大国家战略，以及助力乡村振兴，特别策划了《守望地名》(黄河篇)的拍摄,并面向全省征集黄河相关地名的拍摄素材。

张明华和姚吉成马上意识到这是大安定村一次绝佳的打造品牌机会,他们迅速推动大安定村积极参与申报。结果山东省民政厅确定了两个黄河地名故事专题片素材,而滨州市的大安定村居其一(另一入选者是聊城市东阿县的鱼山村)。后来有民政部门的领导表示:大安定村之所以能够脱颖而出得以入选,主要得益于村"两委"打造品牌的超前眼光以及扎实的早期研究成果。

山东省民政服务中心、滨州市民政局、鲁网于2022年7月联合完成了纪录片《守望地名(黄河篇):山东省滨州市滨城区杜店街道大安定村》的实地拍摄。调研组亲眼见证了纪录片的拍摄过程,很多场景至今仍然记忆犹新。村会计王悦策待人和气,笑眯眯地很有亲和力,由他来讲述大安定村以前王、丁两家谦让风水的故事传说,真是再合适不过!其间还有个拍摄花絮令调研组印象深刻。在室外采访90岁高龄的游传忠时,天上正飘着毛毛细雨,大家担心老人淋雨身体吃不消,就由专人在旁边给游传忠举着伞。拍摄完毕,张训周和调研组送游传忠回屋里,转身离开的时候,隐约听见游传忠在自言自语:"他们(摄制组)冒着雨来拍摄,可见上级对咱这个村多么的重视!"

2022年11月,纪录片在国家级媒体人民网播出,又在"学习强国"(强国号)等权威平台播出。往大处讲,这是地方民政部门对接黄河重大国家战略诸多成绩中的一个小小成果;往小处讲,这是大安定村打造黄河村落文化品牌的一次成功试水。纪录片播出后,好多人给姚吉成打电话询问:"那个大安定村在哪里?抽空一起去逛逛!"

大安定村的这个品牌建设方向算是选对了,但新的问题却又如影随形:下一步又该如何在知名度与影响力上继续下功夫,确立起"大安定"的知名文化品牌呢?

(三)再出发探寻新的突破点

2022年6月17日,滨州学院黄河三角洲文化研究所、滨州市民政局、滨城区民政局、滨城区大安定村在滨州学院黄河三角洲高效生态经济研究院会议室,共同举办"黄河地名文化课题研讨暨黄河古镇项目三期开题报告会",时任黄河三角洲文化研究所周江涛所长主持了会议。

会议的第一个议题是黄河地名文化。滨州市民政局副局长王为民对2022年5月1日施行的新《地名管理条例》进行了解读,对开展滨州地名文化研究提出了构想，对协助山东省民政厅开展“守望地名——滨州市滨城区大安定村”纪录片拍摄作了部署。滨城区民政局区划地名与社区服务中心主任李鸿雁对滨州学院黄河三角洲文化研究所开展“黄河古镇——大安定村研究”给予了高度评价，希望能加强与黄河三角洲文化研究所的深度合作，接续开展滨城区的地名与乡村振兴研究。

会议的第二个议题是黄河古镇项目三期的开题报告。该项目主要内容有二：一是《大安定村：黄河下游百年巨变背景下村庄变迁的人类学调查》著作撰写及出版，二是《德孝富美大安定　安平古镇黄河宁》四集村庄专题纪录片的拍摄。与会人员就项目施行展开了热烈讨论，从不同视角提出了解析与建议。大安定村党支部书记张明华等村“两委”班子成员表示：村庄与大学合作，是文化建设、文化洗礼，更是黄河古镇的文化自信。时任滨州学院科研处副处长的姜志刚博士提出建议：村落调研与纪录片拍摄可以抓住一个主题、一个典型案例深入考察，从而提升研究层次，让村庄因学术而升华。

2022 年 6 月 25 日，滨州学院黄河古镇三期项目组（成员包括学院的数名教师以及五名学生，其中学生在调研期间全程驻村）在姚吉成老师的带队下奔赴大安定村，第三次大安定村田野调查就此拉开帷幕。

除姚吉成外，项目组其他成员对大安定村尚不很熟悉。所以调研伊始，大安定村村委特地为项目课题组举办了欢迎仪式暨座谈会，会上大家系统讨论、学习了此次调研活动的主要目标、内容、意义、预期成果、具体的调研方法及注意事项。

大安定村“两委”及广大村民给予了调研组充分支持与配合。2022 年 6 月 28 日晚，在村东文化广场上专门召集了村民开会，这是 2020 年年初疫情暴发以来村里首次召开的村民会议。会议上，村支书张明华给村民们汇报了这几年来大安定村各项村务工作的进展，对村庄正在推行的文化品牌建设进行了着重阐述，并动员广大村民积极配合调研组的调研，为村庄品牌建设出力。汇报完毕后，张明华邀请调研组的李学良老师说几句。李学良表示：“咱们村子的祖先，给村子起名叫大安定，就是因为那时候灾害太多、生活流离失所，他们的理想就是有一天能够安定下来，能够安居乐业。大安定的村名，在多年以前只是个美好的愿望，现在已经变成了现实。大安定村‘两委’很有远见，他们希望给村子留下可以传承后世的东西。物质的东西可能过上几十年就消失无踪了，而文化、精神、血脉，则是可以流传百世的。咱们一起努力的方向，就是打造可以长久传承、长期受益的大安定村的文化品牌。”

调研组对村庄调研对象作了规划与选择。首先是对大安定村“两委”成员作访谈;其次是明确该村各方面的代表人物(诸如经历丰富的老人、事业有成的中年人、复员军人、贫困户、青年学生等),对其进行重点调研;最后是在村里随机入户作调研访谈。实践证明,这样安排兼顾了重点性、代表性、全面性,整个调研过程进行得相对顺利。

从调研组接触到的很多线索来看,黄河文化开发已经受到广泛重视。这是与黄河重大国家战略的推行密不可分的。例如山东航空学院教师教育学院的李姗姗博士听说课题组正在大安定村调研,便也带着学生前来参观考察。听李姗姗讲,教师教育学院正在策划一套儿童教育绘本,黄河文化与黄河精神正是宝贵的儿童教育资源。她们希望从黄河文化调研中挖掘素材,将其制作成儿童教育绘本,让黄河文化、黄河精神从读者的儿童时期就浸润心田。村支书张明华表示,黄河下游地区的大安定村以及周边村庄,在乡风民俗、革命斗争、治理黄河、稻改棉改、劳动致富等方面有着丰厚的题材资源可供参考。

(四)黄河村落的标志性品牌

实事求是地讲,调研伊始,调研组对本次调研能否取得新的突破并没有把握(毕竟前期研究成果的发掘已经很深入了),因而时常处于迷惘乃至焦虑中。但随着工作的展开,情势愈发明朗起来,迷惘与焦虑也逐渐被新发现引发的惊喜以及解决问题所带来的成就感代替。

长达 20 天的田野调查正是读万卷书、行万里路的过程。调研组领略了独特的黄河三角洲自然风貌,典型的农村院落地景建筑;沉醉于村庄及周边悠远而丰厚的历史,扎根本土的各色民俗与传统信仰,为人称道的孝义村风;了解到革命年代的参军拥军事迹,新中国成立后治黄、稻改的战天斗地实践,乡村教育的时代变迁;聆听了改革开放后经济迅速发展,民众生活翻天覆地的改善,城镇化大潮的冲击与农耕时代的结束,村庄第一、第二产业的兴旺及逐渐淡出,第三产业的新业态;见识了“超长待机”的村委领导班子,村民生活的人生百态,他们各显神通创业实践的苦与乐,传统村落的渐行渐远,大安定村在乡村振兴道路上的不懈探索……

调研中的某一天,调研组突然想起,中国现当代文学史中有一种文学样态叫“社会剖析派小说”,此类文学的核心特征是通过某一具体而典型的载体,反映与剖析社会、时代的发展变迁。茅盾的《子夜》《林家铺子》《农村三部曲》,老舍的《茶馆》等都可归入此种文学类型。就以经典话剧《茶馆》为例,老舍选择了北京城中的一个茶馆作为展示平台，描述穿梭于茶馆中的三教九流人物及其事迹，从而全景式地展示了晚清戊戌变法、民国军阀混战、抗战结束新中国成立前夕近 50 年社会的风云变化。

大安定村与"茶馆"真的很相似！大安定村的百多年历程（从清末的黄河改道到当下的黄河重大国家战略），村庄在不同时期涌现出的形形色色的代表人物及其事迹，不正可以看作黄河下游地区社会、时代发展的一个有代表性的缩影吗？不正可以把大安定村当成黄河下游地区诸多村落的一个典型的标志性象征（品牌）吗？或许这也是大安定村的本来宿命！

在与村"两委"的交流中，调研组述说了调研中的一个惊奇发现。路上擦肩而过的随便一个村民，看上去平平无奇，而一旦深入访谈起来，会发现很多村民都是"有故事的人"，其人生经历跌宕起伏，绝非作家编剧们闭门造车所能虚构出来的。就在 2022 年上半年，中央电视台上映了《人世间》这部热播剧，该剧以北方城市的一个平民社区"光字片"为背景，讲述周家三兄妹等十几位平民子弟在近 50 年时间内所经历的跌宕起伏的人生故事，电视剧引发了广大观众的强烈共鸣，而大安定村在 160 多年来不同时期涌现出的形形色色人物的真实故事，比起《人世间》里的故事来，又何遑多让？原因无他，一辈又一辈的村民故事，是用他们自己的生命谱写而就，其本身就是真实、接地气、跌宕起伏、充满喜怒哀乐的，就是天然的魅力具足的。我们是否可以策划构思一个宏大剧本，展示 100 多年以来大安定村在不同时期涌现出的各色代表人物、重要事件，讲述黄河下游地区这一典型村落在 100 多年间的沧桑变迁？如果此设想能够得以立项并摄制播出，大安定村大概率能够成为黄河下游地区广大农村的一个典型缩影，成为黄河下游地区一个标志性的村落品牌。

大安定村"两委"充分意识到村庄标志性品牌的巨大价值。张明华举了刚刚结束的北京冬奥会的例子。冬奥会的吉祥物冰墩墩，因为有着冬奥光环的加持，不但供不应求，而且价格不菲，这就是品牌价值的力量。张训周也提到，经常看到小孩子拿着《熊出没》里熊大、熊二的玩具玩耍。这些玩具产品并不是《熊出没》的出品方生产，他们只需把打造出的"熊出没"品牌有偿授权给全国各地生产商就可以了。调研组事后还专门查阅了"熊出没"的品牌信息，网上公开资料显示：《熊出没》IP① 的被授权商数量超过 300 家，被授权商品超过 3000 款，年销售额超过 30 亿元。目前市场上确实有不少品牌方，都是在打造起知名品牌后，将品牌外包，依靠品牌来获取收益。时代在发展，消费在升级，以前市场

① IP(Intellectual Property)，即"知识产权"，可以理解为成名文创作品的品牌统称。

最具售卖价值的是物质产品,现在最具售卖价值的则很大程度上是文化、是品牌。

大家最终明确,大安定村文化建设的前景,在于把“大安定”打造成黄河下游地区的一个村落品牌标志。品牌运营的好处是轻资产,投入少,风险小,而且收益不低;难点则在于要打造出知名品牌。

对于大安定村的标志性品牌计划能否打造成功,张明华表示,大安定村打造文化品牌的路径尚在探索中,是摸着石头过河。不管最后能不能成功,既然已经明确了建设村庄品牌的方向,就一定会认真努力地推行实施。大安定村谋求借助科研院所专业团队的智慧,力争产出可观的成果,为大安定村村民造福,为黄河下游地区的广大乡村呐喊发声,为国家的乡村振兴战略、黄河流域生态保护和高质量发展献上一份小小然而用心的礼物。

(五)“一部剧宣传一座城”的愿景

2023 年上半年,就在滨州市南邻的淄博市,发生了一起全国瞩目的“品牌”事件。在全国范围内不甚知名的淄博市,一夜之间却因“烧烤”而火爆了全国。大量外地游客前往淄博打卡,“朝圣”烧烤。4 月初,调研组成员有一次打出租车,司机正是慕名专门从滨州开车赶往淄博吃烧烤的。五一小长假期间,调研组成员路过淄博烧烤网红打卡地八大局,亲眼看到翘首以待的食客们大排长龙。路上堵车严重,短短二三公里路程,汽车龟速蠕动了半个多小时才走出拥堵路段。外地游客的大量涌入,大大超出了淄博的接待能力,淄博市甚至不得不采取一些分流手段。网上有一个直观的统计显示:3 月时淄博市的影响力在山东省还排第 5 名左右,到了 4 月,影响力就一下子飙升到省内第一位,比起省会济南、滨海城市青岛、东岳泰山等的热度,高出了好多倍,在国内也是遥遥领先的。

淄博市的一夜火爆令其他地市艳羡,引发了各地市宣传与文旅部门的深思。据一网友讲,其家属在滨州市下辖某区县的文旅局工作,淄博因烧烤而火爆给他们单位带来不小的压力,他们心里拧着一股劲,特别想让滨州也火起来。

淄博因烧烤而爆火的时候,课题组正忙于本书写作,并考虑将大安定村故事写成剧本后谋求摄制播出的可行性。淄博的爆火让课题组突然想到,正在谋划的这部关于大安定村的剧作,能否进一步为宣传滨州地区出一份绵薄之力呢?换言之,一部剧能做到宣传、带火一座城吗?

一部作品带火一座城、一个景点的例子不胜枚举。远的如黄鹤楼、岳阳楼、水泊梁山因文学作品而驰名，近的如《卡萨布兰卡》《黄石的孩子》《成都》《早安隆回》也都带火了相应的城市。当下一首网红歌曲《可能》则更“离谱”，北京的后海，成都的酒馆，西安的城墙，恋爱的大理，桂林的渔船、呼伦贝尔草原、武当山道、周庄小巷都在不经意间因一首歌而广为人知。

2023 年以来，淄博在热度方面似乎备受眷顾。烧烤的热度尚未冷却，2023 年 7—8 月，刀郎取材于《聊斋志异》创作的歌曲《罗刹海市》广为传唱，再一次让聊斋文化的故乡淄博市淄川区的蒲松龄故居、聊斋园成为热搜焦点。火到什么程度呢？此时蒲松龄故居正在修缮关门谢客，近旁的聊斋园即便在淄博烧烤火爆的时候也未开园，但在慕聊斋与蒲松龄之名而前往“朝圣”的大量游客的不断“投诉”之下，原本不温不火的蒲松龄故居与聊斋园“被迫”开门营业，听说由于游客太多，景区还“差别对待”，尽量给外地游客以畅通无阻的方便，淄博本地人前来游览则要预约。

乍一看，小小的讲述大安定村故事的剧本当然远不足以宣传大大的滨州市，但淄博市不也是被小小的烧烤带火爆的吗？课题组成员李学良在淄博市工作过 10 多年。在他印象里，淄博市一直在着力打造并宣传齐文化、聊斋文化、陶琉文化、蹴鞠文化品牌，这些文化的价值之高毋庸置疑。小小烧烤当然难望其项背，但让淄博一夜间闻名全国的，却正是这最不起眼的烧烤。四两拨动了千斤，这又是什么道理呢？深究起来，淄博烧烤所象征的那种人间烟火气，在某种程度上迎合了这个时代民众们潜意识里对忙碌“内卷”、缺乏温情的工作、生活的反抗，对人情味、家常味、烟火味、市井气、小小地奢侈一把任性一把的普泛的心理需求。

或者我们可以换个思路角度，先不要把大安定村当作一个村庄，而是将其看成滨州地区乃至黄河下游地区众多村落的一个样本，一个代表。那么以其所代表的这千千万万的村庄故事来宣传乃至带火滨州市，是不是就力所能及了？

课题组计划创作的黄河主题剧剧本拟定名为《黄河百年大安定》，这个尚在计划中的剧本可以在哪方面迎合当下时代民众的心理诉求呢？黄河变迁的百年沧桑，沿河城镇的繁华又败落，悠远缥缈的历史记忆，不绝如缕的血脉传承，古朴的乡间道德，历年黄灾与大河安澜，粗放又予人希望的乡间教育，战斗与生产的火红岁月，改革开放后的创业先驱，村民从温饱到实现富裕，逐渐远去的农村故乡，乡村振兴进程中的苦乐酸甜……都是萦绕在经历了时代巨变的现代人内心深处解不开的结。就着《黄河百年大安定》的故事讲述，或许他们能够得以释怀吧。

后 记

党的十八大以来，习近平总书记多次实地考察黄河流域生态保护和经济社会发展情况，强调黄河流域生态保护和高质量发展是重大国家战略，要共同抓好大保护，协同推进大治理，着力加强生态保护治理、保障黄河长治久安、促进全流域高质量发展、改善人民群众生活、保护传承弘扬黄河文化，让黄河成为造福人民的幸福河。2021 年 10 月，中共中央、国务院印发了《黄河流域生态保护和高质量发展规划纲要》，纲要成为指导当前和今后一个时期黄河流域生态保护和高质量发展的纲领性文件。

沿黄各省市积极响应并结合各地实际推动黄河重大国家战略落地见效。2022 年 2 月，中共山东省委、山东省人民政府发布《山东省黄河流域生态保护和高质量发展规划》，结合山东省实际情况，对山东省黄河流域生态保护和高质量发展进行了全面、具体的规划。

黄河三角洲因其独特地理位置，无疑是推动黄河重大国家战略的重镇之一。2021 年 10 月，习近平总书记在山东济南主持召开深入推动黄河流域生态保护和高质量发展座谈会前夕，特意前往黄河三角洲的黄河入海口进行考察。滨州市地处黄河三角洲腹地，黄河学是滨州学院（2023 年年底更名为山东航空学院）学术科研的核心方向之一，学校很有远见地设立了黄河三角洲生态环境研究中心（2004 年成立）、黄河三角洲文化研究所（2000 年成立，2023 年年底更名为黄河三角洲文化研究院）等科研机构。而今黄河重大国家战略的推行实施，赋予相关科研机构沉甸甸的责任，更为其带来期盼已久的宝贵发展契机。黄河文化及其开发，一直是山东航空学院黄河三角洲研究院工作内容的重中之重。经过多年努力，研究院已经并正在产出较可观的相关成果，“黄河古镇”项目是其中的代表性成果之一。

本书是山东航空学院“黄河古镇”项目三期的构成部分，在已有成果基础上谋求进一步拓展或深化。“黄河古镇”项目系列由研究院的姚吉成老师策划主持：2017年和2019年，姚吉成两次带队到黄河岸边的大安定村（村庄前身是安平古镇）驻村调研，取得了宝贵而丰厚的原始材料，并于2021年出版学术专著《黄河古镇——从安平镇到大安定村》；2022年，多部门联合摄制的纪录片《守望地名（黄河篇）：山东省滨州市滨城区杜店街道大安定村》在人民网、学习强国等平台播出。

2022年6月17日，黄河古镇项目三期举行开题报告会，项目主要内容包括撰写出版本专著和摄制村庄百姓生活纪录片两项。6月25日，项目组的姚吉成、周江涛、姚祯琦、姜志刚、王振兵、李学良、张新朝、韩雪等老师，以及候晓敏、孙婧炜、商文磊、孙靖尧、刘三扬五名同学，一起奔赴坐落在黄河岸边的滨州市杜店街道大安定村，开始了为期20天（期间学生全程驻村）的村庄田野调查，为本专著撰写和纪录片拍摄作先期准备。

长达20天的驻村田野调查也是读万卷书、行万里路的过程。调研组领略了独特的黄河三角洲自然风貌，典型的农村院落地景建筑；沉醉于村庄及周边悠远而丰厚的历史，扎根本土的各色民俗与传统信仰，为人称道的孝义村风；了解到革命年代的参军拥军事迹，新中国成立后治黄、稻改的战天斗地实践，乡村教育的时代变迁；聆听了改革开放后经济迅速发展，民众生活翻天覆地的改善，城镇化大潮的冲击，第一产业（农耕时代）的结束，村庄第二产业特色的形成，第三产业的发展新业态；见识了“超长待机”模范带头的村委领导班子，村民生活的人生百态，他们各显神通创业实践的苦与乐，传统村落的渐行渐远，大安定村在乡村振兴道路上的孜孜探索……

调研组成员大多出身、成长于农村，由于各种原因背井离乡。关于老家的那些美好记忆，诸如在麦场打瞌睡，在菜园里用葱叶捉蜜蜂，和小伙伴们玩游戏打土炮，到邻舍家蹭电视看，踏雪给长辈拜年并接过三两毛的压岁钱，长辈们闲言碎语里的家长里短，老式的土坯屋，坡地旁边的苹果园……这些就如过眼云烟，再也回不去了。我们时常懊恼，当时总以为来日方长，而未尽情地去触摸、融入生于斯长于斯的村庄呢？

这种人生缺憾，心理学上称为“未完成事件”，并认为相关场景会不断闪回，以提醒当事人将这件事完成。倘若确实难以实施，就会去寻找一个替代，在替代身上得偿夙愿。大安定村恰逢其时地成为我们怀旧故乡农村的一个载体，这次调查研究、书稿撰写，给我们提供了一个全面、深度触摸村庄的契机，让这个未完成事件有可能得到替代完成,让久久的意难平有机会得以释怀。

但如何写出乃至写好本书,却是个令人挠头的难题。姚吉成老师说:“每次想到大安定全村上下尽心竭力地提供各种帮助,就感到压力陡增,生怕项目做不好会辜负了乡亲们的付出与期待。”本书构思之初的一个很大难点,是此前已有《黄河古镇:从安平镇到大安定村》一书出版。该书有开创性,内容全面,资料翔实,可读性与学术性兼备,并已多次获奖。我们要写的新书,当然不允许简单重复已有的成果,而是务求写出新意,但这又谈何容易?需要改换不同于已有成果的思路。

我们的第一种思路是以人类学的视角重审大安定村。从大安定村采集的大量原始材料还只是表象,表象的背后是民族、地域、民俗、语言、人性、思维方式等在推动。本书谋求在全面展示大安定村村民真实生活状态的同时,揭示表象背后的人类学原理,这也算是知其然而后追求知其所以然的一种努力。

我们的第二种思路是以“社会剖析派”文学的方法来述说大安定村。调研过程中,我们逐渐体会到大安定村的情况与社会剖析派文学颇为契合:一方面,我们可以从社会政治经济的层面去观察分析大安定村的百年变迁;另一方面,村庄的变迁又呈现在不同年代涌现出的代表性村民的具体事迹上。如此,就兼具了社会剖析派文学的社会历史性与人物故事性。所以本书在某种程度上呈现出社会剖析派文学的特质,不过本书并不存在文学虚构,因为村民都是有故事的人,他们的亲身经历已经足够真实、曲折、丰富,再去虚构无异于画蛇添足了。

此外,真实、客观、原生态是田野调查的应有之义。但人都是想把最美好的一面展示给别人看。一位大姐在村广场上表演完群体舞来找调研组,说是训练生疏了,没能发挥出最好水平,对此表示歉意;村支书张明华在动员会上也督促村民们务必打扫好自家卫生,给调研组留个好印象……我们当然充分理解只愿展示美好的这种人性诉求,以至于撰文时也常有想美言几句的冲动,但终于还是坚持了原生态的讲述。因为在我们看来,大安定村的核心价值,不在于其有多优秀(虽然村庄在很多方面确实优秀),而在于她可以作为黄河下游两岸诸多村落的一个缩影。我们甚至有点“小野心”,希望以后学界在开展黄河下游村落研究时,大安定村能够作为一个典型样本被经常提及。但如果本书偏于表彰夸赞,则无疑是替村庄拒绝了成为缩影或样本的机会。这种想法并非我们独有,《水村社会:内生秩序力及其现代变迁》一书就为何选择水村作为研究对象解释说:“水村是一个没有一点特殊和知名度的村子,村里人至今应该都还不明白,为什么我会对他们再平常不过的社会生活追问再三。实际上，恰恰是村子的普通才让它更具代表性，通过它所展示……才更有说服力。”总之，越是想对得住大安定村，就越发不能美化之。本书内容里，赞赏偶或有之，但杜绝了溢美之词，在田野调查的客观、真实、原生态要求方面，想来是达标的。

《黄河流域生态保护和高质量发展规划纲要》中有“保护弘扬传承黄河文化”的专章规划，我们愿成为保护弘扬传承黄河文化的一分子，并为此作一点微不足道然而力所能及的贡献。本书由大安定村股份经济合作社立项资助出版，各方人士给予本书以巨大帮助，对此我们深表谢意，更期待着各方的鞭策意见协助我们进一步前行。大安定村作为一个宝藏村落亟待更进一步的发掘乃至开发，本书的完成是一个段落的告终，但也是黄河古镇研究又一次新征程的开始。这条路注定愈走愈宽，愈远愈新，期待我们于下一站的村庄纪录片、影视剧本项目中再度相逢！

作　者

2025 年 3 月